ランチタイムの経済学

日常生活の謎をやさしく解き明かす

スティーヴン・ランズバーグ
佐和隆光＝監訳
吉田利子＝訳

日経ビジネス人文庫

THE ARM CHAIR ECONOMIST

by

Steven E. Landsburg

Original English language edition published by
The Free Press, A Division of Macmillan, Inc., New York, U.S.A.
The Japanese translation rights arranged with The Free Press, New York, U.S.A.
through The English Agency (Japan) Ltd., Tokyo

監訳者のことば

経済学はなぜ難しいのか。エコノミストの言うことはなぜわかりにくいのか。効率、合理性、競争、均衡といった経済学の基本的な「用語」と、エコノミストの駆使する「文法」に素人が馴染みにくいことが、その主たる理由だと私は考えている。経済学の「用語と文法」は、欧米人ならいざ知らず、普通の日本人にとってとりわけ馴染みにくい。アメリカやイギリスでは、三歳の幼児もエコノミストも、モノやサービスの値段のことを「プライス」と言う。ところが、日本のエコノミストはプライスのことを「価格」と言うのに対し、三歳の幼児は「値段」と言う。素人にとってマーケットとはモノを売る「市場《いちば》」を意味するのに対し、エコノミストにとってのマーケットはいささか抽象的な「市場《しじょう》」を意味する。また「完全競争」という言葉を聞いた素人が、弱肉強食のダーウィン的世界をイメージするのに対し、エコノミストが同じ言葉を口にするとき「個々の生産者や消費者にとって価格は所与の状況」をイメージする。

しばしばエコノミストは、彼らしか知らないはずの「用語と文法」を周知のことのようにして議論を進める。だからエコノミストの議論は、素人にとってチンプンカンプンなことが多い。またエコノミストの議論が常に正しいというわけでは必ずしもない。たとえて言えば、現実の経済が三次元の立体だとすれば、エコノミストの理路整然とした論議は、その立体の一つの切り口にすぎない。三次元の立体を二次元の平面の切り口でしか見ないのだから、すっきりはしていても、見当外れに終わる確率はきわめて高いと見てよい。しかも学派によってナイフを入れる角度が違うため、同じ問題に対するエコノミストの見解は、エコノミストの数だけあるとさえ言われる。

さて本書は、経済学の「文法」を初心者向けに実に巧みにわかりやすく教え諭してくれる。本書を読み進まれるうちに読者は、いつの間にか新古典派経済学の「文法」のエッセンスを習得するだろう。もっとも既述のとおり、新古典派は一つの学派にすぎず、それとは「文法」を異にする学派のあることを念頭に置いておかねばなるまい。もしあなたが著者の論議の筋道のどこかがおかしいとか、導いた結論が倫理的に納得できないと思われるなら、あなたは必ずしも一〇〇パーセントの新古典派ではないということになる。その意味で、本書の読者は、著者の言うことをそのまま信じ込むのではなく、著者の一つひとつの言説を「本当かな?」と疑いつつ、反芻しながら読み進んでほしい。

本書の著者であるスティーヴン・ランズバーグは、功なり名遂げた経済学者ではない。ロチェスター大学から経済学博士号を取得した学者で、私の同僚の一人である下村研一氏によると、もともとランズバーグ氏は数学者であり、およそ二〇年ほど前に経済学者である奥さん（ローレン・ファインストーン氏）の影響を受けてか経済学者に転向し、もっぱら学部生向けの（大学院生向けではない初等の）ミクロ経済学の授業を担当しているそうである。本書の原題が『安楽椅子に座るエコノミスト』となっているのも、「経済学のフロンティアからは距離を置いたエコノミスト」という意味合いを込めてのことであろう。本書の日本語版のタイトルを『ランチタイムの経済学』としたのは、毎日、ランチタイムに、著者がロチェスター大学経済学部の同僚ととりとめもなく議論したことが、本書の内容の過半を占めているとの経緯からである。経済学者というのは、こんなつまらない問題のどこが面白くて議論しているのだろうか、と訝《いぶか》る読者が少なくあるまい。そのわけは、一見何の変哲もない、つまらなそうな日常的疑問が、実に奥深い経済学的インプリケーションを内にはらんでいるからである。

本書を読み進まれるうちに読者は「なるほどそうか」と納得され、その多くは「経済学は面白い」とお感じになられるであろう。余計な前置きはこれまでにして、さっそく本書の第1章にお進みいただきたい。論より証拠、本書が読者を魅了するであろうことは請け合いである。

佐和隆光

はじめに

私がシカゴ大学の大学院課程に入って間もない一九七四年十一月、『ウォールストリート・ジャーナル』紙が「エコノミストをぎゃふんと言わせる法」一覧を掲載した。執筆者はジョン・トレーシー・マクグラスという人物で、彼はエコノミストには答えられそうにない日常生活の呆れるほど簡単な質問をリストアップして見せた。どうして自動販売機のタバコは、キャンディ・ストアで店員から買うよりも高いのか。どうして競馬の配当は二〇セント刻みなのか。なぜオレンジ・ソーダの値段はガソリンの四倍も高いのか。

その日のディナーの席で、私たちは——全員が大学院一年生だったが——マクグラスの無駄な努力を笑った。経済学の知識が多少でもあれば、彼の質問はどれも簡単に解けると思ったからだ。

それから二〇年近く経った今日、その間、知識を蓄えてきた私は、マクグラスの質問を面白いし難しいと思うようになった。今思い起こすと、ディナーの席で答えが簡単に出たのは問題を真剣に考えていなかったからにすぎない。大半の質問は、「需要と供給」という言葉に何らかの内容があるかのように、この二語で片付けられた。私たちがこの言葉の内容をどうとらえていたにせよ、それこそが経済学だと確信を持っていたのだ。

今、私が考える経済学とは次のようなものである。第一に、真の好奇心を持って世界を観察し、世界は謎に満ちていることを認めること。第二に、その謎を、人間は目的にかなった行動をするという一般的命題と一致する方法で解く努力をすること。ときには謎そのものが――マクグラスの問いのように――解決困難だから、私たちが作り上げたモデルと呼ぶ架空の世界で似たような謎を解いてみる。なぜオレンジ・ソーダはガソリンより高いのかを解明しようと思ったら、まず人が買う商品がオレンジ・ソーダとガソリンだけの世界を考えてみる。一部の国民が、なぜシリコン利用の豊胸手術を法律で禁止しようとするのかを理解したいと思ったら、男性が胸の大きさだけで結婚相手を選ぶ世界を考えてみる。モデルで考えるのはモデルが現実的だからではなく、そうすることが、私たちの住む世界を考えるための格好のウォーミング・アップになるからだ。目標は常に現実世界を理解することにある。理解への第一歩は――その一歩を大学院に入った時の私たちはまだ踏み出していなかった――、世界を理解することは必ずしも容易でないことを認めることだ。

本書は、エコノミストはどう考えるか、その思考法に関するエッセイ集である。私たちが何を謎だと思い、なぜ不思議だと思い、どのようにして理解するかについて記してみた。解けた謎も解けなかった謎もある。経済学を学ぶ理由はたくさんあるが、本書で私が強調したかったのは、経済学が謎を解く道具であり、謎を解決するのは面白いということだ。

過去約一〇年間、毎日、私は優れたエコノミストたちの謎解きグループとランチをともにするという幸運に恵まれてきた。彼らの鋭さ、意表を突く独創性、新鮮に驚きを表わす感性はいつも私の期待どおりであった。ほとんど毎日、誰かが新しい謎を持って現われ、十いくつものまばゆいばかりの独創的な答えが示され、十いくつもの辛辣きわまる異議が出され、ときには論破された。これは、実に面白いゲームだった。

本書はだいたいにおいて、ランチタイムに私が学んだことの記録である。アイディアの一部は私が出したものだが、もはやそれがどれだったかは覚えていない。アイディアのほとんどはマーク・ビルズ、ジョン・ボイド、ローレン・ファインストーン、マーヴィン・グッドフレンド、ブルース・ハンセン、ハナン・ジェイコビー、ジム・カーン、ケン・マクローリン、アラン・ストックマンをはじめ、長年の間に現われては去っていった多くの人たちから学んだものだ。ローラー・コースターで味わうような興奮に私を誘ってくれた人々に心から感謝して、本書をこのランチ・グループに捧げる。

また、このグループの活発な議論に完璧な環境を作ってくれたレストランの支配人ボニー・ブオノモと、私が最終原稿を書いている間、経済原則に反して、毎日コーヒー一杯の代金で延々とねばらせてくれたロチェスターのティヴォリ・コーヒーショップにも、本書を捧げたい。

全二四章の内容について

本書の各章はそれぞれ、エコノミストが世界をどのように見ているかの実例である。どんな順序で読んでいただいてもよい。中には前にある章の議論を受けて書かれた章もあるが、前の章を読んでいないとわからないというわけではない。

本書には、ほぼ経済学の主流となっている考え方を記したつもりである。もちろん、個々の問題については異論の余地があり、私の理屈に反論したいエコノミストもきっといるはずだ。だが、大半のエコノミストが本書を読めば、彼らに共通する一般的な見方を的確に表現していると思ってくれるにちがいない。

注意深い読者は、本書では実にさまざまな人間的行動（ときには非人間的行動）に経済学的合理性を適用していることに気づかれるだろう。また、経済原則をどこまで適用できるかについて疑問が生じた場合に、著者は常に、狭く考えるよりも広く考えるリスクを冒そうとしていることにも読者は気づかれるにちがいない。経済学の法則は普遍的であると私は信じている。経済学は人種や性別をまったく問題にしない。したがって、注意深い読者なら、本書の中で彼という男性代名詞が使われていても、それが男性のみを指しているのではないことを十分ご理解いただけると思う。

ランチタイムの経済学　目次

第3部　ニュースの読み方

第4部 市場はこうして機能している

第1部

人生とは何か

第1章
インセンティヴの力
——シート・ベルトの強制で死者は本当に減るのか

経済学の核心は、言ってみれば一行に尽きる。「人はインセンティヴに反応する」。残りは注釈にすぎない。

「人はインセンティヴに反応する」、なんだ、あたりまえではないかと思われるかもしれないが、たいていの人は、一般論としては確かにそのとおりだと認めることだろう。エコノミストが違うのは、この原則がどんな場合にもあてはまると本気で主張することだ。

一九七〇年代末、連邦政府の規制価格でガソリンを買うために三〇分も行列した記憶がある。エコノミストはみな、価格を自由に上昇させれば、ガソリンの購入量は減るだろうと言った。だが、エコノミストではない人の多くは、そうは思わなかった。正しかったのはエコノミストの方である。価格規制が外されると、行列はなくなった。

エコノミストはインセンティヴの力を信頼しておれば間違いはないと信じており、畑違いの分野でもそれが指針になると考える。一九六五年にラルフ・ネイダーが、『どんなスピードでも自動車は危険だ』という本を出版し、設計上のさまざまな問題点ゆえに自動車が必要以上に危険になっていると指摘した。これに応えて連邦政府はまもなく広範な自動車安全法を制定し、シート・ベルトの着用、衝撃を吸収するダッシュボード、簡単に折れて運転者に突き刺さることのないハンドル、二重ブレーキ・システム、破損しても破片が飛び散ることのないフロント・ガラスの使用などを義務づけた。

規制が施行される以前から、エコノミストなら誰でも規制のもたらす結果の一つを予言できた。自動車事故の件数が増えることだ。なぜか。事故死の危険は、慎重な運転を促す強力なインセンティヴだからである。だが、衝撃吸収ダッシュボード付きの車に乗ってシート・ベルトを締めれば、ドライバーの事故死の危険は減る。人はインセンティヴに反応するから、当然ドライバーの慎重さも減少する。つまりは事故の件数が増加することになる。

ここで適用した原則は、ガソリン・スタンドの行列がなくなると予想したときとまったく同じである。ガソリンの価格が安くなれば、人は多量のガソリンを買おうとする。事故の価格（死亡の危険性や高額の医療費）が安ければ、人は事故を増やす。

ガソリンとは違い、事故は人が買う量を増やそうとか減らそうとか考える「商品」ではない、と反論されるかもしれない。だが、スピードや無鉄砲さは、ある意味では人が欲する商品そのものなのだ。車のスピードを上げたり、無鉄砲な運転をしたりするのは、少なくとも確率という面からは事故を増やそうとするのと同じことだ。

ここで興味深い疑問が一つ残る。それではインセンティヴにはどれほどの大きさの効果があるのか。一九六〇年代の安全規制が原因となって、事故はどれくらい増加したのだろうか。問題を整理すると次のようになる。規制は事故の際の生存率を高めるから、ドライバーの死亡件数は減る傾向にある。同時に、規制はドライバーの無謀運転を誘うから、死亡件数を増やす方向に働く。どちらの効果が大きいのか。差し引きすると、規制はドライバーの死亡件数を減らすのか、それとも増やすのか。

この問題に、論理だけで答えることはできない。実際の件数を調べてみる必要がある。一九七〇年代半ば、シカゴ大学のサム・ペルツマンがそれをやってみた。その結果、二つの効果はほぼ等しく、結局、相殺されるという結論を出した。事故件数は増加し、事故一件あたりのドライバーの死亡率は減少したが、ドライバーの死亡者数全体には有意な変化がなかったのである。ただ、歩行者の死亡件数が増えるという興味深い副作用が一つあるらしいことが明らかになった。要するに、歩行者は衝撃を吸収するダッシュボードの恩恵にまったくあずからないからだ。

エコノミスト以外の者にペルツマンの調査結果について話すと、自動車がより安全になったからといって無謀運転が増えるなどとは信じられないと言う。人はインセンティヴに反応するという原則を尊重するエコノミストは、そうは考えない。

自動車が安全になれば無謀運転が増えるとは信じられないと言うのなら、人は自動車が危険なほど慎重に運転するのではないか、と考えてみるといい。もちろん、これは裏返しただけで同じことを言っているのだが、この方がわかりやすそうだ。自動車にシート・ベルトが付いていなければ、もっと安全運転を心がけるのではないか。この考え方を推し進めたカリフォルニア大学ロサンゼルス校のアーネン・アルキアンは、事故率を大幅に下げる次のような方法を提案した。どの車のハンドルにもドライバーの心臓に狙いを付けた槍の穂先を付ければいいと言うのだ。こうすれば、前の車にぴったりくっついて走るなどということはずっと少なくなるはずだ、とアルキアンは言う。

衝撃吸収ダッシュボード付きの車なら、余分に危険を冒してみようと思うのは、それほど非常識なことではない。無謀運転にはコストに伴う便益もあるからだ。目的地に早く着けるし、途中のドライブもずっと楽しい。危険をあえて冒すのは「無謀」だが、危険はさまざまな便益をもたらす。運転から気をそらして他のことを考えるとか、道路から注意をそらしてカセットを探すということもあるだろう。こうした行動はドライブをより楽しくするし、少しばかり事故の危険を冒すだけの価値がある。

何事であれ死の危険を冒す価値などありえない、少なくとも右に述べたような類のことにはそんな価値はないと考えがちだ。だが、そういう反論を聞くと、エコノミストはまたかと苛立つ。反論相手にせよ誰にせよ、実のところそうは思っていないからである。誰でも日々、もっと小さな見返りのために死の危険を冒している。ドラッグストアに車で新聞を買いに行くのは、じっと家にいるのと比べれば明らかにリスクが大きい。それでも人はドラッグストアに車で出かける。小さな喜びに多少のリスクを冒す価値があるのか、といちいち問いただすまでもない。答えは当然イエスである。それよりも、そうした小さな喜びにはどの程度のリスクを冒す価値があるのか、と聞く方が正しい。これに対する十分に合理的な答えは、「死亡率が一〇〇万分の一上がるとしても運転中にカセットを探すだろうが、一〇〇分の一上がるなら探さない」といった類のものだろう。だから、時速七〇マイルで走る時よりも二五マイルで走る時の方がカセットを探す人が多い。

ペルツマンの調査からわかるように、ドライバーの運転態度は運転環境の変化に大きく左右される。したがって、ドライバーが他人の行動に影響を与える場合もある。たとえば、よく見かける「赤ちゃんが乗っています」というサインである。このサインは、他のドライバーに特に安全運転をしてくださいと呼びかけている。こういうサインを見ると、こっちはもうできるだけ安全運転をしているさと、ムッとするドライバーもいる。だがエコノミストは、そんな人たちには同情しない。誰もが可能なかぎりの安全運転をしていないことを知っているからであり（あなたは食料品店に出かける時に毎回、新しいブレーキに換えるだろうか)、たいていのドライバーの慎重さが環境によって大きく変わることを知っているからである。どんなドライバーでも、他の車に乗っている人間に怪我をさせたくはないし、ましてそれが赤ちゃんだったらなお避けたいと思うだろう。そういう人たちは、赤ちゃんが乗っていると知ればいっそう慎重になるし、知らせてもらってよかったと思うはずだ。

ところで、ここから面白い研究テーマが派生する。経済学の考え方からすると、「赤ちゃんが乗っています」というサインを見たドライバーの多くは、より慎重になる。それでは、このサインがある場合とない場合の事故率を観察して、ドライバーがどのくらい慎重になるかを調べたらどうなるか。残念ながら、事故率からは結論を引き出しにくい。理由は三つある。第一に、サインを出す親たちは普通以上に慎重なことだ。もともと安全運転をするのだから、サインのあるなしにかかわらず事故率は低いだろう。第二は、(さっきと逆になるが)サインを出した親は、他のドライバーが気をつけてくれると思うから、自分たちはあまり慎重でなくなるかもしれない。したがって事故率が増える可能性があり、他のドライバーの慎重さの少なくとも一部が相殺されることになるだろう。第三に、「赤ちゃんが乗っています」というサインに本当に効き目があるのなら、子どものいないカップルがインチキのサインを出すことも大いにありうる。そんなごまかしが多いとドライバーたちが知れば、本来の効果が減殺されるだろう。

つまり、事故率の統計数字からだけでは、「赤ちゃんが乗っています」というサインにドライバーがどう反応するのかはわからない。問題は、必要な修正を施すに足る統計的手法を開発することだ。そうした解決策にここで立ち入るつもりはないが、これは経済調査につきものの典型的な難題の一例である。数多くの経済調査プロジェクトが、こうした難題をどう創造的に解決すべきかに取り組んでいる。

経済調査に付随する問題への脱線はこれくらいにして、インセンティヴの力という本題に戻ることにしよう。この力を信じるのが、エコノミストの第二の天性である。避妊法が改良されたら、意図せざる妊娠の数は減るだろうか。必ずしもそうとは限らない。新しい避妊法が発明されれば、性交渉の「価格」（意図せざる妊娠はこの価格の一部である）が下がるから、性交渉に踏み切る人の数は増える。妊娠につながる性交渉の率が減少する半面、性交渉は増えるのだから、意図せざる妊娠の数は減るとも増えるとも言えない。省エネ・カーの普及でガソリンの消費量は減るだろうか。必ずしもそうとは限らない。燃費のいい車だとドライブの価格が下がり、人は余分にドライブするようになるだろう。タール含有量の少ないタバコが出現したせいで肺ガンが増えるかもしれない。低カロリーの合成脂肪製品ができたおかげでアメリカ人の平均体重が増加するかもしれない。

人々がインセンティヴにどう反応するのかを理解する上で、重要な分野の一つが刑法である。厳罰はどの程度犯罪を防止できるか。特に興味深いのが死刑という刑罰だ。死刑の犯罪予防効果については、政府委員会や学者が数えきれないほどの研究を重ねてきた。だが、こうした研究は、死刑制度がある州とない州の殺人事件の発生率を比較することに終始していることが多い。エコノミストが手厳しく批判するのは、こうした研究には殺人事件の発生率を決定する他の重要な要素が加味されていないことである（死刑がどの程度厳しく執行されているのかは州によってかなり違うのに、それすら考慮されていない場合がある）。一方、「計量経済学」の精緻な統計手法は、インセンティヴの力を正確に計測することを狙いとしている。したがって、計量経済学の手法を死刑の効果に当てはめてみようとする研究者が出てくるのも当然だろう。この方面でのパイオニアは、一九七五年に研究成果を発表したバッファロー大学のアイザック・エールリック教授である。彼の高度な分析は驚くべき結論を導いた。一九六〇年代のアメリカでは、平均して死刑執行一件あたり約八件の殺人事件が予防されたという。

エールリックの方法の細部に関しては他のエコノミストから批判されているが、批判は細部にこだわりすぎているのかもしれない。批判のほとんどは、統計的手法の秘儀めいた部分に関するものだ。確かにそれも重要ではあるが、エールリックが行ったような実証研究によって死刑の効果に関する重要な事実が明らかになりうるという点で、経済学者の意見はほぼ一致している。

一九八三年、カリフォルニア大学ロサンゼルス校のエドワード・リーマー教授が、「計研究者の偏見が計量経済学の世界から詐欺師を締め出そう」と題する面白い論文を発表し、研究結果を左右する可能性が少なからずあると警告した。リーマーはその一例として死刑の問題をあげている。彼によると、簡単な計量経済学的検定を施してみたところ、研究者に死刑賛成の傾向があると、死刑一件が約一三件の殺人を予防するという結果になる。他方、死刑反対論にくみする研究者は、死刑一件が約三件の殺人増加につながると、同じ検定を施して結論づけている。そうはいうものの、死刑反対へのよほど強い偏見がないかぎり、たいていの計量経済学的研究は、死刑に相当な殺人抑止効果があることを示している。殺人者もインセンティヴに反応するのだから。

どうしてそういうことになるのか。多くの殺人は激情の果ての犯罪、不合理な行動ではないのか。たぶん、そうだろう。ただし、この疑問に対する答えは二つある。第一に、エールリックの研究結果は、死刑執行一件が八件の殺人事件を予防することを示唆している。だが、抑止された八件がどんな殺人事件なのかは不明だ。ある種の殺人者が思いとどまれば、死刑に抑止効果があったことになる。第二の答えは、次のようなものである。激情の果てに犯罪に走る人間がインセンティヴに反応しない、とどうして言えるのか。妻を憎む男が、冷静なときには、死刑執行をまぬかれる確率が九〇パーセントあれば殺そうと考えたとする。ところが怒り狂った場合には、死刑をまぬかれる確率が二〇パーセントしかなくてもその男は殺すかもしれない。だが、たとえ怒り狂ってはいても、刑をまぬかれる確率が一五パーセントか二五パーセントかでは大きな違いが生まれるだろう。（ここで、第三の反論に触れておきたい。殺人八件という数字はエールリックの思いつきではない。高度な統計的分析から導かれた数字である。冷笑的な批判も結構だが、真面目に批判するなら、研究結果を謙虚に検討し、論理的な疑問があるのなら、それはどこなのかを指摘するのが義務というものであろう）。

合理的に行動するとは考えにくい状況でも、人々がインセンティヴに反応するのは明らかである。心理学者の実験結果によれば、ふいに熱いコーヒー・カップを渡された人間はカップが安物だと思えばとり落とすし、高価な物だと信じていれば我慢して手に持っている。

確かに、インセンティヴに対する反応は、他の本能的な行動と同じく内在的なものかもしれない。テキサスA&M大学での一連の実験によると、ネズミとハトにいくつかのレバーを押して、異なる食べ物や飲み物を「購入」することを教えた。それぞれの品には、たとえばルートビア（味付き飲料）一滴はレバー押し三回、チーズ一切れは一〇回というように価格が付いている。毎日、レバー押し何回かにあたる「所得」が動物に与えられる。この所得を使いきってしまえば、レバーはもう押せなくなる。ある実験では、動物たちが特別な働きをした場合に追加所得を与えることにした。それぞれが仕事をやり終えると、一定の賃金率でレバー押し何回分かの所得が与えられる。

研究者によると、ネズミもハトも、価格の変化、所得の変化、賃金率の変化に賢明に対応したという。ルートビアの価格が上がると、ルートビアの購入量が減る。賃金率が上がるとよく働くようになるが、所得がすでに非常に高い場合には、働くよりも余暇の方を選ぶ。これはまさしくエコノミストが人間について想定し、観察する反応パターンである。

インセンティヴは決定的な要素である。経済学には、この命題を証明するための経験的研究が何万とあり、逆を証明したものは一つとしてない。エコノミストはこの命題を何度となく検証しているし（この命題を最初にくつがえすことができたら名をあげられる、と密かに期待しているからなのかもしれない）、際限なく適用範囲を拡大し続けている。昔は肉の価格に反応する消費者のことだけを考えていたが、今ではシート・ベルトに反応するドライバー、死刑制度に反応する殺人者、賃金と所得と価格の変化に反応するネズミやハトにまで研究対象が広がった。エコノミストは、人はどうやって結婚相手を選び、家族の数を決め、宗教活動をし、また犯罪を犯すのかを研究してきた（この傾向はますます過激になり、『ジャーナル・オブ・ポリティカル・エコノミー』誌は、人は起きている時間のちょうど半分を歯磨きに費やすだろうと「予測」した歯磨きの経済学という滑稽な記事まで載せた。この記事の執筆者は「どんな社会科学的モデルもこれほど正確な結論を引き出すことはできないだろう」と豪語している）。ヴァリエーションはさまざまでも、繰り返されているテーマは一つ。インセンティヴこそが肝心要なのである。

第2章

合理性の謎
——必ず売り切れるチケットを値上げしないのはなぜか

経済学は、すべての人間は合理的に行動するとの仮説から出発する。もちろん、この仮説は掛け値なしの真実ではない。誰でも身近な例外をいくつか思い浮かべることができる。だが、仮説が掛け値なしの真実であることが、科学的探究の前提条件として求められるわけではない。物理学者に、家の屋根からボウリングのボウルを落としたら地面に落ちるまでどれくらいの時間がかかるか、と訊ねてみるといい。彼は得意満面で、とりあえず真空中に家が建っていると仮定した上で、正確な答えを導き出してくれるだろう。技師に、ある角度でビリヤードの球を突いた際の球の動きを予測してくれと頼んでみるといい。彼はまず摩擦はないと仮定した上で、得意気に予測してくれるだろう。エコノミストに、ガソリン税引き上げの影響を予測してほしいと言ってみよう。彼は、すべての人が合理的に行動すると仮定した上で、それなりに正確な回答を出してくれるだろう。

仮説が正当かどうかは、それが掛け値なしの真実かどうかではなく、その含意する命題の妥当性によって決まる。この基準からすれば、合理性の仮説の成績はなかなかのものである。合理性とは、人はインセンティヴに反応するという意味であり、この命題にはかなりの確度がある。つまり、人は二六オンス入りのシリアル食品の箱なら、一一オンス入りの箱よりも高い値段で買うことを意味し、熟練労働者は、未熟練労働者よりも稼ぎがよく、人生を楽しむ人はゴールデンゲイト・ブリッジから飛び降りたりはせず、おなかがすいた赤ん坊は泣いて空腹を知らせるということを意味する。どれも、一般的には真実である。

人は合理的に行動するものと仮定するとき、好みといったものはいっさい考慮に入れられない。趣味については議論するを能わず、とはエコノミストのスローガンの一つである。他の面では教養人なのに、ウィリアム・バトラー・イェーツの詩よりもロッド・マックェン作詞の詩の方が好きだという人の数は呆れるほど多い。だが、彼らが不合理だというわけではない。読む気もないのにコーヒー・テーブルの上に置いておくと洒落ているとか、教養ある友人たちを感心させられるという理由で、イェーツの詩集を買うマックェン・ファンもいるだろう。そんな人たちですら不合理なわけではない。人が合理的と仮定するのは、次のようなことを意味するにすぎないからだ。多かれ少なかれロッド・マックェンの詩が読みたくて、テーブルにどんな本が置いてあっても気にせず、ありもしない文学趣味を友達にひけらかしたいとも思わず、とりたててイェーツ全集を買う理由のない人は、わざわざイェーツ全集を買いに行ったりはしない、と。しかも、たいていの場合、これは真実である。

同様に、五〇〇〇万ドルが当たる確率が一〇〇〇万分の一という宝くじを一ドル払って買う者の行動も、不合理ではない。また、双子の片方が宝くじを買わないとしても、決して不合理なわけではない。リスクに対する態度は人それぞれだし、人それぞれに行動するからである。同じ確率、同じ値段で賞金八〇〇〇万ドルの宝くじが他にあるのに、それでも五〇〇〇万ドルの方の宝くじを買う者がいれば、それは非合理的な行動である。われわれは、そういう行動はめったにとらないと想定している。

それでも一見、不合理に見える行動は少なくない。有名人が商品を推薦すると、そのこと自体は商品の質について何の情報も伝えないのに売り上げが増える。ロック・コンサートのチケットは公演の何週間も前に売り切れることがわかっており、たとえ興行元が値段を上げても完売が目に見えているのに、値段は上がらない。地震の直後には、将来の地震の確率は従来とまったく変わらないのに、地震保険の売り上げが伸びる。自分の一票が選挙結果にまず影響しないとわかっていても、人は休暇をとって大統領選挙の投票に出かける。

こうした現象をどう考えたらいいのだろう。どこから見てもなるほどと思われる解答の一つは、「人はたいていは合理的だが、いつもそうだとは限らない。経済学はさまざまな行動には適用できても、すべての行動に適用できるわけではない。例外がある」というものだ。

一方、それでもなお、すべての人間は常に合理的に行動するというフィクションに頑固にしがみつき、この一見不合理な行動は、それがどんなに珍妙であろうと合理的な説明がつくはずだとがんばってみるという行き方もある。

私たちエコノミストは、後者を採る。

なぜか。

重力の法則に詳しく、それが絶対的な真理にきわめてよく合致する法則だと信じている物理学者を想像していただきたい。そんな彼が、ある日、ヘリウム・ガスの入った風船を初めて見る。よく知っている重力の法則に真っ向から反する現象に遭遇したわけだ。彼に開かれている道は二つある。「重力の法則は普通は正しいが、常に正しいとは限らない。ここに例外がある」と言うこともできる。あるいは「物理学の最も基本的な原則を放棄せずにこの奇妙な現象を説明する方法がないか、調べてみよう」と言ってもいい。後者をとったなら、そして賢明な学者なら、いずれは空気よりも軽い物質があることを知り、それらの物質も既存の重力の法則に完璧に合致することに気づくだろう。探究の過程で、ヘリウム・ガス入りの風船について詳しくなるばかりでなく、重力についての理解をも深めることになるだろう。

さて、重力の法則に本当に例外があり、いつの日にか物理学者がその例外にぶつかることがないとは言えない。それでも理論を放棄せずに説明しようとすれば、失敗するだろう。そうした失敗が重なれば、やがて既存の理論に代わる新しい理論が構築されるかもしれない。とはいえ、少なくとも最初のうちは、驚異的な事実と既存の理論とが何とか折り合わないかと考える方が賢明だろう。科学者にとってはそうした試みそのものが格好の頭の訓練になるし、ときには驚くほどの成果が得られる。しかも、優れた理論の多くをさっさと放棄するのでは、そのうち理論など一つもなくなってしまう。

そこでエコノミストは十分な時間をかけて、一見、不合理な行動に合理的な説明がつくかどうかを考える。ランチタイムに二、三人のエコノミストが集まると、必ずと言っていいほど、こうした謎が話題になる。私もそんなランチタイムを数えきれないほど経験してきた。いくつかの例を紹介しよう。

大物スターが出演するロック・コンサートのチケットは、発売早々に売り切れてしまう。ぜひともチケットを手に入れたいと、何日も前から泊まり込みで行列するティーンエージャーの姿が、時おりテレビ・ニュースで流される。興行元がチケットの値段を上げれば行列は短くなるはずだし、それでも完売するのは間違いない。にもかかわらず、なぜ値段は上がらないのか。

この一五年余り、私はこの問題についての白熱した議論に二十数回参加した。最も一般的なのは、長い行列が夜のニュースになるのは無料で宣伝してもらえるのと同じことであり、ロック・グループに世間の目が集まり、人気の寿命が延びるからだという説だ。興行元は、この広告宣伝の長期的な価値を、値上げという短期的な価値と引き換えに失いたくないというわけだ。だが、私個人はこの説にあまり賛成できない。それなら、仮に一枚一〇〇ドルでも、コンサート・ホールのチケットが完売したというニュースがあれば、同じような宣伝効果が期待されるはずではないか。どうして高額のチケットよりも長い行列の方がいい宣伝なのだろうか。

とはいえ、ごく最近まで、これに勝る説にはお目にかからなかった。ところが昨年、ついにお目にかかったのである。言い出したのは友人のケン・マクローリンで、次のような説だった。コンサートに行くティーンエージャーは、コンサートの後、レコード、Tシャツ、その他の小物を買う。だが、大人は買わない。したがって、興行元は十代の客に来てもらいたがる。十代の客に来てもらうためには値段を安くしなければならない。その結果、長い行列が現出することになる。大人はローリング・ストーンズを見るために、徹夜で並んだりはしない。

この説は的を射ており、興行元の行動の合理的な説明になっていると私は思う。ただ残念ながら、似たようなもう一つの現象は説明できないようだ。ブロードウェイでヒットしたショウは、チケットの値段を上げなくても売り切れるだろうし、ヒット映画の前売りチケットも封切り後の一、二週間は同じように売り切れになるだろう。これをマクローリン説のヴァリエーションとして説明できるだろうか。私にはそうは思えない。

マクローリン説のような理論を発見するのが、私たちの謎ときゲームの一つの目的である。目的はもう一つある。慣例的なルールとして、理論には相当な予測能力が備わっていなければならない。原則として、予測の当否によって理論が検証される。先程の場合なら、チケットの値段が安くて長い行列ができるミュージシャンは、レコードやTシャツの売上げが多くなる。しかし、チケットの値段が高くて行列が短ければそうはならないと予測するのだろうか。この予測が当たっているかどうかを、ぜひとも知りたいものだ。

次の謎は、商品広告についてである。テレビ番組でシスケルとエバートがいいと推奨する映画を、なぜ人が見たがるかは理解に難くない。彼らの名声はその評価の正確さに対する評判によって決まる。だからこそ、彼らの意見がロードショウの広告に大きく引用されるのだ。

ところが、特に専門家ではないのに、高い報酬をもらう有名人が、宣伝で商品を薦めていることがよくある。有名な女優がヘルス・クラブを薦める。元政治家がカバンを薦める。マサチューセッツ州では最近、ノーベル経済学賞受賞者が自動車のタイヤを薦めていた。

人々はこうした広告にも反応するから、売り上げ高が伸びるのである。一泊旅行用カバンの製造会社が、有名人にテレビ・コマーシャルに出てもらうために何十万ドルものギャラを払っていることを知ったからといって、情報として何の役に立つのだろうか。有名人の広告ゆえにカバンを選ぶのが、どうして合理的選択と言えるのだろうか。

一つ、次のような説が考えられる。カバンを作っている業者は大勢いて、それぞれが別の方法で成功しようとしている。安物を作ってさっさと儲け、品質の悪さが知れ渡るまでに市場から撤退しようと考えている企業もいる。もっと長期的な戦略を練り、良質の商品を生産して市場に周知させた上で、ゆっくりと実りを刈り取ろうとする企業もいるだろう。後者に属する企業は、自分たちの本性を消費者に知ってもらいたいと思っている。

企業が自社を売り込む方法の一つは、事業を継続しますよと意思表示するための保証金をおおっぴらに積むことだ。銀行口座に五〇万ドル預け入れ、毎年一〇万ドルずつ五年にわたって引き出すことにする。ただし、企業がその期間内に倒産したら、保証金を放棄する。こんな保証金を積めるのは、優良企業のはずだ。合理的な消費者なら、そうした会社を支持するだろう。

有名人に頼んで商品を薦めてもらうのは、保証金を積むのに似ている。かなりの額の先行投資をし、その成果を長期にわたって取り返さなければならない。一年で会社を畳んでしまうつもりなら、そんな投資はとてもできない。有名人を広告に使っていれば、その企業は商品の質に自信を持っており、当分は事業を継続できると考えているのだな、とわかる。

この理論に基づく次の予測はもっともらしい。有名人を広告に使う商品の質はえてしてわかりにくい。

銀行の建物には、なぜ床が大理石張りでギリシャ様式の柱があるのか、特に連邦預金保険制度ができる前の銀行の建物がなぜそうなのかも、同じ理論から説明できる。辺境の町から町を歩いて銀行を作り、数カ月後には預金を持ってドロンする詐欺師を想像してほしい。いつまでも事業を続けるつもりのウェルス・ファーゴ銀行と違って、詐欺師は行く先々で立派な建物を建設するわけにはいかない。他の条件が同じなら、合理的な町の住民は建物が立派な方を選ぶ。合理的なウェルス・ファーゴ銀行は会社の永続性をはなばなしく宣伝するために、建物に投資をする。

銀行の方が食料品店よりも立派なことも、同じように説明できる。食料品店よりも銀行の方が、来週も変わらずに営業を続けているかどうかがより重要だからだ。

よく指摘される問題がある。どうして二ドル九九セントという値段の商品が多くて、三ドルちょうどという商品が少ないのか。すぐに思いつく答えは、消費者は最初の数字だけを見て、二ドル九九セントを「ほぼ三ドル」ではなく「ほぼ二ドル」と考える――まあ不合理といえば不合理だが、そんなものだからである。実際、この説はいかにももっともらしく、そう信じているエコノミストも多い。確かにそのとおりなのかもしれない。いずれ、このような行動を注意深く分析した結果、人はある状況においては合理性から逸脱するという仮定に基づく修正経済学が確立される日が来るかもしれない。だが、これまでの学問の基盤を放棄する前に、別の見方が成立しないかを考えてみるのも無益ではあるまい。

ここでは少なくとも一つ、面白い考え方ができる。「九九セント価格」現象が最初に広がったのは一九世紀で、キャッシュ・レジスターが発明されて間もないころである。レジは素晴らしい発明だった。簡単な計算をしてくれるだけでなく、商品が売れると記録が残る。従業員に金をごまかされるのではないかと疑っている店主にとっては、実にありがたいことだった。閉店後にテープを調べれば、引き出しにいくら金が残っているべきかがわかるのだから。

ただ、レジにも問題がないわけではない。レジはすべての売り上げを記録するわけではない。レジを通した取引が記録されるだけだ。お客が一ドルの商品を買って店員に一ドル札を渡せば、店員がこの売り上げを記録せずに札をポケットに入れてしまっても誰にもわからない。

一方、お客が九九セントの商品を買って一ドル札を渡すと、店員はお釣りを出さなければならない。お釣りを出すにはレジを開けなければならず、そうすれば必ず記録が残る。

九九セントという値段は、店員に売り上げをごまかさずに記録させる値段なのである。問題はそれだけではない。店員は自分のポケットからお釣りを払うかもしれないし、レジに違う数字を打ち込むかもしれない。だが、そんなおかしな行動を取れば、待っているお客が気づいて店長に知らせるだろう。

ここで本当の問題は、小売売上税（消費税のこと）の存在を無視していることだ。売上税が七パーセントの州では、正札で九九セントと一ドルの商品の違いは、レジでは一ドル六セントと一ドル七セントの違いになる。いずれにせよ、お釣りが必要なことに変わりがない。すると、レジで実際に支払う金額がぴったりの数字にならないようにするため、売上税率の違う州では一セントか二セントずつ値段が違うのだろうか。少なくともこの予測は検証可能である。もう一つ、裏づけがありそうだ。店長がレジにいる店では九九セントという値段はあまり見かけないことである。

原始的な農業の多くにも、同じように奇妙なことがある。農民の所有地には大きな土地が少なくて、村のあちこちに小さな土地をいくつか分散して持っていることが多い（特に中世のイングランドや、今日の発展途上国の一部ではそうである）。歴史家は以前から、非効率の元凶と思われる分散現象がなぜ起こるのかを議論してきた。たぶん、相続と結婚が原因なのだろう。世代が替わるたびに農民の土地は子供たちの間で分割されるから、土地がこま切れになる。さらに結婚によってあちこちに分散した土地が一つの家族のものになる。ただし、この説明には難点がある。ある種の不合理を前提としているからだ。村人は定期的に土地を交換して、なぜ一つにまとめないのか。

純粋に経済学的な説明を見出したいと願うエコノミスト兼歴史家のドン・マックロスキーが、この問題に着目した。彼は、「どんな社会制度が不合理な行動を生み出したのか」と考えるかわりに、「どうしてこの行動は合理的なのか」と考える。そして慎重な研究の結果、これは一種の保険だから合理的なのだという結論に達した。大きな土地を一つ持っている農民は、たとえば局地的な洪水があったらすべてを失う可能性がある。土地が分散しておれば、所得を多少犠牲にしても局地的な災害ですべてを失う危険をまぬかれうるだろう。この行動はそれほど風変わりではない。火災保険をかけているマイホーム所有者も同じことをしている。

マックロスキーの理論を検証する一つの方法は、「保険料」（土地の分散に伴う収穫量減）が、「買う」保険の対象の価値に見合うかどうかを、もっと普通の保険市場で人が支払う保険料を基準に調べてみることである。こうして調べてみると、彼の理論はかなりの正当性を持っている。

一方、次のようなもっともな批判もある。中世の農民がすすんで保険をかけていたのなら、どうして今日のような災害保険の売買が行われなかったのか。この批判は、どうして農民は営農記録をパソコンに入力しておかなかったのかと問うに等しい。要するに、誰もその仕組みを考えついていなかったからだ。保険商品を考案するには、少なくともコンピュータを設計するのと同じくらいの天才的な頭脳が必要だ。しかし、私よりも厳しい人たちの中には、この反論が克服されなければマックロスキーの理論は完全ではないと言う者もいる。とにかく回答を探すべきだとの彼らの主張はまったく正しい。理論は究極まで検証されるべきものだからである。

謎はもっとたくさんある。どうしてビジネス界では、『ビジネスに成功するための身だしなみ』などという本がベストセラーになるほど、身なりのいい者が優遇されるのか。ジーンズとTシャツが好きな人は、ファッショナブルで魅力的な身だしなみをする技術を過小評価しがちなのだろう。優れた身だしなみとは革新的でありながら流行が設定する枠内にとどまるものであり、流行の枠を知るためには、敏感で時流を推し測る能力が必要とされる。これはさまざまな場面で必要な能力だからこそ、そうした能力を持つ社員を欲しがるのは企業合理性の証しといえよう。

男性はなぜ予防医療への出費が女性よりも少ないのか。男性は女性よりも事故死の確率が高いからなのかもしれない。トラックに轢かれる確率が高ければ、その分だけガンに対する予防の必要性は小さくなる。したがって、男性が女性ほど予防医療に金をかけないのは合理的である。

イギリスのホテルで一部屋に二人泊まると、シングルの部屋の二倍の料金をとられることが多い。アメリカではこれが割安になる。この違いはどこから来るのか。エコノミストでなければ、昔からそうなんだ、ですませるかもしれない。エコノミストは、どうしてこの価格体系が合理的であり、ホテルの利潤極大化にかなうのかを知りたがる。理由を思いつかれた読者には、ぜひお教え願いたい。

そうした読者なら、人はなぜひいきのスポーツ・チームに賭けたがるのかがわかるかもしれない。嫌いなチームに賭ければ、どちらが勝っても必ず少しはいい思いができるはずである。暮らしの他のことでは危険分散を図るのに、スポーツの賭けにだけは、イチかバチかを賭けるのはなぜなのか。どうしてこんなことが起こるのだろうか。

エコノミストは、他人があたりまえだと考える多くの人間行動に疑問を持つ。人がなぜ投票するのか、私にはわからない。一九九二年の大統領選挙では一億人のアメリカ人が投票した。その一億人の中に、自分の一票が勝敗を決すると信じる無邪気な人は一人もいなかっただろう。一九六〇年の選挙でジョン・F・ケネディがリチャード・M・ニクソンに三〇万票の僅差で勝ったことがよく引き合いに出されるが、三〇万票と一票は、経済学で通用するラフな正確さの基準に照らしても、同じではない。さらに、「他のみんながそう考えて棄権したら、私の一票が決め手になる」と考えるのではないかという説もよく聞かれる。だが、この説は、投票所が宇宙船なら有権者は月旅行ができる、というのと同じ程度の現実味と妥当性しか持ち合わさない。自分以外の全員が棄権することはありえない。個々の有権者の選択肢は、他の数千万人が投票するとして、自分は投票するかしないか、である。九年生（中学三年生に相当）を相手にする社会科の教師ならぎょっとするかもしれないが、私は、一九九六年の選挙であなたが棄権しても大勢に影響はないと断言できる。それなら、なぜ人は投票するのか。私にはわからない。

人はなぜ、現金ではなく店で買った物を贈りあうのかもよくわからない。現金ならサイズが違うとか色の好みが違うということもないのに。他人にプレゼントを贈るのは、わざわざ時間をかけて買い物をしましたよと知らせるためだとの説がある。だが、買い物に要する時間に見合うだけの現金を贈って、その時間で金を稼ぎましたよ、と伝えても同じことだろう。

友人のデヴィッド・フリードマンは、贈り物をしあうのはまったく逆の理由からだと言う。買い物の時間など、たいしてかかりませんでしたと伝えたいからである、と。もし本当に相手のことを気にかけているのなら、好みだってよく知っているだろうから、ぴったりのプレゼントを簡単に見つけられるはずだ。そうでなければ、贈り物を選ぶのは面倒な仕事になる。私の買い物の時間が限られていることはご存じだろうから、私が適切な品物を選べたのは、私があなたのことを気遣っている証拠ですよ、というわけだ。この理論は優れていると思う。

レストランで黙ってチップを置いてくるのはなぜか、これもわからない。私自身もチップを置くが、それでも謎は少しも氷解しない。

投票、プレゼント、チップなどを問題にしたからといって、そうした行動を批判するつもりは毛頭ない。それどころか、まったく逆である。私たちの論理展開の前提は、人が何をしようとも、それには立派な理由がある、ということだ。私たちエコノミストにその理由がわからなければ、解決すべき謎がまた一つ増えたということになる。

第3章
情報の経済学
——二人で見る映画に迷ったときには

喫煙者がいるおかげで医療保険料が下がる。

この世には二種類の人間がいる。もちろん、実際にはこの世の人間の数と同じだけ種類の異なる人間がいるわけだが、わかりやすくするために話を単純化すれば、この世には慎重な人間と無鉄砲な人間がいる。慎重派はヘルス・クラブで運動し、飲酒はほどほどにひかえ、運転は注意深く、金輪際タバコなど吸わない。無鉄砲派は体重がオーバーし、夜更かしをし、バイクに乗り、ヘビー・スモーカーである。

誰もが同額の医療保険料を支払うとすれば、慎重派は無鉄砲な隣人の行き過ぎの代償を支払わされることになる。だが、保険会社がそれぞれ顧客タイプ別に保険料を定めれば、無鉄砲派は自分の生活ぶりの代償を全額引き受けなければならなくなる。問題は、保険会社がどんなふうに顧客のタイプを判断するか、である。

喫煙という習慣は、健康への気配りの程度を測る、簡単でわかりやすいバロメーターである。この方法だと、どちらのタイプかが誰にでもわかる。保険会社はこの情報を利用し、非喫煙者の保険料を安くする。これであなたの保険料が安くなれば、その安くなった分は、単に健康上のタバコの害をまぬかれる以上のことを反映しているはずだ。なぜなら非喫煙者は、コレステロールにも平均以上に気をつけているはずだからである。

保険会社は、人間はごまかしをするものだと承知しており、その前提の下に非喫煙者の保険料を決める。あなたが本物のノンスモーカーだとすれば、支払う保険料は本来支払うべき額よりも、少しばかり高いだろう。なぜかといえば、「ノンスモーカー」の中には、保険会社の見えないところでこっそりタバコを吸う人たちも含まれているからだ。だが、それなら喫煙を禁止すれば保険料が下がる、などとあわてて結論を出してはいけない。自発的に非喫煙者だと申告することは、保険会社には見えにくいさまざまな方法で健康に注意している人間ですよ、と知らせていることになる。タバコが存在しない世界なら、非喫煙者も他の人間も同じだから、みな同じ保険料を支払わなければならない。

タバコを禁止してしまうと、保険会社が顧客を区別する唯一の方法を奪い去ることになるかもしれない。そうすると、全員が平等に扱われる。喫煙者のおかげで生じる医療保険費の負担はなくなるが、慎重な人間であることの信用も消え失せてしまうだろう。

オートバイ乗りにはヘルメット着用を義務づけるべきだと言う人は、ヘルメットをかぶらないでオートバイに乗る人間がいるせいで、すべての人の損害保険料が上がると主張する。だが、実は逆なのかもしれない。ヘルメットをかぶる人は、他の面でも安全意識が高いと見なされて、保険料が下がる。ヘルメット着用を義務づけると、慎重なオートバイ乗りは、自分の慎重さを誇示する方法がなくなってしまう。

ヘルメット着用者の保険料を安くすると保険会社が決めれば、引き下げ分にはヘルメットの安全性だけでなく、ジグザグ運転をしないとか、酒酔い運転をしないといった他の安全意識の高さも反映されるだろう。法律で強制されて全員がヘルメットをかぶることになれば、確かにヘルメット着用の安全性は保険料に反映されるだろうが、それぞれのオートバイ乗りの安全意識は反映されなくなる。ヘルメットが義務づけられると、慎重なオートバイ乗りの保険料は上がるかもしれない。

保険市場とは奇妙な市場であり、まず間違いなく売り手よりも買い手の方がより豊富な情報を持っている。自宅に勝手に電気の配線をし、パネルを張ってそれを隠したとしよう。本人はそれが危険であることを十分に承知しているものの、保険会社はもちろん何も知らない。仮にあなたが火災保険の額を三倍に引き上げたいと言ったとしても、保険会社は首をひねるほかない。情報が非対称な場合、一方の知っていることを他方が推測しようと努力する結果、驚くべきことが起こるのが普通である。

場合によっては、情報の非対称のために保険市場そのものが崩壊しかねない。保険契約者を一〇段階に分けるとしよう。平均は五とする。保険会社が平均的なリスクの水準で保険料を設定すると、一から三までの契約者は保険料が高すぎると感じて、市場から退却するかもしれない。すると、平均的なリスクの水準は五ではなく七になる。当然、保険料は上がり、今度は四と五の契約者が撤退して、平均リスクは八になり、また保険料が上がる。こうした悪循環が続けば、誰も保険をかけなくなってしまう。

保険会社が個々人のリスクの水準を見抜くことができれば、それぞれの保険契約者ごとに適切な保険料を設定できるから、問題はなくなる。契約者が自分のリスクの水準を判断できなければ、一から三までの契約者は市場から撤退しないだろうから、この時も問題はなくなる。問題なのは情報の非対称性であり、保険契約者の方が保険会社よりも自分のリスクの水準をよく知っている場合、市場は崩壊しかねない。

しかも悪いことに、人は保険に入ったために余計なリスクを冒す傾向がある。マイホームの持ち主は保険に入ると警備の用心を疎かにし、ドライバーはスピードを出す。完全な情報が入手できれば、保険会社はそうした行為を禁じ、違反があれば契約を解除するだろう。だが、保険会社の目はすべての契約者に届くわけではないため、別の方法を考えざるをえなくなる。

一つの方法は、保険会社が契約者を援助してリスクを避けさせることである。自動車保険会社は、盗難防止装置購入のために補助金を出すかもしれない。健康保険会社は、食事や運動についての情報をきっとただで提供してくれるだろう。火災保険会社からは、ただで消火器をもらえるかもしれない。だが、この方法にも限界がある。そもそも消火器を買うつもりのなかった契約者は、保険会社からただの消火器をもらったら、ガレージ・セールで売り払ってしまうかもしれない。

従業員に関して会社の持つ情報は完全というにはほど遠い。そのため、適切なインセンティヴを与えることが難しい。見えない生産性に報酬を与えることはできないからだ。

労働市場には、このインセンティヴの問題を解決するメカニズムが溢れている。私が教えている大学は、オフィスを私に「与えて」くれたが、そのオフィスを高い値段を付けて他人に貸すことは禁じられている。多くの場合、この規則は非効率的である。自宅か図書館でしか仕事をしない教師は、そのオフィスをアイスクリーム店のデイリー・クィーンに賃貸する権利がもらえれば、多少の給与引き下げに喜んで応じるだろう（デイリー・クィーンでは客の出入りが多すぎるというのであれば、旅行会社でもいい）。大学は人件費を節約できるし、彼の生産性はいささかも低下しない。誰にとってもいい結果になるはずだが、小さな問題は残る。象牙の塔にも無節操な人間はいるから、生産性を多少犠牲にしてもオフィスを賃貸して利益を得ようとする者が出てくるかもしれない。大学が生産性の低下を発見した場合に処罰できれば、問題は解決する。だが現実には情報が非対称である（自分の生産性が向上しているか低下しているかはわかるが、いちいちそれを学部長に知らせるわけではない）ために、思惑は裏切られる。

多くの会社は、法律で定める以上の医療保険費を社員のために払っている。給料を五〇〇ドル上げるかわりに、五〇〇ドル分の医療保険費を負担している。一見すると不思議に思える。どうして、社員に現金を与えて好きなように使わせないのだろうか。答えの一部分は——それがすべてかもしれないが——、課税される給料より社員にとって非課税の福利の方が好ましいからである。だが、もう一つ別の答えも考えられる。健康への配慮は生産性を上昇させる。生産性の上昇が簡単に測定できて、応分の報酬が与えられるのなら、問題はない。社員には健康に配慮するインセンティヴが十分に働くからだ。だが、情報が不完全な世の中では、社員福利制度が健康な暮らしを保証する最善の方法なのかもしれない。

あなたがゼネラル・モーターズ（GM）の社員であれば、会社に一〇〇ドル節約させる方法をふと思いつくことがあるかもしれない。それが多少の努力を必要とするものなのに、上司にその努力がわかってもらえないとしたら、あなたは放っておくにちがいない。

会社はインセンティヴを有効に働かせたいと考え、そのための工夫が何かないかと考える。その一つが、従業員利益分配制度である。だが、五〇万人の社員を抱える会社では、利益分配制度はあまり優れたインセンティヴにはならない。社員が利益の一〇〇パーセントを均等に分けるとしたら、一〇〇ドル節約できてその分利益が増えても、あなたの取り分は五〇分の一セントにしかならない。GMが社員全員を完璧に把握していないかぎり、インセンティヴを有効に働かせるメカニズムはたった一つしかない。各社員が利益の一〇〇パーセントを年俸として受け取るのである。GMの今年度の利益が一〇億ドルなら、会長から夜間警備員まで全員が一〇億ドルを受け取る。だとすれば、あなたが節約させた額はすべてあなたの収入になる。そうすれば、コストに見合う生産性の上がる方法をすべて実現させようとするインセンティヴが有効に働く。

この制度に伴うちょっとした問題点は、従業員が二人以上だと採算が合わないということである。一〇億ドルの利益では、五〇万人の社員に一〇億ドルずつ支払うわけにはいかない。だが、この問題は簡単に解決できる。年度初めに、各社員が多額の資金を出して仕事を「購入」し、その資金で利益と給与の差額を賄えばいい。仕事の価格は、平均的な年度の帳尻が合うように設定される。そのうちに、仕事の価格は利益と給与の差額にちょうど見合う額に落ち着くだろう。

この方法は重要な問題に対する理想的な解決策だが、誰でも、それは馬鹿ばかしいと思うだろう。では、なぜ馬鹿ばかしいのかということになると、その説明はそう簡単ではない。大会社のどこもそんな方法をとっていないという事実が、うまくいかない何よりの証拠であろう。だからといって、これについて考えるのをやめる理由にはなるまい。将来、もっと優れたメカニズムを考案しようと思うなら、どうしてこの方法がだめなのかについて考えるべきだろう。

最も簡単な答えは、まったくの間違いである。まず、次のような反論が出されるだろう。「組み立てラインの労働者は、仕事を購入するための一〇億ドルもの金をどこで調達するのか」。借りればいいというのが、これに対する答えだ。すると、そんな多額のローンは認められるはずがないと反論されるだろう。

一見すると、この反論は決定的なように思えるが、少し深く考えれば、まったくのナンセンスであることがわかる。従業員が、この制度を支えるための金を全額借り入れることはできないとしても、その一部なら借りられるはずだ。GMが一〇億ドルでは仕事を売れず、年度末に利益の全額を支給できないとしても、少なくとも一〇億ドルの一定率で仕事を売り、年度末に利益を売却額と同じ率で支給することはできる。これは理想的な策にはほど遠いが無策よりはましである。

この制度が借入金の制約で齟齬をきたすとあなたが言うのなら、従業員全員が限度いっぱいの金を借りるまで制度は拡大するものと予測される。だが、ほとんどの従業員は、限度いっぱいの金を借りないだろう。したがって、この予測は間違っているし、あなたの仮説もまた間違っていることになる。

ここで、もう一つ、それほど目立たないが、同じく無視できない厄介な問題がある。仕事購入プログラムによって従業員には適切なインセンティヴが働くけれども、株主の方はそうはいかないという点だ。従業員がいったん仕事を購入した後は、株主は会社が利益をあげないことを切に望むようになる。会社が一ドル稼ぐごとに、五〇万ドルの給与負担が発生するからだ。会社がまったく利益をあげなければ、給料を支払わなくてもいい。

株主が会社の意思決定に影響力を行使できるのなら、このインセンティヴ制度のもたらす結果は破産以外の何物でもない。給与が利益次第である半面、経営者が全力をあげて利益を減らそうとしている会社の仕事を、誰も買おうと思わないだろう。株主がいかなるレベルでも経営の意思決定に加われないという架空の会社を考えれば、この問題は一応解決できる。だが、破廉恥な株主が組合幹部に近づいて、工場で仕事を妨害するよう賄賂を手渡すというインセンティヴは依然として残るだろう。

ここに一つの教訓がある。一つの問題を解決するためのシステムが、別の問題を引き起こす原因となる。株主が社員の行動を完全に把握できないことは確かだが、社員も同じく株主の行動を完全に把握することはできない。情報の分配が不平等な場合には、予想外の結果にならないか、気をつけなければならない。

仕事購入プログラムとよく似た面白い問題がある。「代金を別々に支払うのは困る、一括して支払ってくれ」というレストランに一〇人で食事に出かけたとする。ここのデザートは高価で、誰も値段に見合う値打ちはないと考えている。ところが、客のそれぞれが自分だけが一〇分の一の値段で食べられるのなら儲けものだと考え、結局、全員が注文したとする。全員がデザートを食べ、みんなで一〇人分のデザートの代金を分担することになる。食事代金は、最初に高すぎると考えた額に等しい。この悲劇的結末はどうすれば避けられるか。

全員がデザートの代金も支払うというのが、解決策である。その場合、一〇ドルのデザートを注文すると、一人の分担は一ドル増えるのではなく、一〇ドル増えるから、本当に支払う気がなければ注文しないだろう。もちろん、レストラン側は一〇人分の料金をとって、大儲けできる。そこで、レストランのマネージャーは、金を出すからぜひ店に来てくれと頼むだろう。賄賂の額は、超過利潤を相殺する額になる（そうでなければ、競争相手のレストランが、それに見合う額を提供すると言うはずだから）。

これが完璧な答えだろうか。ほぼそのとおりだが、完璧ではない。客の一人がトイレから戻る時に、マネージャーがそっと陰に呼んで、デザートを注文してくれたら二〇ドル出そうとささやく可能性があるからだ。

重役の給与はなぜあんなに高いのだろうか。株主はなぜ最高給の経営者数名に四〇〇〇万ドルもの年俸を認めるのだろう。

ハーヴァード大学のエコノミスト、マイケル・ジェンセンとケヴィン・マーフィは、最近この問題を検討して、問題の立て方を「なぜ、重役の給与はあれほど低いのか」に変えるべきだという結論に達した。もっと正確に言えば、ジェンセンとマーフィは、重役の給与と会社の業績とはほとんど関連がなく、平均すると、会社の利益を一〇〇〇ドル増やしたことに対する重役の報酬はわずか三ドル二五セントであることを発見したのだ。難解な『ジャーナル・オブ・ポリティカル・エコノミー』誌から『ハーヴァード・ビジネス・レヴュー』誌、『フォーブス』誌といった驚くほど広範な雑誌にまで紹介された彼らの研究によると、業績向上のインセンティヴは悲しいほどお粗末で、その限りでは、問題の大半は重役の給与の上方硬直性に求められるという。株主は平均的にはもっと気前よく給与を支払うべきだし、もっと厳しく給与と業績とを関連づけるべきだと彼らは主張している。報酬と懲罰のいずれももっと大きくするべきだ、と。

私に言わせれば、この問題に関しては、二人の傑出したエコノミストが経済学的思考を停止させている。ジェンセン＝マーフィ理論は、報酬を業績と厳しく関連づけていないのは株主の過ちだという。人々が過ちをしょっちゅう犯している世の中とはいえ、エコノミストたるもの、誰かが過ちを犯すからこうなるといった理論で満足してはならない。肝心なのは、人間の行動は何らかの目的の達成を目指していると仮定し、その目的が何なのかを洞察することだ。

株主にとっては、重役といえども社員にすぎず、他の社員と同様に業績評価で尻を叩かねばならない。そして、多少余分に尻を叩かねばならないのが、リスクを冒すという部分である。一般に株主は、リスクがあっても見返りの大きいプロジェクトを好む。株主は資産を分散しているからである。プロジェクトが失敗すれば株は価値がなくなるが、その株式が自分のポートフォリオのごく一部でしかないなら、株主にとってはそう怖いリスクではない。

ところが重役の方は、キャリアの大半を特定の会社の運命に賭けているから、リスクの大きなプロジェクトを前にすると慎重にならざるをえない。株主から見れば、これは好ましくない姿勢であり、何とか防ぎたいと思う。最も直接的な防止策は、重役の行動を監視して過度に慎重な場合には罰するということだ。だが、株主が重役の判断すべてを監視するくらいなら重役を雇う必要はない。実際問題、株主は自分の意思を形成するに足るだけの情報を持っていない。

業績と報酬を切り離す理由がこれで説明できるかもしれない。IBMの社長が、折り畳めばシャツのポケットに入るようなコンピュータを開発しようとして失敗し、多額の損失を出したとしても、株主は次の二つの説明のうちどちらが正しいかを判断できない。一つの説明は、そもそも折り畳みコンピュータというアイディアそのものが愚の骨頂だというもの。もう一つは、プロジェクトのリスクは適正であったというものである。最初の説明が正しければ、株主は社長を解任すべきだと考えるだろう。だが、第二の仮説が正しい可能性もあるから、あまり厳しい扱いは望まない。将来の社長の士気に響きかねないからだ。そこで、責任を負う何人かの重役が多額の年金をもらって引退する。この慣行は非常識だとよくマスメディアに叩かれるが、一見狂気の沙汰と見える中に秩序を見出そうとする性癖を持つエコノミストは、理解できないことを馬鹿にしてかかるジャーナリストよりも、鋭い洞察力を発揮するかもしれない。

危険なプロジェクトをめぐる緊張を考えれば、重役の給与はなぜ高いのかという先の問いに対する答えが見つかるかもしれない。株主は重役にもっとリスクを冒してもらいたいと思っていることを想い起こしていただきたい。リスクを冒すことを励行する方法の一つは、金持ちにしてやることである。他の条件が同じなら、大学に通う子供の学費の心配をしている者よりも、大金持ちの方が職を失うことに対してずっとおおらかなはずだ。折り畳み式コンピュータの開発に踏み切る社長にやめないでいてもらいたければ、応分のおおらかさが必要である。高給はそのための手段の一つである。

重役の平均給与の高さを叩くマスメディアは、失敗した重役に対する懲罰もまた「不適切」だと非難する。こうした批判の奥底に流れている反知性主義には驚くほかない。人間が動物と違うのは、物事は「なぜ」そうなっているのかと考える能力が人間に備わっているからではないだろうか。経済学の領域では、この「なぜ」に対する答えは、情報の非対称という事実の観察から始まることが多い。重役は自分の意思決定の根拠を知っているが、株主は推測するしかないから、彼らは不十分なインセンティヴのもとで行動を強いられる。高給がリスクを冒す決断を促し、最適なインセンティヴの要素の一つとなると考えるのはもっともなことだ。これは問題の完璧な分析にはほど遠いが、問題を分析することは可能であり、やってみる価値があることは確かである。

「嘘つきと正直者が住む島に出かけたら」という古典的な謎なぞがある。嘘つきはいつも嘘をつくし、正直者はいつも本当のことしか言わない。残念ながら、どちらがどちらかは見分けがつかない。問題は、島の住民の言葉から隠された情報を引き出すには、どんな推論をすればいいのか、あるいはどんな質問をすればいいのか、である。住民に出会ったとき、どんな簡単な質問をすれば彼または彼女が嘘つきかどうかがわかるのか、である。「あなたは嘘つきか?」という質問はいけない。正直者も嘘つきも「いいえ」と答えるからである。いちばんありふれた質問は、「二足す二はいくつか?」である。

先日、四歳の娘にこの謎なぞを試してみた。娘の答えは「嘘をつく人とは、友達になってあげない」というものだった。どうやら彼女は幼なすぎて、論理的な謎なぞを理解できなかったようだ。

相手があなたよりも多くのことを知っているのなら、その不利を帳消しにする方法は二つある。一つは、相手から適切な行動を引き出す仕掛けを案出することだ。もう一つは、情報そのものを引き出す仕掛けを案出することだ。最近、エコノミストは、大方の予想に反して、他人の知っていることの一切合財を引き出すための仕掛けが驚くほどたくさんあることを発見した。

ジョセフ・コンラッドの小説『台風』では、大勢の水夫が自分の金貨を入れた箱を船の金庫にしまっている。船が嵐にあい金庫の箱が壊れ、金貨がごちゃまぜになってしまった。水夫はもちろん何枚の金貨を自分が持っていたのか知っているが、他人の金貨の持ち数は知らない。船長は、それぞれの水夫に正しい枚数の金貨を返さなければならない。

これは難しいと思われるだろうか。簡単な解決方法がある。それぞれの水夫に持っていた金貨の枚数を紙に書かせる。その紙きれを集めて、金貨を分配すればいい。ただし事前に、申告された金貨の枚数を足し合わせた合計が金貨の総枚数に等しくなければ、金貨は全部海に捨てるぞ、と警告しておく。

この解決策は、「真実は必ず明らかになる」という杓子定規な理論を端的に表わしている。この場合、船長は重要な情報を持っている。金貨の総枚数を知っているのだから。だが、意思決定者が何の情報も持っていなくても、関係者全員から真実を引き出すための仕掛けがありうるのである。

昨夜、妻と私は、何の映画を見に行くかで迷っていた。彼女は「叫びと囁き」がいいと言い、私は「ぐちゃぐちゃリーグの美人女子大生たち」にしようと言った。そこで、ドルで換算して熱心さの度合いが大きい方の勝ちにしようと決めた。問題は、熱心さをどう測るかである。しかも、自分の言い分を通すためには嘘だってつくぞと思っているから、ことはいっそうややこしい。

私たちはこんな方法をとった。妻と私が自分の賭け金の額を紙に書いた。額が大きい方が映画を選ぶが、負けた方の賭け金の額を慈善事業に寄付しなければならない。

私は八ドルと書いて、勝った。勝つためには妻の賭け金の額を上回らなければならないが、もし妻が八ドル以下なら勝ちたいが、八ドル以上なら負けてもいいと私は考えたのである。そのためには、八ドルを賭ければいい。言い換えれば、利己的になることで、私は正直な数字を出したのである。妻も同じことをしたのだが、熱心さの度合いの強い私の方が勝ったわけである。

これは実にいい方法だから、これからも利用しようと私たちは話し合った。ただし、慈善事業に寄付するよりも、知り合いのエコノミスト夫妻にその額を支払うことにする。彼らも同じことをして、私たちに支払いをする。そのうち、お互いの支払い額はたぶん同額になって、誰も金銭的に損をしないですむことになるだろう。

なぜ、みんなもこのやり方でどの映画を見に行くかを決めないのだろうか、と考えるのがエコノミストの習性なのだ。

第4章 無差別原則
——どの町に住んでも都市の魅力は同じ

あなたはサンフランシスコに住みたいと思いますか、それともネブラスカ州リンカーンに住みたいと思いますか。サンフランシスコには、素晴らしいショッピング街や世界的な博物館があり、気候は穏やかで、ゴールデンゲイト・パークもある。リンカーンには、サンフランシスコのワンルーム・マンションと同じ値段で買える素晴らしい戸建て住宅がある。世界一のシーフードがいいか、それとも壁に絵を掛けられる広々とした住まいがいいか。

『地域格づけ年鑑』と『アメリカ都市ランキング・ブック』は、毎年、全米でどこがいちばん暮らしやすいかという調査を発表している。サンフランシスコは国際都市の魅力という点で、リンカーンは住宅市場という魅力でいずれも定評がある。調査者は教育、気候、高速道路、バスの便、安全、娯楽などの重要性を勘案して、望ましい順に都市をランクづけする。こうしたランクづけから読み取れるのは、たいていの人が大切だと考えている事柄は明白で、相対的な重要性の評価にも大差がないと調査者が考えていることである。

もしこの推測が当たっているのなら、そしてあなたの好みが特異でなければ、わざわざお金を出してこうした刊行物を買う必要はない。すべての要素を勘案すれば、人が住んでいる都市の魅力は同じはずだ。もしそうでなかったら、最高の都市以外には誰も住みたいと思わないはずだから。

サンフランシスコがリンカーンよりもいいのなら、リンカーンの住人はサンフランシスコに引っ越すだろう。大量移住によって、サンフランシスコの住宅価格は押し上げられ、リンカーンの住宅価格は下落して格差が拡大する。そう遠くない将来、二つの都市の魅力が同等になるか、もしくはリンカーンがゴーストタウンになるだろう。

これを「無差別原則」と呼ぶことにしよう。好みが特に変わっている人とか、例外的な才能の持ち主とかは別として、すべて人間の活動は無差別である。ウッディ・アレンの映画「ラジオ・デイズ」では、特に優れた才能もない人物が、金の屑を貯めておけば金持ちになると夢見て、金細工師になろうとする。だが、特異な好みか才能がないかぎり、ある職業が特に魅力的だというわけではない。もし金細工師が道路清掃人よりも好ましい人生を送っているとするなら、道路清掃人は金細工師になるだろうし、そうすれば金細工師の賃金と労働条件は、両方の職業の魅力が同じになるまで低下するはずだ。

雨の日に私は、家族を戸外のルネサンス・フェアに連れて行ったことがある。会場は混んでいたが、いつもほどではなかった。雨が降って良かったのか、それとも悪かったのだろうか。実際には、どちらでもない。会場には屋内で楽しめる場所がたくさんあり、結果的に混雑度は、ショッピング・モールで一日遊ぶ楽しさと、フェアの一日の楽しさとが均等になるように決まるからだ。雨が降ったからショッピング・モールが特に楽しくなるわけでも、つまらなくなるわけでもないのと同じく、フェアの楽しさもまた増えも減りもしない。

近年の大統領選挙ではセックス・スキャンダルがつきものである。表だって非難されたことのない候補者でも、私生活の些事を秘密にしておけるだろうかと眠れない夜を過ごしていることだろう。そのおかげで候補者がダメージを受けていると評論家が言うのはもっともだが、それは間違いである。立候補するかどうかの決め手が「何か」を評論家は見落としている。セックス・スキャンダルが取り沙汰されなければ、もっと大勢が立候補して、選挙戦はさらに熾烈になるだろう。候補者は、立候補することとしないことの魅力が等しくなるまで増え続ける。要するに現状と変わらないはずだ。

『シカゴ・トリビューン』紙のコラムニスト、ボブ・グリーンは「皿洗いへの敬意と地位と境遇を改善する同盟」を主宰し、レストランの客は皿洗いにチップを渡すことを慣行にすべきだとの運動をしているという。この運動が成功したら、誰が得をするだろうか。答えが「皿洗い」でないことだけは確かである。皿洗いが雑役夫よりも幸せであるはずはなく、雑役夫の幸福は不変だからである。皿洗いがチップをもらうようになれば、雑役夫は皿洗いに転職するだろう。そうなると賃金に変化が及び、皿洗いの給料は下がる。皿洗いのチップ収入が給料低下分と同じになるまで、雑役夫の転職は続く。

それでは、いったい誰が得をするのか？　皿洗いの賃金が下がるのなら、いちばん得をするのはレストランの主人ではないかと思うかもしれない。だが、それも当たっていない。レストランの主人は靴屋の主人よりも幸せなはずがなく、靴屋の主人の幸福は変化しないからだ。皿洗いの賃金が下がってレストランの利益が上がれば、靴屋はレストランに転業するだろう。その結果、料理の値段が下がり、利益は減少する。レストランの主人が皿洗いの給料が下がって得した分と料理の値下がりで損した分とが等しくなるまで、靴屋の転業は続く。

客が皿洗いに五ドルずつチップを渡せば、皿洗いの給料は一テーブルあたり五ドルずつ下がり、さらに料理の値段も五ドルほど下がるだろう。もし値段の下がり方が少なければ、レストランの主人が得をするが、靴屋が転業しようと待ち構えているかぎり、そうしたことは起こりえない。それでは、誰が得をするのだろうか。誰も得はしない。客のチップは、料理の値下げによって戻ってくる。誰の富も増えも減りもしない。客は本気で皿洗いに気前よく振る舞おうと思うかもしれないが、無差別原則が働くのである。

固有の資源の持ち主だけが、無差別原則の作用をまぬかれうる。俳優の需要の増大は、俳優の得にはならない。新たに俳優になる人数が増えるからだ。だが、クリント・イーストウッドに対する需要が増大すれば、クリント・イーストウッドは得をする。なぜなら、クリント・イーストウッドは固有の資源の持ち主であり、クリント・イーストウッドは一人しかいないからである。彼のギャラが出演一本あたり数百万ドルに達すれば、仕事のない俳優たちは彼を必死でまねようとするが、どんなに努力してもクリント・イーストウッドにはなれない。科学者がそっくりさんを作る方法を発見すれば、クリント・イーストウッドのクローンができて、彼にも無差別原則が働くようになるだろう。

無差別原則のおかげで、「すべての経済的利益は必ず固有の資源の持ち主に帰着する」。雨に濡れるのが好きな、あるいは普通の人ほどには雨を嫌がらない人がフェアに行けば、雨のおかげで得をする。彼の変わった好みは、固有の資源だからである。特別に人好きのする皿洗いは、普通の皿洗いよりもたくさんのチップをもらうだろうから、チップの習慣の変化によって得をする。彼のパーソナリティは固有の資源だからだ。皿洗い志願者の大部分が同じパーソナリティを持っておれば、経済的な損得はなくなる。

一九九〇年に、当時のブッシュ大統領が新しい大気汚染防止法に署名した。この包括的な法律の成立で、産業界（つまり株主、生産者、従業員、そして消費者）が年間ほぼ二五〇億ドルのコストを負担すると推計された。この推計が正しければ、利潤の低下、賃金の低下、消費者物価の上昇により一家計に転嫁される平均コストは年間四〇〇ドルにもなる。

一方、きれいな空気は大きな恵みだし、呼吸するすべての人間が、つまり誰もが受益者になると普通は考えられる。だが、呼吸する能力は固有の資源ではない。誰にでもできることは、たいした報酬を生まないのが普通である。

呼吸する人がきれいな空気の受益者でないとすれば、いったい誰が受益者なのか。理論的には、固有の資源の持ち主を探せばいい。いちばんわかりやすいのは、スモッグがなくなれば家賃を上げられる都市の土地所有者だろう。

一九九〇年の大気汚染防止法は非常に複雑な法律であり、非常に複雑な経済的意味を持ち、その効果を細部に至るまで明らかにするのは非常に複雑な作業になる。だが昔、イソップは、現実の細部にまぎれている基本的真理を、単純なフィクションにより明らかにして見せた。そのフィクションをイソップは寓話と呼び、エコノミストはモデルと呼ぶ。一つ、ここで試してみよう。

寓話その一——二都物語

ラスト・ベルト地帯（五大湖周辺の内陸部）に、清らか町《クリーンズタウン》と煤だらけ町《グライミーヴィル》という二つの小さな町があった。買い物、仕事場、公園など毎日の暮らしの快適さはすべて同じだったが、一つだけ違うところがあった。呼吸する大気だ。原因は煤だらけ町にある煤だらけ鉄鋼所だ。煤だらけ町の住民は、清らか町があたりまえと考えていること、朝起きてさわやかな大気を胸いっぱいに吸うことができなかった。大気が汚れていて呼吸するのが不快なだけではない。生涯総呼吸量も少なかったのである。煤だらけ町の住人の平均寿命は清らか町に比べて一〇年短かった。

では、どうして煤だらけ町に住む人がいるのだろうか。理由は一つ。家賃が安かったからだ。清らか町なら年間の家賃が一万ドルする家が、煤だらけ町では五〇〇〇ドルで借りられた。五〇〇〇ドルの格差が、煤だらけ町に住人を引き止めておくのに十分だった。もしそうでなければ、住民は煤だらけ町から逃げ出して、家賃はもっと下がるはずだ。どこに落ち着こうかと考える若者にとって、二つの町の魅力に差はない。無差別なのだ。清らか町の環境はいいが、煤だらけ町の家賃は安い。

先週、煤だらけ町の町議会が、大気汚染防止法を制定し、煤だらけ鉄鋼所は高価な汚染防止装置を設置することが義務づけられた。まもなく、煤だらけ町の空気は清らか町と同じくらいきれいになった。そうなると、煤だらけ町の家賃は清らか町のそれと同じレベルにまで上がるだろう。

結局、煤だらけ町の住人は清らか町にそっくりな町に住むことになる。それで、住民の暮らしは向上したのだろうか。もちろん、そうではない。彼らが清らか町に住みたければ、とうの昔に引っ越していたはずだ。

煤だらけ町に住もうと決めた若者は、大気汚染防止法で何も得をしない。彼らは以前、清らか町と煤だらけ町は無差別だと考えた。だが、これからの選択肢は清らか町二つになってしまった。前と比べて状況が悪くなったわけではないが、良くなってもいない。

この変化によって唯一得をしたのは、前よりも高い地代が取れるようになった煤だらけ町の地主である。大気汚染防止法は煤だらけ鉄鋼所に課税し、税収増加分を地主に配分したのと同じことになる。

この結論は明白なのだが、率直に言えば単純化しすぎている。清らか町と煤だらけ町の住み心地は同じで無差別だという場合、住民の誰もが同じ環境にいるものと仮定されている。実際の世の中はもう少し混み入っている。何らかの特別の理由があって煤だらけ町に住む人がいたかもしれないし、中には地代が上がっても空気のきれいな方がいいと思う人もいるだろう。この人たちには、大気汚染防止法の成立は大歓迎である。一方、大気汚染があまり気にならず、元の煤だらけ町の方が良かったと思う人たちも少なくあるまい。この人たちは、煤だらけ町が清らか町に変身したのは痛手だと考える。普通の人と違った好みを持つということは固有の資源を持つことにほかならず、その持ち主は経済的利益もしくは損害を被ることになる。

そこで地主以外の住民には、大気汚染防止法によって得する人もおれば、損する人もおり、どちらが多いのかは予測できない。一方、論説に「きれいな空気を住民全員が等しく評価している」と書いた『煤だらけ町日報』が正しければ、地主だけが得をすることになる。きれいな空気は誰にとっても年間五〇〇〇ドルの価値があるとするなら、地代を五〇〇〇ドル上げることになった大気汚染防止法は、地主以外の住民にとっては得でも損でもないことになる。

煤だらけ町の大気汚染防止法は、年間一〇〇〇万ドルのコスト負担を生ぜしめると予想されている。これは見えない税金で、とりあえずの予測によれば、収益は全額、煤だらけ町の地主に配分される。もちろん、これは奇妙な税金だ。配分される額は、必ずしも直接的に税収と釣り合っていないからである。地代の上昇分は一〇〇〇万ドルよりも多いかもしれないし、少ないかもしれない。

たまたま汚染地域に土地を持っていた人たちを豊かにするというのは、公共政策の目的としてはおかしい。だが、大気汚染防止法をほとんど誰もが熱心に支持することを思えば、この点には目をつぶって防止法を素直に受け入れよう。煤だらけ町の地代の総額が一〇〇〇万ドル以上も増加すれば、町議会の決定は立派な成果を勝ちえたと言える。だが、地代がたとえば八〇〇万ドルしか増えなかったとすれば、町議会はもっと大きな業績をあげるチャンスを逃したことになる。大気汚染防止法を制定するよりも、煤だらけ鉄鋼所から年間九〇〇万ドルを徴収して、地主に配分すればいい。その方が鉄鋼所も安くつくし、地主の収入も多くなるし、大気汚染防止法で得も損もしないその他住民の損得には何の影響もない。また、この方が直接的であり正直でもある。大気汚染防止法が公共の福祉のためになるとか、崇高な目的にかなうとは、誰も断言できないのである。

煤だらけ町の地主が大気汚染防止法の利益を独り占めにするのは、彼らの土地が固有の資源だからである。固有の資源としての土地の持ち主は、経済環境の変化に非常に敏感であり、好ましい変化を働きかけようとする強力なインセンティヴを持つ。

世界中のどこでも、農民は抜きん出て多くの政府補助にあずかってきた。アメリカでは、農民は土地を耕作せずに放っておいて補助金を受け取っているが、部屋を空けておくモーテルの所有者に補助金を払う制度はない。これは謎である。違いはどこにあるのか。農民は家族農場というロマンチックな印象を巧みに利用しているのだ、と言う人もいる。だが、家族農場は夫婦だけでやっている小さな雑貨屋よりもそんなにロマンチックだろうか。つぶれかかっている小さな農場主には補助金を出すのに、街角の小さなお店の経営が成り立たなくなるのを放っておくのはなぜなのか。

無差別原則がその答えを与えてくれる。農民がせっせとロビー活動をするのに、モーテルの所有者や雑貨店がしようとしないのは、政府に補助金をもらってもほとんど得にならないことを彼らが知っているからだ。モーテルの空き部屋に補助金が出るとすれば、まず宿泊費が上がるけれども、じきに新しいモーテルができて、遠からずモーテル産業の利益は元どおりになる。モーテルには固有の資源はない。だが、農地は固有の資源だから、農業補助金をもらうために新しい農場が参入することはありえない。だから、農民は経済的条件の変化によって利益を得られる立場にある。

したがって、彼らには好ましい変化を起こすよう働きかけるインセンティヴがあるのだ。

私は三つの段階を追って議論を進めようと考えているが、すでに二つの段階を通過した。第一は無差別原則である。誰かの事業が他の事業よりも好ましければ、相対的な好ましさが消えるまで新規参入は途絶えることがない（全員が参入してしまうかもしれない）。第二は、第一からの演繹、すなわち固有の資源が経済的利益を生み出すことである。固有の資源がない場合には、無差別原則によってすべての利益が雲散霧消してしまう。

第三の段階は、以上の二つをさらに発展させたものであり、次の寓話のテーマである。「固有の資源の所有者がいない場合には、経済的利益は消滅してしまう」。利益の源泉となるものを誰も所有していなければ、受益者は誰もいなくなる。

寓話その二――スプリングフィールドの水族館

スプリングフィールドの町には素晴らしい公園があり、週末になると住民はピクニック、ハイキング、ソフトボールなどをしに行く。公園は人気があり、天気のいい土曜日の午後にはすべての住民が出かけるほどだが、広さは十分であり、混雑することは決してなかった。残念ながら、スプリングフィールドには他にあまりすることがなく、住民は公園が好きだったが、何か他の楽しみが必要だとの要求が常にあった。数年前、市議会が住民の要求に応えて税収で市営水族館を造り、無料で公開することにした。

オープンして数カ月のスプリングフィールド水族館は、まさしく一級の施設である。展示は美しく楽しく、そしてためになる。水族館の唯一の欠点は、いつも混んでいることだった。スプリングフィールドにはあまり娯楽がない。住民の暮らしは均質であり、好みもチャンスもほとんど同じだ。そこで、水族館がスプリングフィールドにどんな影響を及ぼしたのかを理解するために、典型的な一家への影響を考えてみることにしよう。

シンプソン一家は、スプリングフィールドの典型的な一家である。先日の土曜日、たまには週末にピクニックのかわりに水族館に行こうよ、とシンプソン氏が提案した。だが、息子のバートは、水族館に行くと必ず長い時間待たされるんだもの、と言った。しばらく話し合った結果、一家はまず水族館に行ってみて、どのくらいの長さの行列ができているかを見てみようということになった。待ち時間が四五分以内なら水族館にする。もし四五分以上なら公園にというわけだ。

経済理論に詳しくないシンプソン一家は、無差別原則を知らなかった。スプリングフィールドには、シンプソン一家のように水族館に入るのに四五分なら待ってもいいと考える家族が多い。ところで、行列が少しでも短くなると、別の家族が行列に加わる。入り口に思わぬ隘路があって行列が少し長くなると、行列の最後の家族が諦めて公園に行く。水族館の行列は常にちょうど四五分の待ち時間になる長さなのである。シンプソン一家はそれに気づかず、行列に並ぶかどうか迷ったあげくに、コインを投げて決めるだろう。

場合によっては、水族館の列が四五分よりも長くなる。たとえば、二週間前の土曜日は雨降りだった。雨の日の公園はそう楽しそうではないので、シンプソン一家は九〇分までなら水族館で待とうと考えた。到着してみると、行列はちょうど九〇分の長さだった。そこで、もう一度コインを投げて決めることにした。

スプリングフィールドの水族館は、住民の生活の質の向上にはまったく寄与していない。四五分待って水族館に入ったシンプソン一家の外出の喜びは、公園を訪れたときとまったく同じはずだ。公園は水族館よりもずっと前からあった。すでにあるものと魅力が完全に等しい選択肢ができても、生活の質が向上したとはいえない。選択肢がなかったときと、楽しさはまったく同じだからだ。

シンプソン一家には固有の資源がないから、水族館から利益を得ることはない。この場合の固有の資源とは水族館そのもので、水族館は町全体に「属して」いるから、誰にも属していないのと同じことである。したがって、利益を享受する者は一人もいないのだ。

スプリングフィールドは水族館を建設するのに一〇〇〇万ドルを費やした。この一〇〇〇万ドルはすべて、社会的浪費そのものである。町が一〇〇〇万ドルで金塊を買い、海に投げ捨てたとしても、住民の生活は今と何も変わらなかったろう。

スプリングフィールドの町長は、隣の煤だらけ町の町長と同じくらい惨めな思いをしたかもしれない。彼らの最近の経験には大きな共通点があるからだ。煤だらけ町の大気汚染防止法は地元の産業界に負担を負わせ、スプリングフィールドの水族館は地元の納税者に負担を負わせた。どちらの場合にも、負担に見合うと期待されただけの利益は生じなかった。煤だらけ町の法律はすべての人々を利するはずだったのに、得をしたのは地主だけだった。スプリングフィールドの水族館は利用者の利益になるはずだったのに、誰も利益を得なかった。

したがって、スプリングフィールドの過ちの方が煤だらけ町の過ちよりもなお悪い。煤だらけ町では少なくとも地主は喜んだ。

そう考えると、スプリングフィールドの事情を改善する方法が見つかる。煤だらけ町で地主が地代を取ったように、誰かに水族館の入場料を取らせるようにすればよい。たとえば、スプリングフィールドが何がしかの優れた住民活動の報償として、水族館を町長の従兄弟に与えると決めたとする。従兄弟はただちに一家族あたり一〇ドルの入場料を取ることにした。

この入場料はシンプソン一家にどんな影響を与えるだろうか。まず、水族館の魅力がこれまでより低下するのは明らかだ。シンプソン一家の普通の日の許容待ち時間は四五分から一〇分に短縮されるだろう。住民たちにはみな同じことが言えるから、実際の待ち時間は一〇分になる。金に換算すれば水族館に入場するための負担はこれまでより大きくなるが、時間で計算すれば負担は小さくなる。差し引きすれば、水族館の魅力は公園のそれに比べて大きくも小さくもないだろう。シンプソン一家にとっての水族館の価値は、これまでと同じ大きさ、というより小ささしか持たない。

待ち時間が改善されれば、「入場料負担はシンプソン一家にとって特別の変化ではない」。住民たちにとっても同じである。入場料で誰かの福利に影響が及んだのかと言えば、町長の従兄弟が豊かになった、ただそれだけである。無料の水族館を価値のない公共財のままにしておくか、町長の従兄弟に利用させるかのいずれかを選択するならば、町長の従兄弟の利益を否定するのは狭量というべきだろう。

もちろん町長の従兄弟にかぎらず、誰でも入場料をとれる者は、他人の福利に関係なく利益を獲得する。町議会が入場料を徴収し、収益を町のサービスや減税に使いたいと考えるかもしれない。こうすれば、スプリングフィールドの全住民が、何の負担もなしに利益を得られる。これは、最も望ましいが実現が困難な経済政策、見事なフリーランチの一例である。

一方、町当局は水族館を競売にかけて、最も高い値を付けた者に払い下げることもできる。この場合も、フリーランチになる。競売の収益は何らかの公共事業に活用できるが、新しいオーナーの収益極大化行動は本人以外の誰に対しても何の影響をも及ぼさないからである。

特定の場所にある土地、特殊な水族館、珍しい技術、あるいは変わった好みといった固有の資源が、その所有者に経済的利益をもたらす。所有者がいなければ、何の利益も生じない。無差別原則によって、すべての利益は固有の資源の持ち主に帰するか、消えてしまうかのいずれかだからである。エコノミストは、誰も資源から利益を得ないよりは誰かが利益を得た方がいいと考えるがために、私的所有制度の方が優れていると考える。

エコノミストは寓話が好きだ。寓話は真実でなくても、また現実的でなくても、重要な教訓を明らかにすることができる。カメがウサギと競走した例ではないが、「遅くても着実な方が勝つ」との教訓は生きている。煤だらけ町とスプリングフィールドは想像上の産物であり、複雑な付帯状況をすべて無視しているが、実世界ではそうはいかないから分析はきわめてややこしくなる。だが、複雑さをすべてはぎ取ったときに、簡潔で重要な真実が現われてくる。無差別原則を実例に当てはめようとすれば、多くの条件が必要となる。特殊な状況下では、遅くても着実な方が、拙速に後れをとるかもしれないように。だがエコノミストの寓話は、とにかく議論の出発点にはなる。私たちは、人間の行動は無差別であるという前提に立った。そうすることにより面白い結論が引き出せる。もし無差別原則が通用しなければ、こう問いかけてみなければならない。「その状況は、煤だらけ町やスプリングフィールドの生活と、基本的な点でどこが異なっているのか」。この問いに対する答えを求めれば、面白い結論が導かれるだろう。優れた寓話には優れた教訓があり、優れた教訓は細部まで真実ではなくても示唆に富む。

第5章 労働と余暇のトレードオフ

──コンピュータ・ゲームから「人生」を学ぶ

最近では、学生に何かを学ばせようと思ったら、コンピュータ・ゲームに仕立てればいい。今、私は、金融市場に関するゲームを作成しようという会議から戻ったところだ。学生に架空の事業を経営させ、株式、社債の発行、その他適当と思う方法で資本を調達させ、その資本で資材を購入して生産させ、業績に応じた利益をあげさせる。

ここで問題が起こる。経済ゲームでは成功をどうやって測るのか。私の考えでは、エコノミストが人生ゲームの成功を測るのと同じ方法で測ればいいはずだ。つまり所有資産や生産性によってではなく、過程がどれだけ面白かったかで測る。

取引で利益をあげたら、コンピュータがクーポンを発行することにする。学生はこのクーポンを映画のチケットやピザ、好きな大学院生とのキスなど、欲しいものと取り換えることができる。学生はクーポンをすぐに使ってもいいし、将来に備えて貯めておいてもいいし、貸してくれる他の学生から借りてもいい。各学生には無作為に決められた死期があり、その日になるとコンピュータに彼のキャラクターの死亡が告げられる。貯まった資産は決められた相続人が相続し、彼自身の消費のチャンスはなくなる。

およそ以上のようなゲームである。このゲームをやっても、単位はもらえない。後ろから見ている教師もいない。それでよろしいとか、もっとがんばれとか誰も言わない。自分勝手に生きて死に、上手にゲームを終えれば報酬がもらえる。わざわざがんばる必要もないと思えば、それもまた結構。

学生は、このゲームからたくさんのことを学ぶだろう。人生の成功は他人の成果との比較で測るのではなく、自分自身の満足で測るものだということを知る。また、人生ゲームには大勢の勝者がいること、一人のプレーヤーの勝利が必ずしも他者の勝利を損なわないことを学ぶだろう。また、勉強には見返りがあるけれども、その分、他の活動のための時間が奪われるし、何を一番したいかは人によって異なることもわかるだろう。何よりも重要なのは、貯蓄と勉強ではなく、消費と余暇こそが人生であることを学ぶだろう。

私の大学時代の友達で、将来何をしたいと考えているのかわからないと両親が嘆いている友達がいた。父親が訪ねてきて、腹を割って話し合おうとした。「ミッチ、一〇年後にこうなっていたいという理想があるのか」と父に聞かれて、ミッチはゆっくりと考えたあげくに答えた。「ぼくは――消費者になりたいな。できるだけ多種多様な商品をできるだけ長い間できるだけたくさん消費したいんだ」。ミッチなら私のコンピュータ・ゲームに夢中になってくれるだろう。

私はもう一つ、学生が他者のために消費財を生産するというゲームをつくろうと思っている。あるクラスの学生はケーキを焼く。別のクラスはクリーニング店を開業する。学期の途中で、貿易障壁を取り払い、学生がクラス同士でサービスや財を交換できるようにする。

「国際」貿易ゲームは、二つの貴重な教訓を与えてくれるだろう。一つは、貿易はチャンスを拡大すること。第二のもっと大切な教訓は、貿易が有益なのは、輸出ではなく輸入のおかげだということ。輸出産業は国際貿易のマイナス面にほかならない。他のクラスのクリーニングをしても楽しくはないが、ケーキを食べるのは楽しい。

国際貿易は一九九二年の大統領選挙の重要な争点だったが、どの候補者も肝心な点で間違っていた。当時のブッシュ大統領が、日本製トラックの輸入制限を緩和したとき、当時は知事だったクリントン候補は、アメリカ側には何の見返りもないと非難した。ブッシュは、日本市場をアメリカ製品に対して開かせるのに役立つと答えた。明らかにどちらも、日本のトラックを購入したらアメリカが何を得るのかに気づいていない。何を得るのかといえば、日本製トラックである。販売することは苦痛を伴うが必要な作業であり、購入することにこそ価値がある。

私は外面はがさつだが、内面は成熟したエコノミストであり、人生には、経済モデルが認める以上のことがあるのだ、と考えているとは想像しないでほしい。それどころか、私の人生ゲームは、エコノミストの価値観を明白に裏書きしている。主だった経済モデルはすべて、人は消費を増やして労働を減らしたがっているものと想定している。代表的なモデルはすべて、この目標の少なくとも一つの達成に寄与するような経済政策は成功だと判定する。経済学の基準によれば、人をムチ打って働かせ、彼らを金持ちにして死なせるような政策は悪い政策なのだ。

現代は、政策の良し悪しを生産性、あるいは生産量、労働意欲に及ぼす効果によって判断する「生産至上主義」の時代らしい。生産至上主義のアナリストは、経済学用語を使っているが、その中身を無視している。エコノミストは、彼らの生産へのこだわりは常軌を逸した不健康な強迫観念だと考えている。彼らはアメリカ人が金持ちになって死ぬことを願い、エコノミストはアメリカ人が幸せに死ぬことを願っている。

一九九二年の大統領選挙運動のとき、ポテト・チップよりもコンピュータ・チップを生産しようと国民に呼びかけたロス・ペローは極端な生産至上主義に毒されていた。コンピュータ・チップの生産の方がより多くの利益をもたらすという疑わしい仮説を受け入れるにしても、この主張は、ポテト・チップの生産の方が少ない労働ですむのだから好ましいという事実を見過ごしている。もし、私たちの目標が投入する労働力にかかわらず利益を最大にすることだとするならば、アメリカ人の大半は強制労働キャンプに入ることになるだろう。大勢が強制労働キャンプなどまっぴらだと思うという事実を、生産という物差しだけで政策を判定する人々は再認識すべきだろう。

ＮＡＦＴＡ（北米自由貿易協定）を批判したペローは、アメリカの賃金と雇用が低下するという推計を持ち出した。協定に賛成する対立候補二人は、ペローの土俵に上がって反論しようとした。本当に適切な反論の根拠は、協定によって消費者物価が下がり、手に入る商品の種類が豊富になるという推計だったのに、二人はそこに気づかなかった。協定のおかげでアメリカ人が少なく働いて多くを消費できるようになれば、私たちの勝ちなのだ。次の選挙までにコンピュータ・ゲームを完成させておきたいと思う。そして、ぜひ候補者に試してもらいたい。

第2部

善と悪

第6章 正しい政策をどう考えるか
——民主主義の落とし穴

ある時、夕食の席で一緒になった女性が、金持ちの払う税金が少なすぎるのは不公正だと熱心に弁じたてた。彼女がどんな意味で「公正」という言葉を使っているのかわからなかったので、こんなふうに訊ねてみた。ジャックとジルが共同の水道を同じ量だけ使っているとしよう。ジャックの所得は一万ドルで税率一〇パーセント、つまり水道の維持費として一〇〇〇ドルを支払っている。ジルの方は所得が一〇万ドルで税率は五パーセント、水道の維持費として五〇〇〇ドルを支払っている。では、この税制はどちらにとって不公正なのだろうか？

彼女は、今までそんなことを考えたことがないから、どう答えていいかわからない、と率直に言った。私は彼女とは違って、これまでさんざん「そんなことを考え」てきたのだが、今もってどう答えたらよいのか確信を持てない。税制が公正かどうか、判断をためらうのはそのためである。たった二人の人間と一つの水道しかない世界で何が公正なのか判断できないとしたら、二億五〇〇〇万人の人間が住み、何万種類もの公共サービスが提供されている米国における公正の判断基準などあろうはずがない。

前述の女性は、「公正とは何か」についての一般論を考えたことがなくても、具体的な事例については判断できると思っている。公正とは何かを定義できなくても、少なくともある事柄が公正かどうかはわかると言う。だが、本当にわかるのなら、ジャックとジルの世界の税制が公正か否かについても判断できるはずだ。

彼女に欠けているのは倫理学である。倫理学は多種多様であるが、その善し悪しを評価する最強の武器は経済学の論理である。経済モデルという人工的な世界が、倫理学を検証する最初の場を提供してくれる。人工的な経済モデルの世界では、すべてを細部に至るまで明確にできるが、現実の世界ではとてもそんなわけにはいかない。

そこで、私が大統領候補全員に質問をするとしたら、こんなことを訊ねたい。

全員が一年間に四万ドルずつ稼ぐことのできる世界と、人口の四分の三が一年間に一〇万ドル稼ぎ、残りが二万五〇〇〇ドル稼ぐ世界と、どちらが良いとお考えですか。

私自身はどう答えるべきか確信が持てないし、どちらを選ぶかで候補者の質を判断するつもりもない。だが、大統領候補がこうした質問に興味を示すかどうかを知りたい。

実際に候補者に質問できる記者たちは、健康保険制度や産業政策などについて訊ねたがり、ハーバート・フーヴァーであれば目を輝かせるだろうが、トーマス・ジェファーソンには関心のなさそうな倫理学の一般論よりも、専門的な細かい知識を試したがる傾向がある。候補者は質問を予想して、回答を準備する。自分が考えている健康保険制度について詳しく説明し、その長所を売り込む。だが、私に一つ確認のための質問をさせてもらえるなら、こう訊ねてみたい。

どうして、あなたの計画する健康保険制度が良い制度だと思うのですか。

たぶん候補者は、制度の長所を述べている間、私が居眠りでもしていたのだろうと思って、辛抱強く自分の主張を繰り返す、つまり彼は私の質問を頭から無視するだろう。

政策分析の第一原則は、長所を並べたてても、その政策が望ましいことを証明できないことである。言うまでもあるまいが、誰かが思いつく政策には何かしら長所があるはずだ。政策を擁護しようとするのなら、何らかの長所があることではなく、短所よりも長所が多いことを示さなくてはならない。

そして、短所よりも長所が多いと主張するためには、少なくとも基本的な倫理問題についての態度を明確にしなければならない。簡単に言えば、長所と短所をどうやって比較するかである。

たとえば、ある候補者が提案する健康保険制度では、最貧困層に合計一〇億ドルの健康保険金を追加給付するとしよう。一方、中間階層と富裕階層の納税額を合計一五億ドル増額するとしよう。この制度の長所と短所のどちらが大きいか。答えは、何を比較の基準とするかによって違ってくる。ある種の費用と別の種類の便益とを比較するのに適切な基準とは何なのだろうか。

現実の世界で提案されるどの政策であれ、数えきれないほど多くの人々が数えきれないほどの利害関係を持ち、数多くのトレードオフ関係がそこに含まれているにちがいない。こうした利害をどう比較すべきかについて有意味な見解を表明する用意のある人ならば、貧しい人々が一〇億ドル得して、金持ちが一五億ドル損するという簡単な例についても、はっきりした意見を表明できるはずである。基本的な問題についてまともに考えたことのある人なら誰でも、想像上の世界における理想的所得分配の何たるかについて明確な意見をお持ちのはずである。

夢想に惑わされることなく頭を明晰に保つために、為政者に求められるのは、抽象的な思考力である。政策を考える際には、つい長所と短所を縷々述べたくなり、どれだけの短所があれば長所が帳消しになるかの判断をおざなりにしがちだ。専門家の費用－便益分析において、費用がリンゴ、便益がオレンジで測られているとすれば、単純な計算で政策評価の結論を下すことはできない。すべての事実が明らかになるにせよ、意思決定のためには倫理学が不可欠である。架空の世界での所得分配という簡単で抽象的な問いに答えられない人が、健康保険制度の是非について判断を下すことはできるはずがない。

政治家がおよそ統治者らしくない倫理規範に基づいて御託宣を下すのは、健康保険制度に限らない。ジョージ・ブッシュ元大統領は在任中に、金利引き下げによってマイホーム取得者の負担が軽くなると得意気に言っていた。もちろん、金利低下で住宅取得者の負担が軽くなることぐらいは誰でも知っている。半面、金利引き下げが退職後に備えて貯金する人に不利なことも誰もが知っている。費用と便益の対照表の片側だけを強調して、もう片側を無視するのは、ごまかしと言うほかない。政治家が金利引き下げを正当化しようとするのなら、借り手に有利なことがなぜ良いことなのかだけではなく、借り手に有利である半面、貸し手に不利なのがなぜ良いことなのかを説明しなければならない。言い換えれば、ある所得分配方式が他の方式よりも望ましいことを論証しなければならない。何が「望ましい」所得分配なのかについての明確な定義なしには、金利の上げ下げについて意見を言う資格はない。

ブッシュ元大統領やディナーの席をともにした女性と違って、私には正義とは何かがよくわからない。だが、経済学がそれを明らかにする可能性を、私は信じている。

正義とは何か。多数は正義なりという多数決民主主義的見解にも、一理はある。しかし、これほどあからさまな多数決原則が貫徹されたことは、人類史上、例を見ない。人口の五一パーセントがみずからの慰みのために、残る四九パーセントの人々の目をえぐり出そうと票決したからといって、多数決は正当だと考える人には出会ったことがないし、いるとも思えないし、もしいたとしても付き合いたくはない。多数決原則を主張する者も、不可侵の基本的人権、あるいは状況に応じて制限される人権といった概念によって、多数決原則を修正しているのが普通である。アメリカ合衆国憲法は、ほぼこの考え方に則しており、多数決原則を採用しているが、その一方で、不可侵の基本的人権をきちんと列挙している。

多数決原則の問題点は、多数の選択肢があり、いずれも過半数の支持を得られないときの決め手にならないことである。ある経済政策が四パーセントの支持を得、他の三二の政策がそれぞれ三パーセントの支持しか得られない場合、四パーセントが支持した政策を採択すべきだと考える人はまずいないだろう。

選択肢がたくさんあるときに、投票制度をどうすべきかについて、その手続きを予めきちんと定めておかなければならない。いくつかの政策、あるいは何人かの候補者がいる場合、予備選挙を実施して二、三の候補に絞り込んでから決戦投票をすべきか。それとも総当たり戦にして、まず二人で勝負させ、その勝者が次の候補と争うというように、最後の一人になるまで繰り返すべきか。投票に際して一人の候補ではなく二人、三人、あるいは一〇人の候補を選んでもらって、圧倒的な多数を獲得する候補が出てくるようにすべきなのか。

こうした方法の中から適当に選ぶというのは、どう転んでも満足のいくやり方ではない。また、漠然とした好みで選ぶというのも、あまり感心したやり方ではない。もっと論理的な選び方として、票決手続きとして好ましくない点を洗い出し、そうした欠点のない方法に絞り込んでいくのが望ましい。

第一に、誰もがチャンス候補よりもティンカー候補の方がいいと思っているにもかかわらず、ティンカーが立候補しているのに、チャンスが当選するような票決方式がよくないことに異論はあるまい。つまり、運が良ければチャンスがティンカーを破れるような票決はよくない。たとえば「最後の票を得た者が勝つ」というような馬鹿げた票決は排除されなければならない。

第二に、投票結果が手続きの順序によって恣意的に決まってはならない。前述の総当たり戦だと、運悪く初めのころに競り合う候補は後の方の候補よりも落選の可能性が高いから、これも除外されなければならない。

第三に、勝つはずのない第三の候補が投票結果を左右しうる制度もよくない。したがって、「得票数が相対多数の候補が勝つ」という票決は除外される。この方式だと、第三の候補が一方の候補の票を奪う結果、もう一方の候補が不当に有利になるからだ。

一九五〇年代初めに、エコノミストのケネス・アロー（その後ノーベル賞を受賞した）が、民主的投票制度の要件をリストアップしたことがある。どれも、今述べた条件のいずれかに当てはまる。その後、アローがそれらの要件をすべて満たす投票制度があるかどうかを検討したところ、そう多くはないことが示された。アローは厳密な数学的方法で、すべての要件を満たす方法は、一人の有権者を選んで、彼にすべての票を委ねる以外にはありえないことを証明して見せた。要するに、民主主義の最低限の要件を満たす唯一の制度は、独裁者を作ることでしかないのだ。

アローのこの結論は、理想的な民主主義的投票制度が実現可能だと考えている人たちに一考を促すにちがいあるまい。だが私は、民主主義に、それも不可侵の人権を保障する民主主義にすら懐疑的にならざるをえない、もっと根本的な理由があると思う。なぜそうなのかと言うと、民主主義が好ましい結果を生むと期待する根拠が絶無だからである。「好ましい」ということが何を意味するのかという問題を回避し続けたまま、どうして民主主義が好ましいと言えるのだろうか。

多数がまあまあ支持する方を、少数の熱狂的反対を押し切って優先させるのが良いことなのだろうか。ほとんどの人はそうは思わないだろうし、そうした結果を避ける制度の方が好ましいと考えるだろう。この点で、私たちの共和制政体は優れているとよく言われる。熱狂的な少数者は、熱意のない多数者よりも代表に強力に働きかけるからである。この主張はもっともらしいが、もっともらしいからと言って証明されたわけではない。第共和制政体が良い結果につながることを証明するには、どうしたらよいのだろうか。

一に、政治と政治家、それに圧力団体に関するポジティブな理論が必要とされる（「ポジティブ」とは、望ましいかどうかの予断なしに、結果を予測しうる理論を意味する）。そうした理論においては、政治家の行動様式についての仮説を設けなければならない。たとえば「政治家は再選の可能性を極大化するように行動する」「政治家は在任中の権限を極大化するように行動する」「政治家は友人を金持ちにするように行動する」、あるいはこれらの組合せなどである。こうした仮説から経済理論によって論理的に結論を導出し、さまざまな状況下でどのような法律が制定されるのかを予測する。そうした予測を現実世界と比較対照させて、理論を信じるか否かを決めればよい。

第二に、どの結論が望ましいのかを正確に定義しておく必要がある。少数派が多数派の願望を踏みにじることが許されるのは、どれほどの数でどれほど熱心な少数派が反対する場合なのか。「相当数が相当な情熱を持っている」などという解答ではなく、数学的に正確に表現されなければならない。右のような解答は、実際的ではなく、規範的な論理でしかない。規範的な論理は何が望ましいかを記述できるが、何が起こるかを予測できない。最後に、実際的な論理が予測した結果を、規範的論理が慎重に結論づけた望ましい結果と比較した上で、どの程度の頻度で望ましい結果が起こるのかを検証してみればいい。ここでも、たぶん数学的な論理がふんだんに必要とされるだろう。

圧力団体についてのポジティブな理論は比較的新しい。ここ一五年ほどの間に、この問題に関するいくつかの研究報告がなされた。興味深いものも多いが、まだ決定的なものは見当たらない。たとえ幸いにして(現在は考えられないが)、十分に検証された優れたポジティブな理論が生まれたとしても、私たちの制度が望ましいかどうかを判断するには、それとは別の規範的理論が必要とされるだろう。そこで、また出発点に戻ってしまう。善悪を判断するには倫理学が不可欠なのだ。

民主主義、制限付き民主主義、等々、さまざまな民主主義のヴァリエーションのどれか一つを選ぶとすれば、原始的な形にせよ、それは一つの倫理学的立場の表明にほかならない。そうした倫理学を好む者も当然いるだろうけれども、それは結果主義的な倫理学ではありえない。政治制度を、結果が人類の幸福になるかどうかではなく、内在的利点(「民主主義は善である」)に関する恣意的な基準によって判断しているにすぎない。今述べた検証手続きを要約すると次のようになる。まず民主主義の結果をはっきりさせた上で、(民主主義そのものではなく)その結果が望ましいかどうかを判断する。

通常の政治的主張の大半は、結果主義ではない。何らかの「権利」を主張する者は、ルールの結果の是非ではなく、ルールそのものが望ましいと訴える。中絶の是非についての論争では、「生命を守る権利」を主張する者も「選択の権利」を主張する者も、そのいずれもが結果主義で判断しているのではない。

経済学は、何らかの権利を主張する倫理学的立場に反対するわけではない。しかし、結果は重要であり、筋道だった方法で結果を評価しなければならない。なぜなら私たちが考慮すべき結果とは、人間の幸福に関わっており、少なくとも原則的には幸福は測定可能であり、たとえばジルよりもジャックの方が幸福だと判定できると考えた方が都合がいいからである。多くのエコノミストは、こうした比較を馬鹿にして、ジャックの幸福とジルの幸福はまったく価値の異なるものであり、もともと比較不可能だと主張する。だが、議論を先に進めるために、こうした疑問はひとまず棚上げしよう。

もし幸福が測定できるのなら、結果主義者の倫理学（経済学的に言えば規範経済学的基準）は何通りもありうる。その一つは、最も不幸な人の福利を極大化せよ、である。幸福と所得とが同等ならば、全員が中程度の所得の国の方が、一部が豊かで一部が貧しい国よりも優れていることになる。だが同時に、最底辺の人々にも生存水準以上の福利が保証されるなら不平等も認められる。所得格差が大きくても最貧困者が十分に食べていける社会の方が、全員が等しく飢えている社会よりも望ましい。

これとは別の規範は、人類の幸福の総和を最大にせよ、である。これで、私たちの倫理学の袋は前よりも少し重くなる。ジャックとジルの幸福をただ比べるだけではなく、それぞれの幸福に数値を与えることになるからだ。ジャックに幸福を四単位、ジルに一〇単位（総和は一四単位）を与える制度の方が、ジャックに六単位、ジルに七単位（総和は一三単位）を与える制度よりも優れていることになる。

数値による比較可能性を認めれば、総和を最大にすることを考えるのは自然である。もう一つの基準は、人類の幸福の積を最大にせよ、である。するとジャックに幸福を四単位、ジルに一〇単位（積は四〇単位）を与える制度は、ジャックに六単位、ジルに七単位（積は四二単位）を与える制度に劣ることになる。

どんな長所があるにせよ、それぞれの規範は、しばしば繰り返されるがまったく意味不明な「最大多数の最大幸福」といった規範と違って、曖昧さのない明確な倫理的立場を取っている（全員が四万ドルもらう所得分配方式と、四分の三が一〇万ドルで残りが二万五〇〇〇ドルの所得分配方式では、どちらが「最大多数の最大幸福」なのだろうか。判断は人によってまちまちだろうし、どちらが正しいとも言えまい）。もちろん、これらの規範はいずれもきわめて抽象的であり、極度に形式化された人工的な例にしか適用できない。だが、先に述べたように、極度に形式化された人工的な例を理解できなければ、現実の世界を理解できるはずがない。

こうした規範のうちどれを選ぶかはまったく恣意的に決めるしかない。幸福の総和を最大にするのと積を最大にするのとでは、どちらが優れているのかは、どうすればわかるのだろうか。この困難を克服するための方法は二つ考えられる。

一つの方法は、規範が満たすべき要件を列挙してみることである。たとえば、全員の福利を向上させるような変更があれば、規範はその変更を評価するものでなければならないとの要件である。これによって「最も不幸な人をできるだけ不幸にするべきである」だとか「人類の幸福の総和を最小にせよ」といった規範は排除される。また、全員を同等に扱う規範でなければならないとの要件を追加すれば、白人や女性の幸福を黒人や男性の幸福より優先すべきであるとする規範は排除される。

こうしたいくつかの要件に合意できれば、あとは要件を満たす規範をすべてリストアップする作業だけが残る。残念ながら、異論のない少数の要件を取り上げただけでも、たぶんいちばん可能性が高いのは、すべてを同時に満たす規範などありえないとの結論だろう。そこで議論の焦点は次のようになる。列挙された要件のうちどれを放棄すべきか。各人を同等に扱うという基準と、全員を幸福にするような変更を評価するという規範のいずれを優先すべきなのか。トレードオフ関係を理解するには数学的な指針が役立つ。ある有意義な要件を採択しようとすれば、別の要件を何か一つ捨てなければならない。

ただし、この方法では問題は解決せず、議論はさらに高い次元へと移る。私たちには幸福の総和と幸福の積のいずれを選ぶかについての明確な理屈はないが、各人を同等に扱うという要件は、本能的に採用すべきだと考えるようだ。こうした明らかな優先順位に純粋な理論を加味すれば、選択すべき規範が明らかになるはずである。

もう一つの方法もある。この方法を最初に提案したのはエコノミストのジョン・ハーサニだが、これを基盤にして記念碑的な公正の理論を確立した哲学者ジョン・ロールズの名と結びつけられることが多い。ロールズあるいはハーサニの考え方によると、自分が「無知のベール」の背後にいて、自分自身が何者かすら知らないと想定する。何らかの生物として生きることを運命づけられていることは知っているが、この世の生物のどれになるのかについてはまったく不明である。ロールズの言う公正な社会とは、無知のベールの背後にいる自分が生まれたいと考えるような社会のことである。

ロールズ主義者は、私たちが個人的状況に関する知識をすべて奪われれば、どんな社会にするべきかについて全員が同じ考えを持つだろうと言う。それがどんな社会になるのかを想像するには、現実の行動を観察すればよい。致命的な病気に対して適当な料率で保険がかけられるなら、人は保険をかけるだろう。同様に、生まれながらに無能ないし障害者であるとか出生が不幸であることに対して保険をかけられるなら、やはりかけようと思うだろう。ベールの背後にいるうちに、そうした保険をかけることができる。つまり、賢く健康に生まれた者がそうでない者と所得を分け合うことを約束する。ベールの背後にいるかぎり、そのような契約に皆がサインしたがるはずだから、現実の世界でもこれを実行すべきだとロールズ主義者は主張する。

ロールズ自身はさらに議論を発展させる。彼は、いくつかの基本的な自由について合意した上で、最も不幸な人の生活水準の向上に全力を傾注すべきだと言う。極端に言えば、全員が食うにやっとの暮らしをしている社会の方が、億万長者ばかりでもたった一人の不運な人が飢え死にする社会より望ましいというのだ。

ベールの背後という設定を採用するにしても、ベールの向こう側で私たちが何に合意するかについてまったく違う考え方をする人もいる。複雑すぎる話の筋はここでは省略するけれども、ハーサニは、ある種のしかるべき条件の下では幸福の総和という方式を採用せざるをえないと主張する。この考えに私も賛成だ。というのも、私自身が彼とは別にこの考え方に到達し、数日間、自分の独創だと信じ込んでいたからだ。数日後に、友人にその考えを披露したところ、ある者は実に素晴らしいと言い、ある者は実にくだらないと言った。結局、学識豊かな同僚であるウィリアム・トムソンに、それは数十年前にハーサニが主張したのと同じであり、その後広く繰り返されている議論だと教えられた。

ベールの背後にいる自分を想定するという前提は、ある種の重要な倫理的問題を取り扱うのには不適切なように思える。なぜなら、誰がベールの背後にいるのかを特定していないからだ。普通なら「全員」という回答が返ってくるのだろうが、「全員」という言葉は一見するよりもずっと曖昧なのだ。オットセイを殺してその毛皮でコートを作ることは許されるべきだろうか。自分がとにもかくにも人間に生まれるとわかっていれば、それなりに答えられるだろうが、オットセイに生まれる可能性もあるとなれば、事情はまったく違ってくるだろう。中絶は合法とすべきか否か。ベールの背後での答えは「中絶される胎児」に生まれる可能性があるかどうかで違うだろう。胎児もベールの背後にいるのかどうかを決めるには、胎児を人間と考えるか否かを決断しなければならない。こうなると、私たちが解決しようとしているそもそもの問題に逆戻りしてしまう。

基本的な属性に立脚して議論すること、あるいはベールの背後を想定することは、私たちの思考方法を明晰にし、隠された矛盾を浮き彫りにするのに非常に役立つ。だが、規範の選択は最終的には趣味の問題ではないかという気がする。そのことがまた、面白いパラドックスの源泉となる。

馬鹿ばかしいほど極端な事例で、このパラドックスを考えてみよう。世界で最も不幸な人の福利を最大にするという規範を政策の基軸にすえることに合意したとする。大々的な調査の結果、最も不幸な人を探し出して、あなたを幸福にするにはどうすればいいかと訊ねる。すると彼は、最も不幸な人の福利などとは無関係な規範が支配する世界に住みたいと答えた。

そうなると、この規範を矛盾なく実現することが不可能となる。唯一の方法は、規範を放棄することしかない。

一方、人類の幸福の総和を最大にするという規範に合意したとして、人類の幸福の総和を最大にしないという規範を採用すれば、かえって総和が増大することがわかったとする。またしても、私たちは矛盾に突き当たる。

状況次第では、ほとんどの規範がこの種のパラドックスをはらんでいることを数学的に証明できる。こうしたパラドックスをはらむ規範を放棄してゆけば、選択すべき規範の数はおのずから検討しうる現実的な数に絞られてくる。

これが最も愉快なパラドックスかもしれない。倫理的行動には個人の趣味の問題という側面が少なからずつきまとうから、純粋な論理はほとんど議論に役立たない。ところが、倫理的行動は個人の趣味の問題だからこそ、現実味のない規範の数々を排除するための要件の一つであるパラドックスを、純粋な論理によって明らかにできるのだ。

エコノミストにアンケートをしてみると、ここにあげていない規範が好ましいという意見が圧倒的に多いにちがいない。その規範とは、経済効率とか費用‐便益分析という誤解を招きやすい無味乾燥な名称で呼ばれているものである。これについては、章をあらためて議論することにしよう。

第7章
税金はなぜ悪か
――効率の論理

風の強い日にニューオーリンズで、私が手に持っていた一ドル紙幣が飛んでしまった。溝へ、そして忘却の彼方へと向かいかけた紙幣を、私はつかもうとした。すると一緒にいた同じエコノミストで、その時だけは私の魂の守護者でもあったデヴィッド・フリードマンが私の手を押さえて制した。前章の終わりで私は、経済効率は適切な行動規範の一つだと言った。この時、邪魔をしたデヴィッドは、私が無思慮で非倫理的な行動に走るのを防いでくれたのだ。

ある行動の倫理的価値が経済効率への貢献度で判断できると言うと、彫刻の美的価値がドアを開けておくための戸止めとしての有用性で判断できると言うのと、同じくらいにナンセンスだと思われるかもしれない。だが、そう考える理由の一つは、エコノミストの言う効率とは何を意味するのかを、私がまだ説明していないせいかもしれない。たとえば、風で飛ばされた紙幣を取り戻すのが非効率だということが納得できない読者は、効率について私とは別の考え方をしているはずだ。

先ほどの一ドル紙幣については、本章のあとの方であらためて取り上げることにして、まず、効率とは何か、エコノミストはなぜこれほど効率が好きなのかを考えてみよう。最初に、税金はなぜ悪かについて説明しよう。

なぜ税金は悪か。いちばんわかりやすい理由は、税金を払うのはちっとも楽しくないということだが、それだけでは決め手にはならない。税金を集めるのはとても楽しい、だから税は善だと言うこともできる。納税された一ドルは徴収された一ドルであり、その限りでは、善と悪は相殺されてしまう。

もっと具体的に考えてみよう。徴税人があなたから一ドルを取り上げて、私の祖母に社会保障給付として与えたとする。あなたよりも祖母の方が大切だと私が感じていれば、この取り決めは結構だと思うだろう。私の祖母に会ったこともないあなたや友人の見解はまた別のはずだ。だが経済学では、あなたと祖母のどちらが大切なのかを明らかにできない。まったく無関係な第三者は、この取り決めが好ましいかどうかについて沈黙するしかない。それなのに、エコノミストには税が悪であると断定する理屈があるというのは面白い。

簡単に言えば、税は人々が避けたがるから良くない。税を回避することによって、それに見合わない額の経済的損失が生じかねない。

あなたが買う品物のほとんどは、支払う気のある最高額よりも安い値段で手に入るという意味でお買い得である。今日の午後、私は二四ドル払っても欲しいと思うシャツを二〇ドルで買った。私は店に入った時よりも四ドル分豊かになって店を出たわけだ。しかも素晴らしいことに、私が得をした四ドルは誰の損失でもない。だから、私だけではなく世界全体が四ドル豊かになったことになる。この四ドルの利益は、エコノミストの言う消費者余剰にほかならない。

もし付加価値税（消費税と同じ）のせいでシャツの価格が二三ドルに上がるとすると、私が三ドル損して徴税者が三ドル得する。ところが付加価値税率が上がって価格が二五ドルになると、まったく違うことが起きる。税を払いたくない私は、シャツを買うのをやめるだろう。すると、私の消費者余剰四ドルは消えてしまう。私は四ドル損するのだが、だからといって誰も得しない。

もちろん、二五ドルでもシャツを買う人はいるだろうし、その人たちの損失は徴税者の利益によって（あるいはその税金によって恩恵を被る人の利益によって）相殺される。だが、私そして私と同じような人の損失は、エコノミストの言うデッドウェイト・ロスになる。損失に等しい利得が徴税者のところへも誰のところへも行くわけではないからだ。

税はほとんど常に善よりも悪である。一ドルを徴収するには、誰かから一ドルを取り上げなければならない。その過程でほぼ不可避的に誰かがシャツを買うのをやめたり、家を建てるのをやめたり、時間外労働をしたりするはめになる。政策が善よりも悪をなす方が大きい場合、つまりデッドウェイト・ロスを生じさせる場合、私たちは非効率と呼び、それを嘆かわしいことだと考える。

デッドウェイト・ロスを避けられる唯一の税は、所得、資産、消費、その他個人が管理しうる事柄とは関係なく、誰もが一定額を納税する人頭税である。理論的にはエコノミストは人頭税が好きなのだが、現実には非効率の解決策としては極端すぎると考える。したがって、どんな種類にせよ政府を存続させたければ、そして人頭税によって歳入を確保するという極端な策をとりたくなければ、ある程度のデッドウェイト・ロスを甘受しなければなるまい。だが、生じうるデッドウェイト・ロスは税制の種類によって非常に大きな開きがある。何らかの政策のデッドウェイト・ロスが特に大きい場合、エコノミストは代替策はないものかと考える。

この——個々の利益と損失を比較する——分析こそが、エコノミストのエコノミストたる所以なのである。たとえば、関税が外国車に与える影響を評価してくれと頼まれた場合、経済学の勉強をしていない政策アナリストは、自動車産業の雇用やゼネラル・モーターズ（GM）社の利益、あるいは貿易赤字や財政赤字に及ぼす影響まで議論しようとする。この種の分析の問題点の一つは、善と悪を比較する基準が何もないことだ（自動車産業の労働者の雇用が四パーセント上昇すれば、自動車の価格が三パーセント上昇してもかまわないのか。貿易赤字が一〇億ドル減少するのはどうなのか）。さらに、ある結果をプラスと評価するかマイナスと評価するかの基準すら明確ではない（国産自動車の生産高が増加するのは——貴重な資源を投入することを考慮した場合——、善なのか悪なのか）。エコノミストはまったく違う方法を採る。私たちは個人への影響だけを考える（もちろん、個人は自動車産業の利益や財政赤字に影響されるから、そうした要素も考慮しなければならないが、それは中間的な段階として必要なだけである）。経済活動する個々人を私たちは考える。この人物はこの関税によって得をするのか損をするのか、また損得はどれほどになるのか。消費者余剰、生産者余剰、関税を収入源とする給付、等々、個々の価値の変化が損得に勘定される。こうした利益と損失をそれぞれ集計する。利益の方が損失よりも大きければ、政策は好ましいとされる。損失の方が利益よりも大きければ、差額にデッドウェイト・ロスというレッテルを貼り、この政策は非効率だと断じてデッドウェイト・ロスを政策の拙劣さの物差しにする。

ここで重要なのは、物質的な面を過度に強調するという、非エコノミストが犯しがちな失策を犯さないことである。人々の価値評価のすべてを考慮すると言うとき、私たちは本気でそう考えているのである。

たとえばエクソン社が、一般的には環境破壊の影響はごく少ないと見られる地域に石油採掘権を取得したとする。ところが、戦闘的な「鉱物の権利を擁護する」活動家たちが、石油が地下にある本来の安息所から採掘されると思うと気持ちの平安を乱されると考えて、エクソンの採掘禁止を求める訴訟を起こした。さて、冷厳な経済効率の論理からすれば、どちらに軍配をあげるべきだろうか。

冷厳な経済効率の論理からすれば、判断するだけの十分な情報がまだない。エクソンが採掘を進めれば、得するのは持ち株の価格が上がるエクソンの株主、賃金や雇用の見通しが改善される地元労働者、それにガソリン価格が下がるのなら自動車を運転する人も含まれるかもしれない。損するのは、安眠を脅かされる「鉱物の権利を擁護する」活動家たちだ。効率の基準に従えば、すべての利得と損失をそれぞれの支払い意思によって測定した上で、総利益と総損失を比較する。

採掘プロジェクトで五〇ドル得する株主は、エクソンに有利な判決を勝ち得るために五〇ドルまでなら支払うだろう。そこで、採掘賛成派に五〇票が入る。採掘断固反対派は、採掘を認める判決を阻止するために三〇〇〇ドルまでなら支払うとする。これで反対票が三〇〇〇票。

採掘が決定すれば年俸三万ドルでエクソンへの就職を期待する地元の失業者は、賛成側に投票する。ただしこれは三万票にはならない。就職するためにある程度の額を支払う意思はあるだろうが、予想給与全額を注ぎ込むことはあるまい。だが、就職のために一万ドルなら払うかもしれない（言い換えれば、働いて年間三万ドルは得たいが、それ以下では嫌だというわけである）。これで採掘賛成派に一万票が入る。

原則として、判決結果に利害関係を持つ人々はすべて、自分の望む側に、支払う気のある額に応じて投票できる。効率の基準に従って得票数の多い方に軍配があがる。

エクソン対活動家の闘争を例にとって、エコノミストがなぜ非効率を嫌うのかを納得していただこう。非効率な意思決定は、必ずや全員の幸福を増進する機会を奪う。採掘賛成派が支払う意思のある総額が一〇〇〇万ドル、これに対して採掘反対派の方が五〇〇〇万ドルなのに、判事が採掘を許可しないという（非効率な）判決を下したとする。この場合、双方ともっと得をする解決策が考えられる。採掘を許可するが、反対者への慰謝料として総額七五〇〇万ドルを支払うことを採掘賛成派に命じるのである。

この判決に従えば、採掘賛成派は一〇〇〇万ドル相当の利得を七五〇〇万ドルの損失で獲得し、採掘反対派は五〇〇〇万ドルの損失を補償するのに七五〇〇万ドルの利得を得ることになる。実際には、要するに、採掘賛成派に属する各人が採掘による利益の七五パーセントを支払い、反対派に属する各人が自分の損失の一・五倍を受け取ることにすれば、取引が完了する。この解決策と採掘不許可の判決しか選択肢がないとして国民投票をすれば、全員一致で判決をくつがえすべきだという結論になるだろう。

賛否を問う選挙で賛成票がゼロの提案には、重大な欠陥があると見なければならない。そして経済的に非効率な提案と適切な代替策のいずれかを選ぶとき、非効率な提案の賛成票は必ずゼロのはずである。

非効率は常によくないと主張することと、効率は常に善であると主張することとは同じではない。だが、非効率に対する唯一の対案は効率だから、エコノミストは効率的であることに賛成する傾向が強い。

この論理に対してすぐさま次のような二つの反論が浴びせられる。一つはまったく的外れだが、もう一つはそれなりに筋がとおっている。第一は、全知全能でない判事には、就職と引き換えに労働者がいくら支払う用意があるかなどわからず、まして「鉱物の権利を擁護する」活動家が石油を地下に眠らせておくためにいくら支払う用意があるかなど、想像できないという反論である。これは部分的には正しいが、まったく見当外れである。判事も人間だから、ときには的外れの判決を下すこともあるだろう。そうだからといって、的を精確に射抜く責任を免除されるわけではない。問題は「政策は常に効率的であるべきか」ではなく、「私たちは原則として効率的な政策を編み出すよう努力し、入手できる限られた情報に基づいて最善を尽くすべきか」なのだ。

もっと意味のある反論は、競争の場に参加していない代替案に選挙で――たとえ全員一致で――敗れたとしても、その代替案に致命的な欠陥があるとは限らないというものだ。先ほどの例で言えば、判事は採掘を認めるか禁止するかを決めなければならない。採掘を許可し、同時にややこしい補償金の支払いを命じるというのは、もともと判事の選択肢には含まれていなかったかもしれない。採掘反対派は、考慮の対象になっていなかった案に劣るからといって、全面的に敗北しなければならないのだろうか。もしこれで「非効率に反対」する議論が成り立たなくなるのなら、効率を支持するどんな根拠が残されているのだろうか。

大勢のエコノミストがこの問題で悩んでいる。私たちの大半が、純粋な効率が究極的善であると言い切るのに躊躇する理由の一つもここにある。だが、社会政策の策定にあたって一般的には効率が重要な役割を果たす、と大多数のエコノミストが確信していると言って差しつかえない。

効率の論理を追求するエコノミストは、しばしば議論で珍奇な意見を表明する。絶えず議論の的となる兵員確保について考えてみよう。志願兵制度と比べての徴兵制度の利点は安くつくことだとよく言われる。だが、この見方は誤っている。志願兵に支払われる俸給は、納税者の背広やオーバーのポケットから出て、軍服のポケットに入る。志願兵の俸給は損失ではない。社会のある所から別の所にお金が移転するだけだから。エコノミストに言わせれば、こうした移転は実質的なコストではない。

軍隊を維持するコストは、兵士になった若者が失う機会の価値に等しい。こうした機会の価値は、兵士が機会を取り戻すためにいくら支払う用意があるのかで測られる。整備工や大学院生、サーファーたちが入隊すると、自動車を整備したり、勉強したり、波乗りしたりする機会が失われる。こうした機会が実質的に消滅することにより、整備された自動車が減ったり、勉強した学者が減ったり、楽しみが減ったりする。消滅した機会は、とにもかくにもコストである。エコノミストの言うコストとはそれだけなのだ。

入隊志願を動機づけるには、三万ドルが必要だと仮定してみよう。若者が徴兵されて、まったく俸給を受け取らなければ、彼は三万ドル相当の自由を失うことになる。徴兵されて一万八〇〇〇ドルの俸給を受け取れば、損失分は一万二〇〇〇ドルで、俸給を負担する納税者は一万八〇〇〇ドルを失う。合計損失額はやはり三万ドルである。三万ドル支払って志願兵の部隊に彼を雇う場合は、納税者の損失は三万ドルで、総額は先ほどと変わらない。

徴兵の方が安くつくという主張がどんなに馬鹿げているかを見るには、若者自身から三万ドルの税を徴収して、それを兵士の俸給として支払う場合を考えてみればいい。これが実質的に徴兵と同じであることは確かだ。あなたの損得勘定によると、志願兵に俸給を支払うと必ず徴兵よりも高くつくなら、ここにあげた例を読んでもらえば、新しい損得勘定の方式を採り入れる必要のあることに気づくだろう。

もう一つのよくある議論を取り上げてみよう。議員報酬の引き上げ問題である。報酬の引き上げには、二つの効果がある。第一は、所得の再分配によって、納税者の負担で議員が豊かになること。第二は、将来の議員の質の向上である。エコノミストでない人はたいてい、第一の効果は悪であり、第二の効果は善だと考える。だが、効率の観点から真剣に考えれば、第一の効果は中立的であり、第二の効果は悪かもしれない。

第一の効果については、効率の論理からすれば、たとえ得をするのが議員であっても所得の移転は中立的だということになる。第二の効果については、質の高い議員は別の職業から転職してくることを忘れてはならない。したがって議員の質が上がれば、判事、弁護士、医者、エコノミストなどの質が下がるかもしれない。優れた議員を持つことに伴う真のコストは議員報酬ではなく、その優秀さを他の分野で発揮する機会が失われることである。このコストが利益に見合うか否かは一概には言い切れない。

効率の論理を追求するエコノミストはインフレを嫌う。インフレは名目所得が一定の人にとっては損だが、その人に名目所得を支払う側にとってはその分得になる。予想外のインフレは、値打ちの下がった通貨で借金を返済する借り手にとっては福音だが、返済を受ける貸し手にとっては災難になる。インフレの及ぼす主な経済的影響として指摘されるこうした効果は相殺されるから、効率そのものには何ら影響しない。

インフレの真の経済的コストは、税金の真の経済的コスト同様、人々がインフレを回避するためにコストの高い行動に走り、その行動が誰の得にもならないことである。インフレの際、人々はできるだけ現金を持ち歩かない。なぜなら、ポケットに入れておけば金の価値が目減りしていくからだ。そこで、セーターを衝動買いしたり、にわか雨でタクシーに乗ったり、毎日のようにATMからお金を引き出す。小売店も手元の現金を減らそうとするから、お釣りが切れる公算が大となる。不測の事態に備える手元流動性を減らす大会社は、予想外の事態が起きた際にコストの高い資金調達をして対処しなければならない。こうした損失はすべてデッドウェイト・ロスであり、これに見合う利益はどこにも見出せない。全体から見れば些細なことだと思われるかもしれないが、インフレによるデッドウェイト・ロスはアメリカ全体で年間一五〇億ドル、国民一人あたり六〇ドルと推計される。破滅的な額とは言えないが、決して少ない額ではない。

インフレ率が特に高い時には、デッドウェイト・ロスは巨額になる。一九四八年のハンガリーのハイパーインフレの際、労働者は一日に三回に分けて給料をもらい、給料が無価値にならないうちに小切手を現金化しようとする彼らの妻たちが、一日中、職場と銀行の間を行ったり来たりしていた。第一次世界大戦後のドイツのハイパーインフレに際しては、酒場の客は、値段が上がらないまだ早いうちに、数杯のビールを一度に注文しようとした、とジョン・メイナード・ケインズが言っている。生ぬるいビールを飲むのは、インフレの隠れたコストなのかもしれない。

ハリウッドの脚本家や巡回講演する大学教授は、ときどき一ドル紙幣を燃やすことの劇的な効果を思い出すようだ。一ドル紙幣を燃やすのには熱っぽいせりふがつきものらしく、映画なら善玉が、講演なら大学の名物教授が、紙幣なんてものは紙切れにすぎないと叫ぶ。紙幣は食べることも飲むこともできないし、愛することもできない。それに、紙幣がなくなっても、ちっとも困りはしない。

だが、賢明な聴衆はこういった理屈を聞くと落ち着かない思いをする。なんだかとてもおかしいのではと感じるのだが、その致命的な欠陥を指摘できないからだ。実際は、とてもおかしいのは、聴衆の落ち着かない気分の方なのだ。講師の言い分の方が正しい。ある晩、彼が手持ちのお金を燃やしたとしても、世界の豊かさは以前とまったく変わらない。なぜ、どこかがおかしいのでは、と聴衆が落ち着かない気持ちになるのかを考えてみよう。お金を燃やした人は前よりも貧しくなっているはずだ、と聴衆が思うのは正しい。貧しくなった人は世界の一部なのだから、世界全体もまた貧しくなったのではないだろうか。

答えはノーである。誰か別の人間が豊かになったはずだから。その誰かが何者なのかを見つければいい。

この謎を解く鍵は、通貨の供給量が物価水準を決定するという洞察にある。通貨供給量が増大すれば物価が上がり、減少すれば物価が下がる。一ドル紙幣が灰になれば、通貨供給量はわずかながらも減少し、物価は下がる。燃えたのが一ドルだけなら、物価はほとんど感知できない程度ではあれ、とにかく下落する。この時、得するのは「一ドル紙幣が燃えた時にお金を持っていた人」である。物価が下落すれば、彼らのポケットのお金の価値が上がるからだ。

ほんの少しの物価下落は、その時にポケットにお金を持っていたおびただしい数の人々の富をほんの少し上昇させる。おびただしい数の人々のわずかな富の増加は、集計すればほんの少しではなくなる。この場合、増えた富の総額はちょうど一ドルのはずである。要するに、取引される財・サービスの数量が不変の下で、講師は一ドルを失ったのだから、どこかで一ドルの利益が生じていないと辻つまが合わない。

ときおり、風変わりな利他主義者が全財産を国に寄付したりする。その結果、現在、そして将来の税金が下がるはずだから、大勢の納税者の税負担はわずかながらも減少し、得をする。だが、全員が同じように得をするわけではない。多額納税者であるお金持ちが不当な巨利を獲得する。

利他主義者が取りうるもう一つの戦略は、財産を現金化して、国庫に寄付するかわりにその紙幣でたき火をすることだ。結果は本質的に同じである。大勢のアメリカ人が（この場合は、税金が減るからではなく、物価が下落するから）少しずつ得をする。利得の総額は、利他主義者の犠牲とちょうど同じ額になる。だがたき火の場合には、国民が得をする分は、税額に比例するのではなく、その時たまたま持っていた金額に比例する。この場合でもお金持ちの方が有利だろうが、格差は税金の場合ほど大きくはあるまい。したがって、もしあなたが親の遺産を遺言どおり国に寄付しようとお考えなら、そしてあなたが平等主義者なら、寄付よりもたき火の方が望ましいのではないだろうか。

さて、ここでニューオーリンズで風に飛ばされた一ドル紙幣に話を戻そう。飛んだ一ドル紙幣は消えてなくなり、誰にも見つからないかもしれない。つまりそれは焼却されたのと同じである。そこで、私にはどんな選択肢があるのだろうか。

選択肢その一は、紙幣にさよならのキスを贈ることだ。費用－便益分析をしてみよう。私は一ドルを失い、私以外の世界は物価下落によって一ドル分の得をし、世界全体としては以前より豊かにもなっていないし、貧しくもなっていない。経済効率面での影響はゼロである。

選択肢その二は、ほぼ三セント分の労力を費やして一ドル紙幣をつかむこと（この三セントは、自分で紙幣をつかむかわりに友人のデヴィッドに紙幣をつかんでもらう代償として、彼に支払う対価に等しい）。費用－便益分析をしてみる。私は三セントを失い、残る世界は損も得もせず、（私を含めた）世界全体は以前よりも三セント貧しくなっている。経済効率面での影響はマイナスである。

純粋に利己的な観点からは、一ドルを失うのは紙幣をつかむよりもコストが高い。だが、私が紙幣を諦めれば、私の損失は他人が得る利益で相殺される。紙幣をつかめば、私の（ずっと少ない）損失は何ものによっても相殺されない。効率の論理からすれば、私は紙幣を諦めるべきなのである。

本当にそうなのだろうか。ここで、まったく異なる二つの命題を区別しておこう。一つは、公共政策上の問題を解決する際に、経済効率に十分に配慮すべきだということ。もう一つは、個人的な行動にまつわる問題を解決するのにも、経済効率に十分に配慮すべきだということ。エコノミストがしばしば主張するのは、この第一の方の命題だけである。誰でもそうなのだが、エコノミストもまた政府を批判する際にその声は大きいが、お互いの批判は遠慮がちになる。

効率基準の下では、すべての人が平等に扱われる。誰が負担しようともコストはコストである。公共政策の分野では、これは説得力のある方法だ。だが、効率基準を私生活に当てはめて、自分自身への気遣いと見も知らぬ他人への気遣いに同じウエートを置いて行動すべきだ、と主張するとなると奇妙なことになる。

ときどき――ニューオーリンズのあの日のように――自分自身の行動の指針としては、

効率という基準はまったく無用ではないかと思う。だが、非常に有用な場合もありうる。わが家の芝生が伸びすぎて隣人の不興を買っているのではないかと思うとき、行動を起こすべき倫理的義務があるかどうかを自問する。その過程で、芝生を刈るのにどれだけのコストがかかるか、隣人は本当のところどれくらい不愉快なのかと考える。隣人の二〇ドル分の不愉快さを解消するために三〇ドルのコストを要するとしたら、私はレモネードでも飲んで、知らぬ顔を決め込む。ところが、三〇ドルのコストで隣人の五〇ドル分の不愉快を取り除けるのなら、芝刈りをすませるまで私は自分をろくでなしと自責し続けるだろう。

こうした効率計算によって、正しい結果が導かれると私は信じている。だが、いつもそうだと言うつもりはない。エンジンを動かそうかとか、スプレー缶を使おうかと考える際には、大気汚染による他人の迷惑を考慮する。だが、私がエンジンやスプレーを使うと思うだけで怒り狂う人々の、心理的損害にも配慮するわけではない。この区別を思想的に正当化するのはきわめて難しいだろう。私が車を運転することによってあなたが不幸になるのなら、私の運転でなぜ不幸になるのかを問うまでもなく、私は世界を少しばかり不幸な場所にしたことになる。厳格な効率の論理に従えば、もし私があなたの肺に一〇ドル分の損害を与えるよりも家に留まることを選択するなら、たとえその一〇ドル分が心理的損害であっても私は家に留まるべきなのだ。

つまり、私の倫理感は完璧ではないかもしれないが、効率への配慮は大きな役割を果たしていると言いたい。だが、この前ボストンに行った時に、私の信念は多少揺らいだ。

私は妻とデンヴァーから出発した。往復航空運賃は二五〇〇ドル近かった。そこで、費用を持ってくれる出版社に私は行かなくてもすむような代案を示したのだが、先方はそれでもいいから来てほしいと言う。しかし、私としては、仮に費用を自分で負担するとしたら旅行をとりやめたにちがいないと確信している。

そこで、倫理的ジレンマが生じる。あなたにとってボストンへの往復には三〇〇ドルの価値があるとしよう。航空会社の運行費用は二〇〇ドル。ところが、巨大な独占力によって、航空会社は航空券に一〇〇〇ドルの価格を付けている。さて、旅行すべきだろうか。

効率だけを考えるなら、出かけるべきだ。旅行すれば、あなたは七〇〇ドルの損をする（あなたが支払った額と旅行の価値の差額）が、航空会社のオーナーは八〇〇ドルの得をする（航空券代と運行費用の差額）。そこで一〇〇ドルの純利益が生じるから、効率基準からすれば、この旅行は「いいこと」なのである。

だからといって、私は航空券を買わないだろうし、自責の念で眠れぬこともないはずだ。航空会社のオーナーの利益がどれほど大きくても、また自分の損失がどれほど小さくても結論は同じだろう。要するに、効率を政策の一般的指針にすることはほぼ正しいし、個人的な行動の一般的指針にすることも往々にして正しいが、善とは何かを真に探究するためには、もっと微妙な基準が必要なのである。私は効率的に行動すべきだと思うこともあれば、その必要はないと思うこともある。ただ、どの場合がどちらに当たるのかをはっきりさせる基準がまだ見つからない。

ともあれ、私は一般物価水準に与える影響について何も考えずに、風に飛ばされた一ドル紙幣を取り戻した。後ろめたさは全然感じなかった。なぜなのかよくわからないが……。

第8章
なぜ価格は善か
——すばらしきアダム・スミスの考え

先日、パーティで教養ある人物——著名な物理学者——が滔々《とうとう》と述べたてているのに出くわした。適者生存によって生物学的に種が進化するというダーウィンの進化論と、最も効率的な生産者以外が排除されて種が経済的に進化するという市場の「見えざる手」はそっくりだというのが彼の主張である。

彼はどうやら生物学にはあまり詳しくないらしく、経済学についてもあまり詳しくないのは確かだ。彼の指摘は珍しくはないが、根本的に間違っている。

生物学には、見えざる手に当たるものはない。適者生存は見えざる手とはまったく別の代物なのである。進化論には、競争的市場のように目覚ましい効率を約束したり実現したりする内容はいささかたりとも含まれてはいない。

ゴクラクチョウのオスは、馬鹿ばかしいほど長い尾羽を持っている。進化によって、実用的というには長すぎる尾羽を持つことになったのである。実際、あの長い尾羽は少なからず行動の障害になっている。尾羽を生やして維持するのに貴重な栄養源を費やすから餌の必要量が増えるばかりか、捕食者に見つかりやすい。

どうしてそんなハンディキャップが自然淘汰されずに生き延びてきたのだろうか。事実、ダーウィニズムにはもっと難しい疑問が生じる。そんなハンディキャップがなぜ自然淘汰の結果なのか。

驚くべきことに、生物学者はその答えを発見した。オスのゴクラクチョウはメスをめぐって争い、メスは健康な子孫を残す能力のあるオスとつがいたがる。オスは競争相手よりも少しばかり長い尾羽を生やすことによって、自分が強く、よく食べ、とんでもない邪魔物を身につけていても生き延びられるほど健康であることを誇示できる。こうした資質はメスが子供に望む資質でもあるから、メスはそうした資質を有するオスとつがおうとする。長い尾羽は繁殖に有利であり、したがって自然淘汰を生き延びてきたのである。

ここで、ちょっと想像をたくましくしてみよう。競争の激化を憂慮したオスのゴクラクチョウたちが、和平会議を開く。尾羽の貧弱なオスたちが、世界的「尾縮」を実施して、ただちにそして永久に不必要な羽を廃棄しよう、と過激な提案をする。彼らは表向きはキツネの餌食になりにくいとの利点を強調するが、本音ではメスを再分配してもらえることを期待している。

次に特別に素晴らしい尾羽の持ち主が演壇に立つ(なにしろ演壇に上がるのに、尾羽を支えるアシスタントが三匹必要なくらいである)。彼は過激な提案を頭から拒否した上で、かわりにもっともらしい妥協案を提示する。「全員の尾羽を半分カットしようではないか。これには異論のあるはずがない。現在最も長い尾羽は今後も最長であり、現在メスにとって最も魅力のあるオスは今後も最も魅力的であり続ける。同時に全員が尾羽維持のコストを削減し、空気力学上の機能が改善され、わが友キツネに対して目立ちにくくするという利点もある」と。

この提案のどこが素晴らしいのかと言うと、種としてのゴクラクチョウにとって有利なことが、個々のゴクラクチョウすべてにとっても有利だという点である。尾羽の貧弱なゴクラクチョウは自分の案に比べて面白くないかもしれないが、ともあれ彼の案が採択される可能性はゼロである。この妥協案によって参加者全員が勝者になれる。ただし、キツネに異論があるのは無論のことである。

ゴクラクチョウには気の毒だが、実際問題、そうした妥協案が実行される可能性はない。提案が提出され、支持され、採択されるころには、恥知らずなオスが(こうした状況下で恥知らずでないオスがいるだろうか)尾羽のカットをまぬかれようと画策するだろう。ごまかしが横行するにちがいないと考えるオスは、競争相手にしてやられないためにごまかそうとする。大勢がごまかすとは考えていなくても、正直者を出し抜いて得をしようとしてごまかすオスがいるのだ。

エコノミストなら、この結果を非効率と考える。なぜなら、誰にも望ましいと思われる変化を実現する機会が失われてしまったのだから。生物学的プロセスの結果は往々にして非効率なのだが、なぜそうなのかと言うと、効率的であらねばならぬ理由がないからである。非効率的な経済的プロセスもありうるが、効率的な経済的プロセスは驚くほど多いし、なぜそうなのかを説明する面白い理由がある。

競争的市場の驚くべき効率を理解するためのいちばんいい方法は、非効率な例をとりあげてみることだ。たとえば非効率の例として、大学生は何ら価値のあることを大学で学ばないという悲観的な仮説を立ててみる。それにもかかわらず雇用者が大学卒業生を雇いたがるのは、平均的には大卒者の方がそれ以外の者よりも頭がいいからである。大学に進学したから頭が良くなるわけではなく、頭がいいからこそ進学競争に勝ち残れる。求職者の頭脳が明晰かどうかを見分ける方法が他になければ、雇用者は学歴の高い方に高い給与を支払おうという気になるはずだ。

この例では、学生はゴクラクチョウのオス、雇用者はゴクラクチョウのメス、大学進学は長い尾羽を生やすことに似ている。無用なものを獲得するには高くつくやり方だが、内的資質のシグナルになることに変わりはない。たとえば、学生全員が就学年限を現在の半分にしようと合意したとする。現在の四年制の大学を二年で卒業し、博士号を取得するのに現在八年かかるのを四年に短縮する。就学年限の短縮が実現すれば、雇用者側の学生ランキングは変わらないものの、学生は教育コストを半分に節約できる(それに、早く働き始めることもできる)。全学生が得をして、誰も損をしない。

だがゴクラクチョウのオスと同じく、大学生もごまかし、それぞれが取り決めを破って仲間を出し抜こうとする時に、取り決めは破綻する。結果として、非効率な現状が維持されることになる。

動物の世界でも人間の世界でも、こうした例は数えきれない。限られた領域で草を食む牛を考えてみよう。全部の牛が今年食べる草の量を減らそうと約束すれば、草原はいつもより早く回復し、将来はもっとたくさん食べることができるはずである。どのオス牛もメス牛も、我慢するべきだとうなずくにちがいない。だが、どの牛もごまかして、自分が多少余分に食べても来年の草の生え具合への影響はごくわずかだと考え、今年の割当量よりも多少多目に食べてしまう。ところが群れの牛の数は多く、わずかな影響も積もり積もれば大きくなる。来年は全部の牛が飢える羽目に陥るだろう。

合理的な行動が非効率の解決になるとはかぎらない。どの例を見ても、尾羽を長くしたオスのゴクラクチョウも、就学年限を延ばした学生も、約束よりも少し余分に食べたメス牛も、個々の行動は合理的である。合理性によって救われないのなら、何によって救われるのだろうか。驚異的であり、信じ難いほど奇跡的なのだが、これに対する答えがある。商品が生産され、自由競争市場で決まる市場価格で売買されるという、ごく一般的な条件の下で、経済活動は効率的な結果へと導かれる。エコノミストが見えざる手と言う時、この事実を念頭に置いているのだ。

一八世紀、アダム・スミスは、経済人は「自分自身の利益だけを目的とする」にもかかわらず、「見えざる手により彼の意図とは無関係な目的の実現」に導かれる、その目的とは社会全体の福利の最大限の達成であると説いた。これがエコノミストの言う効率にほかならない。この比喩はさんざん誤解されてはきたが、無事、生き延びて今日に至っている。スミスは人間の行動には神の意思が働いているという信念、つまり彼自身の宗教心を吐露したのだという説もある。また――パーティで出くわした物理学者のように――スミスの言葉は、個々の合理的な行動が容赦ない自然淘汰とあいまって（市場でも生物界でも）必ず社会的善と結果としての進化をもたらすと言う人も多い。

だが、これはスミスの言説の誤解である。ゴクラクチョウですらそんなふうには考えないだろう。スミスが言ったのは、もっと微妙でもっと素晴らしいことなのだ。個人の合理性が競争、「そして価格」とあいまって、効率的な結果をもたらす。つまり、全員の福利を改善するチャンスを全部利用し尽くした結果になる。ただし、個人の合理性と競争があっても価格がなければ、必ずしも望ましい結果になるとはかぎらない。

「見えざる手の定理」は、あまりわかりやすくはないが真理である。一九五〇年代、エコノミストのジェラール・デブルーとライオネル・マッケンジーが別々に、この定理を数学的に定式化した上で、厳密に証明することに成功した。その成果は、現代経済学におけるめざましい業績の一つに数えられる。

こうして見えざる手の定理に現代的な名称が与えられた。今日それは、厚生経済学の第一基本定理と呼ばれ、「競争的市場は資源を効率的に配分する」と簡潔に記述されている。そして、厚生経済学の第二基本定理は、効率的な資源配分が唯一ではないという事実に関連している。すなわち第二基本定理とは、任意の効率的な資源配分は、まず所得を適切な方法で再分配した上で、競争的市場を自由に機能させることによって達成できる、というものだ。

こうした定理の成立と証明に欠かせない重要な前提条件が、市場価格の存在である。市場価格がなければ、効率的な資源配分は達成されない。種の起源と価格との間に類似性はまったくないし、生物進化論と市場経済とは表面的に似ているにすぎない。

見えざる手の定理がなぜ正しいのかを理解するのは難しい。だが、価格が不可欠の役割を担っていることを、少なくともその雰囲気だけでも理解してもらおう。これから述べることは、本章の他の部分に比べていささか難しすぎるかもしれないが、少しばかり真剣に考えてもらえば理解できるはずだ。これが理解できれば、人類の偉大な知的遺産の一つを垣間見ることができるだろう。

私があなたをアメリカ農務長官に任命したとしよう。今年のアメリカの小麦の収穫量は一〇〇〇ブッシェルと決まっていて、これをできるだけ安い費用で生産するのが長官の仕事である。

最終的には、アメリカ産小麦の総費用が問題になる。だが、私の目的を実現するには、個別の費用を考えなければならない。個々の農場の小麦生産の限界費用がそれである。

限界費用とは、農民が小麦の生産量を一ブッシェル増やすのに必要な追加的コストのことだ。これは一ブッシェルあたりの平均コストとは異なる。限界費用はブッシェルごとに異なるからだ。農民が持っている土地は限られており、この土地で二ブッシェルの小麦を生産するには、一ブッシェル生産するのに必要なコストの二倍以上のコストがかかる。たとえば、ブラウンという農民が一ブッシェルを生産するのに要するコストは一ドル、二ブッシェルだと三ドル、三ブッシェルなら七ドルかかるとしよう。ブラウンが一ブッシェル分の小麦を植え付ければ、コストは一ドル、限界費用は二ドルである（もう一ブッシェル増やそうとすると、コストは一ドルから三ドルへと二ドル増える）。二ブッシェル生産している場合の限界費用は四ドルになる（生産を二ブッシェルから三ブッシェルに増やすとコストが三ドルから七ドルに増える）。

さて、農務長官の仕事に戻ろう。一〇〇〇ブッシェルの小麦をできるだけ安く生産するのが目標だ。ブラウンの限界費用が一ブッシェルあたり四ドルで、スミスの限界費用が一ブッシェルあたり九ドルとする。するとうまい方法がある。スミスの生産量を一ブッシェル減らし（コストを九ドル引き下げる）、ブラウンには一ブッシェル余分に生産させる（コストは四ドル増える）。こうすれば、小麦の生産量は同じで総コストは五ドル下がる。

スミスは小麦生産量を減らしたから、限界コストは一ブッシェルあたり九ドルではなく、七ドルに下がっているかもしれない。ブラウンは生産量を増やしたから限界コストは五ドルに上がっているかもしれない。ここでまたうまい方法を繰り返して、スミスの生産量を一ブッシェル減らし、その分ブラウンの生産量を増やせば、総コストはさらに二ドル節約できる。

スミスとブラウンの限界費用が同じになるまで、このやり方を繰り返せばよい。二人の限界費用が等しくなれば、それ以上このやり方で得することはできない。次に、限界費用が異なる別の農民を見つけて同じことを繰り返す。総コストが最小になるのは、このやり方で節約できるだけ節約し尽くした時で、この時すべての農民の限界費用は等しくなる。

このことは強調しておかねばならない。すべての農民の限界費用が等しくなった時に小麦の生産は効率的になる。

効率の問題はひとまずおくとして、自分の利益を最大化したいと考える個々の農民が、どんな選択をするのかを見てみよう。ジョーンズの農場では、一ブッシェル生産した時の限界費用は一ドル、二ブッシェルだと二ドル、三ブッシェルだと三ドル、四ブッシェルだと四ドルである。そして現在の小麦価格は、一ブッシェル三ドルとする。

ジョーンズは現在一ブッシェル分の小麦を植え付けているが、生産を拡大しようと考えている。もう一ブッシェル増やせば、限界費用は一ドルだが三ドルで売ることができる。これはいいと、彼は二ブッシェル目を植え付ける。では三ブッシェル目はどうか。三ブッシェル目の限界費用は二ドルで、これを三ドルで売れる。これも賢い選択だ。さて、すでに三ブッシェル植え付けてあると、四ブッシェル目の限界費用は三ドルになる。これは小麦価格と同じだ。そこでジョーンズは三ブッシェルを植え付け、限界費用が三ドルというところでやめる。

全農民がジョーンズのように限界費用が一ブッシェルあたり三ドルになるまで（小麦の市場価格と一致するまで）作付けを増やし、そこで打ち止めにする。大きい農場もあれば小さい農場もあるが（スミスの農場では作付けが七ブッシェルになった時、限界費用が三ドルになるから、彼は七ブッシェルを生産するだろう）、いずれの農場の限界費用も市場価格に等しくなる。

ここが注目すべき点である。各農民が自分の利益を最大化しようと努めると――アダム・スミスの言葉を借りれば、自己利益のみを追求すると――、限界費用が市場価格と等しくなるまで作付けを増やすことになる。市場価格は誰にとっても同じ一ブッシェルあたり三ドルだから、すべての農民の限界費用が等しくなるように生産が行われる。だが、このこと——すべての農場の限界費用が等しくなること——は、小麦一〇〇ブッシェルをできるだけ安く生産するための必要条件そのものなのだ。

念のために繰り返すが、農民は誰も小麦生産の総費用を最小にしようなどと考えていない。これは「彼の意図とは無関係な目標」なのだ。だが農民は、まるで見えざる手に導かれるかのように、この目標を達成することになる。

ここで、すべての農民にとって市場価格が同じだということの重要な意味に注目してもらいたい。自己利益を追求する農民は、限界費用が市場価格に等しくなるまで生産する。すべての農民が同じ価格で小麦を売るからこそ、すべての農民の限界費用は等しくなる。限界費用が等しくなることこそが、経済全体で最小の費用で小麦を生産できる条件なのだ。

経済は小麦の市場だけで成立しているわけではないし、経済活動は生産だけではない。厚生経済学の基本定理の要点は、多くの財と活動が複雑にからみ合う完全な経済を考える場合でも、競争的市場と市場価格の存在が、結果の効率性を保証するための必要条件にほかならないという点である。

世界には非効率が溢れているし、訓練を受けていない人の目には、そのほとんどが「熾烈な競争」か「市場の暴走」の結果であるかのように映る。だが見えざる手の定理によると、非効率の源泉は、存在している市場にではなく、「欠落している」市場に求めてしかるべきなのだ。価格付けされていない財を探すべきであり、そしてまた私有されていない財を探すべきなのである。

汚染について考えてみよう。工場が有害な煙を出して、近隣の住民に不快感を与えている。これは非効率的なのかもしれないし、そうではないかもしれない。工場は誰か（工場所有者、製品の消費者、その他間接的に関わりのある人々）に利益を与え、別の誰か（近隣の住民）に被害を及ぼしている。理論的には、すべての利益と損失をドルに換算できる（たとえば、近隣の住民に、工場を移転させるためにいくら支払いますか、あるいはいくらもらえば工場があってもかまいませんか、と訊ねてみる）。差し引きすると悪いことよりも良いことの方が多いかもしれず、だとすれば、汚染があろうとなかろうと工場が存在している方が効率的だということになる。だが、悪いことの方が多いことも十分にありうる。その場合には、工場の存在は非効率的ということになる。

こうした非効率の究極の源泉は何なのだろうか。行きすぎた市場資本主義と、愚かしい利益追求の結果だと言う人がいるかもしれない。しかし実際には、これは市場資本主義が不完全なためなのだ。要するに、大気には市場がないからである。

誰かが工場の周辺の大気を所有しており、大気使用料をとることができるとしてみよう。工場は汚染する権利を獲得するのに代金を支払わなければならず、住民は呼吸するのに代金を支払わなければならない。これは工場の汚染継続を阻止する強力な要因になる。たとえ大気が工場の所有者のものであっても、同じく阻害要因になる。大気を汚染すれば、きれいな大気を隣人に売る機会を失うからだ。大気の所有者が誰であるか――工場の所有者か近隣住民の一部か、あるいは不在「大気主」か――に関わりなく工場は汚染をやめるだろう。事実、工場が汚染を続けるのは、それが効率的な結果である場合に限ることは容易に証明できる。

これは、大気の市場を作って維持するのがやさしいことだとか、それが汚染問題の実際的な解決策だという意味ではない。その意味するところは、非効率の源泉が市場の不在にあるということである。非効率が存在する場合、その背景には必ず市場の欠落が隠されている（もっと正確に言えば、必ず存在する）。

アフリカ象は象牙をとるために乱獲された。この素晴らしい動物は絶滅の危機に瀕している。この問題の簡単な解決策はないだろうが、理由は単純である。誰も象を所有していないからだ。所有者がいれば、事業存続のために必要な象を生存させておこうとするだろう。牛肉の需要の方が象牙の需要よりもはるかに大きいのに、牛は絶滅の危機に瀕していない。この違いを説明するための鍵は、牛は所有されているということだ。

同じように、製紙会社は自ら森林を維持しようというインセンティヴを持っているから、森林が消失する危険はない。自然破壊を心配する環境保護活動家は、紙を再利用して木材の伐採を減らそうと主張する。皮肉なことに、製紙会社は木材の需要が減少したら、維持する森を小さくするだろう。だから、紙のリサイクルが進めば、世界の森林は減少するはずだ。

コロラド州知事ロイ・ローマー（著名なエコノミストの父親でもある）は先日、落ち葉の押しつけ合いについて面白い話をしていた。とある秋の日、散歩をしていた彼は、デンヴァーのマイホーム所有者が落ち葉掃除機で隣の家の庭に落ち葉を押し込んでいるのに気づいた。彼は、市場が多すぎるのが問題だと考えた。誰も落ち葉掃除機を買わなければ、もっとのんびりと暮らせるだろうと言うのだ。だが、息子のエコノミストならば、市場が少なすぎるのが問題だと説明するだろう。庭をゴミ箱がわりに使う隣人から料金を徴収できるのなら、問題は解決するはずだから。

だが、知事の言うことにも一理はある。市場の欠落が一つあるよりは二つある方がいいのかもしれないからだ。私たちはアダム・スミスから、すべての財やサービスに市場があれば最善だと教わった。だが、ゴミ箱用庭の市場がないのだから、落ち葉掃除機の市場もない方がいいのかもしれない。

一方、私は知事の言葉がちょっと信じられない。わが家の近所では、隣の芝生に落ち葉を押し込んだりはしない。そんなことをしたら、留守の間に郵便を受け取ってもらうといったお隣の好意を期待できなくなるからだ。実際、近所付き合いには市場によく似たところがある。ここでの価格は暗黙のルールに違反するということだ。誰も管理しなくても市場は発展する。既述のとおり、市場は全構成員の福利を増進させる強力な道具だからである。

今日、自然の微妙な生態学的バランスの尊重が随所で叫ばれている。生態学的バランスのとれた自然の中で、すべての生物はそれぞれのはまり所をわきまえてつくられており、部分と全体とが複雑かつ絶妙にからみ合って全体が成立しているのは、奇跡的としか言いようがあるまい。そこで同じく微妙で絶妙な、自然が試みることのない偉業を日常的に成し遂げている市場メカニズムにも、少しは敬意を払ってあげようではないか。

第9章 法廷の経済学
——医者とキャンディ

ブリッグマンはロンドンの自宅の台所でキャンディ作りをしていた。彼は近所の住人と仲が良く、隣家を診療所兼住宅にしている医師のスタージェスも例外ではなかった。一八七九年、医師のスタージェスは庭の隅に新しい診察室を作ったが、これがブリッグマンの台所と接していた。診察室ができ上がって初めて、医師はブリッグマンのキャンディ製造用機械の騒音に気づいた。うるさくて診察室が使いものにならないほどの騒音だった。スタージェスはブリッグマンの作業差し止め命令を求めて裁判を起こした。

この請求の審理にあたった判事は、その判決がスタージェスとブリッグマンの運勢への影響以上の意味を持つと考えた。判事は医療サービスとチョコレート・キャンディ製造を天秤にかけることになった。少なくとも判事はそう考えたのである。スタージェス医師の請求を認めれば、より多くの患者をより効率よく診ることができる。この判決のマイナス面は、ブリッグマンのキャンディが市場から消えることだ。ブリッグマンに有利な裁定を下せば、キャンディは残るがスタージェスの医療サービスがなくなる。

判事はスタージェス側に軍配をあげた。医師はブリッグマンの機械の使用中止を求める無条件の権利を認められた。判決が正当であることの根拠として、判事は裁定が各種の財・サービスの生産に及ぼす効果を指摘した。だが、判事は間違っていた。根深い思い込みにもかかわらず、事実上、キャンディ製造にも医療サービスにも判事は影響力を行使できなかったのである。

単純な例で考えてみよう。ブリッグマンはキャンディ製造で週に一〇〇ドルを稼ぎ、スタージェスは診察室で週に二〇〇ドル稼ぐとする。裁判所がスタージェスに有利な判決を下してブリッグマンの事業を閉鎖させれば、町の医療サービスは向上するが、キャンディは減少する。

一方、裁判所はブリッグマンが騒音を立てる権利を認めることもできる。だがゲームはそこで終わらない。裁判に負けたスタージェスは、取引を提案するとする。「週に一五〇ドル払うから、機械を止めてくれないか」。これで、ブリッグマンの週あたり所得はキャンディ作りをするよりも五〇ドル増え、スタージェスの利益は週二〇〇ドルではなく五〇ドルになるが、診察室が使えなければゼロなのだから、それよりはましだ。当事者双方の利益になるから、この取引は成立し、ブリッグマンは事業を閉鎖する。町の医療サービスは向上し、キャンディは減少する。

言い換えればブリッグマンは、判事の判決のいかんにかかわらず事業を閉鎖する。判決は何の影響をも及ぼさないのである。

これとは逆の単純な例がもう一つ考えられる。ブリッグマンのキャンディ作りの利益は週二〇〇ドルで、スタージェスの診療収益は週一〇〇ドルだとする。裁判所がスタージェスの請求を認めなければ、ブリッグマンはキャンディ作りを続け、スタージェスは診療できなくなる。

ところが、裁判所がスタージェスに有利な判決を下せば、彼はブリッグマンの事業を中止させる力を持つ。今度はブリッグマンが取引を提案する。「事業を続けさせてくれれば、週に一五〇ドル支払おう」。これでスタージェスの収入は診療するよりも五〇ドル多くなる。ブリッグマンの方にも利益が残る。そこで双方が合意するからこの取引は成立し、ブリッグマンはキャンディ作りを続け、スタージェスは診療しなくなる。

この例でも、先の例と同じく判決はスタージェスが診療するか否かに何の影響も及ぼさないし、ブリッグマンが事業を続けるかどうかにも影響しない。こうした状況についてエコノミストは、判決は「取るに足らぬ」という言い方を好んでする。

この言い方にブリッグマンとスタージェスは賛同しないかもしれない。彼らにとって判決は非常に重要だからである。最初の例のスタージェスに有利な判決だと、診察室は使えるが、ブリッグマンの存在は無視されているし、スタージェスに不利な判決だと、診察室は使えるが、ブリッグマンに週一五〇ドル支払わなければならなくなる。第二の例のスタージェスに不利な判決だと、診察室を閉鎖してブリッグマンの騒音を恨むことになり、スタージェスに有利な判決だと、診察室を閉鎖することにはなるが、毎週、隣人から小切手を受け取ってほくほく顔ができる。

もっと正確に言うと、判決はスタージェスとブリッグマンにとっては重要だが、その他の誰にとっても重要ではない。判決は資源配分に影響を及ぼさないのである。つまり、何が生産されるか、どんな手段で生産されるかには影響しない。普通、エコノミストは個人間の所得移転よりも資源配分の方に重きを置く。判決は「取るに足らぬ」と言った時、エコノミストが何を優先しているのかがはっきりと示されている。

スタージェスとブリッグマンの争いは、誰が資源を支配するかの争いだ。ここでの資源はスタージェスの診察室周辺の空間であり、スタージェスはそれを診療の環境作りに使いたがり、ブリッグマンは騒音の捨て場所として使いたがっている。裁判所は当事者のどちらかにこの資源の利用を認め、さまざまな方法でこの利用権を守ることができる。この空間をどう管理するか、一方的な決定権をスタージェスに与えるという命令を下すこともできる。この場合、スタージェスは「所有権」によって守られる。また、医療業務への損害賠償金をスタージェスに支払うようブリッグマンに命じることもできる。この場合、スタージェスは「責任ルール」によって守られる。どちらの場合にも、裁判所はスタージェスに有利な判決を下すことになる。裁判所がブリッグマンに有利な決定を下す場合にも、同じような選択肢が存在する。

だが、誰が資源を管理し、どんな方法で守られるにせよ、自分が利用するか隣人が利用するかに関係なく、当事者の利益が最大になるように資源を利用すれば、自己利益が最大になるのである。裁判所はどちらの事業の利益率にも影響を及ぼせないのだから、資源の利用方法を決めることはできない。

この裁判所の無能さに関する驚くべき法則は、一九六一年、シカゴ大学法学部のロナルド・コース教授によって発見された。いったん指摘されると誰もがなるほどと思うものだが、エコノミスト、法曹関係者、法律学者にとっては天啓のように感じられ、法律の経済学的分析という新しい学問領域誕生のきっかけとなった。

コースの定理と呼ばれるこの法則は、紛争当事者間の交渉が可能であり、取引ができ、その取引の実施を強制できる場合には常に当てはまる。コースの定理によれば、こうした条件が整えば、所有権の配分、責任ルールの選択、もっと一般的に言えば、法律に基づく「受益権」（所有権と責任ルールの両方を含む）の配分は、最終的な資源配分に何ら影響を及ぼさない。要するに、裁判所の決定は取るに足らないのである。

だが、コースの定理が当てはまらない場合も少なくない。交渉が不可能であるか、交渉にとてつもない費用がかかる場合だ。たとえば、紛争当事者の数が膨大な場合がそれである。

鉄道会社が農作地に線路を敷設する場合について考えてみよう。列車は火花を出し、それが周辺の作物に引火したりする。農民は被害を被り、鉄道会社に賠償を請求する。農民の要求に対する判決はどうなるだろう。判決の次第が、運行される列車の本数や市場に出荷される作物の量、作物の栽培方法にどんな影響を及ぼすだろうか。

農民が一人なら、コースの定理によって「影響なし」「まったく関係がない」が答えになる。スタージェス対ブリッグマンのケース同様、判決は意思決定の開始であり終わりではない。裁判所が、農民は列車を追い出せると判決を下しても、鉄道はすぐに路線を買い戻せる。裁判所が、列車を走らせてもいいが農民に補償すべきであると判決を下せば、鉄道会社は路線を廃止するか本数を減らすか、火花防止装置を設置するか、そのまま運行して賠償金を支払うか、農民に一時金を支払って被害が起こらない別の場所で営農してもらうことにしてもよい。農民には請求権がないとの判決が下されれば、農民は鉄道会社に金を支払って列車を止めてもらうか、本数を減らしてもらうか、火花防止装置を設置してもらうか、あるいは別の場所へ畑を移すほかない。コースの定理によれば、鉄道会社に有利な判決が出た後の解決策は、農民に有利な判決が出た後の解決策でもあり、その逆もまた真である。法廷が決定できるのは、誰が誰に支払うかだけなのだ。

しかし、影響を受ける農民の数が一人ではなく多数の場合、状況はもっと複雑になる。一〇〇人との交渉が理論的にも難問であることは明らかだ。さらに、もっと微妙な困難も生じる。すべての農民にとって有利な契約案ができても、農民の一人が自分だけ余分に得をするのでなければ署名を拒否すると言えば、契約は危うくなる。数人の農民が同じことを言い出したら、先行きは絶望的である。

したがって、こうしたケースでは判決が重要になる。どういう判決にせよ、その後の交渉でひっくり返る可能性は小さくなる。鉄道会社が穀物被害を補償すべきだという判決が下されれば、運行本数を減らすか火花防止装置を取り付けるだろうけれども、すべての農民が畑を移転させる交渉に同意する可能性は乏しい。鉄道会社の賠償責任が認められなければ、一部の農民は畑を移転させるかもしれないが、農民が結束して資金を拠出し、鉄道会社に火花防止装置を設置してもらう可能性はきわめて乏しい。

ロナルド・コースはこの事例について細かく検討した上で、次のような問いを提示した。裁判所が効率的な資源配分を促す判決を下したいと考えたらどうなるのか。その時は、裁判所はどう判断すべきか。

一九六一年以前なら、エコノミストは口を揃えて「鉄道会社に責任を取らせろ」と言っただろう。その根拠はこういうことだ。鉄道会社が火花を出し、その火花が損害を生じさせているのだから、鉄道会社が列車を運行すると決めるに際して、その被害を考慮に入れるべきである。列車の運行が鉄道会社に一〇〇ドルの利益をもたらし、作物に二〇〇ドルの損害を与えるとしたら、列車運行は経済的に非効率である。そこで、どうすれば鉄道会社に経済的に非効率な列車運行を止めさせられるのか。二〇〇ドルの費用を鉄道会社に支払わせることにすればいい。

コースは、この主張は誤りであるとの結論を下した。「火花が損害を生じさせた」という主張が誤りだとコースは言う。火花と作物が同じ場所に共存することが、損害を発生させた本当の原因なのである。この観点からすれば、「火花が損害を生じさせた」というのは、「作物が損害を生じさせた」というのと同じくらいナンセンスである。火花か作物のどちらかがなくなれば、損害はなくなるというわけだ。

鉄道会社に一〇〇ドルの利益をもたらし、火花で作物に二〇〇ドルの損害をもたらす列車について考えてみよう。一〇ドルのコストで農民は作物を別の場所に移すか、防火帯を設置することができるとする。鉄道会社に責任があるということになれば、損害を全額賠償してもらえる農民はこうした防止措置をとらないだろう。鉄道会社は列車運行の利益がないから、事業を廃止する。鉄道会社のオーナーは――そして世界全体も――一〇〇ドル貧しくなる。

鉄道会社に責任がないとなれば、事態はまったく異なってくる。列車は走り続けるだろう。農民は他に手段がないから、一〇ドル投資して作物を守る。農民は――そして世界全体も――一〇ドル貧しくなるだけである。

この場合、経済効率――一〇〇ドルの損失のかわりに一〇ドルの損失――は、鉄道会社に責任がないとした時にのみ達成される。数字を逆にすれば、鉄道会社に責任があるとした時にのみ、経済効率が達成されるという例が簡単に作れる。

ここで、コースの定理の背面が見えてくる。交渉が不可能な状況下にあれば――責任ルール、所有権、その他の――「受益権」が重要となる。さらに伝統的なエコノミストの言う効率――他者に被らせるコストの全責任を加害者が引き受ける――は、無意味になる。無意味になるのは、この場合のコストは二つの活動の共存から生じるのであって、一方の活動だけが原因ではないからだ。伝統的な効率概念に固執するかぎり、当事者のいずれもが効率的な解決策を保有しているのに、間違った責任ルールがその解決策実施のインセンティヴを阻害する、ということに目が届かなくなる。

大気を汚染して地域住民の健康と福利を損なう工場がある。住民は損害賠償を求める訴訟を起こせるだろうか。答えがノーなら、クリーンな燃料に切り替えるとか、生産を縮小する、移転するといったインセンティヴが工場には働かない。こうした解決策のいずれもが、最も効率的なのかもしれない。工場の有害な煙の排出を規制する方が安いか、住民が風上に移転する方が安いかを経済理論は明らかにできない。裁判所による判決は重要だし、何が効率を実現する判決なのかはケース・バイ・ケースである。

では、裁判所は何をすべきだろうか。判事の目的が何なのかによって事情は異なる。目的が経済効率以外、たとえば正義とか厚生にあるか、あるいは何らかの抽象的な法的基準が最優先される場合には、経済分析はほとんど用をなさない。しかし、経済効率が目的となれば、コースの分析とそれを基礎に蓄積された知識から学ぶべきことが多いはずだ。判決は経済的帰結に配慮したものだと判事が明言する場合も多いし、エコノミストはそうした配慮が慣習法の発展に大きな役割を果たしてきたと信じている。そこで、そうした配慮をする判事がいるとして、私たちにどんな助言ができるかを考えてみよう。

第一に、次のように言って判事を安心させてやることができる。当事者同士が交渉でき、約束を守らせることができるなら、あなたの判決は重要でないし、あなたが間違いを犯すことはない。判決後の交渉が資源の効率的な配分につながるし、それと判決とはまったく無関係だから、と。

第二は、警告を発することである。誰に非があるかで判決を下そうとしないほうがいい。あなたがなるほどそうだと納得しても、だからといって効率的な判決が下せる保証はない。より安く被害を防ぐことのできる側が被害のコストを負担すべきであって、間違った常識によって「加害者」のレッテルを貼られた側が負担する必要は必ずしもない。

第三は、次のような慰めである。誰が安い費用で被害を防げるかを判断するのはきわめて難しいかもしれない。農民が低コストで損害を防げないかぎり、火花の損害の責任は列車にあるとの判決を下したとする。では、低コストで被害を防ぐことができるかどうかを農民が正直に申告すると期待できるだろうか。もちろん、農民は正直に申告しないだろうし、あなたが農業と鉄道業との専門知識を持ち合わせないかぎり、どちらに負担させるべきか判断の下しようがあるまい。

第四は、提案である。当事者間の円滑な交渉を支援すべきである。それができさえすれば、あなたは間違いを犯すことはあるまい。

一つの具体例を考えて、この提案を少し敷衍してみよう。この例は実世界で重要なすべてを考慮したものではない。論点を明確にするために、簡略化してある。

炭鉱労働者が労働災害で苦しんでいるとする。鉱山の所有者が安全設備を設置すれば、怪我の発生や程度を軽減させることができる。コースの定理によれば、安全設備を設置するかどうかの決定は、鉱山の所有者が炭鉱労働者の怪我に責任があるかどうかとは無関係である。

五〇〇〇ドルの機械を設置すると八〇〇〇ドルの医療費を節約できるなら、医療費を負担しなければならない炭鉱所有者は機械を設置するにちがいない。所有者が医療費を負担しなくてよくても、従業員が機械を設置してくれれば七〇〇〇ドル支払うと申し出れば設置するだろう（実際には、賃金引き下げを受け入れることにより分割払いされる）。

したがって、適切な安全設備の設置という観点からすれば、判事の決定がどうであろうとも、誤りを犯すことはない。

しかし、事故を防止する方法がもう一つある。炭鉱労働者が坑内でもっと注意深く行動することだ。労働者が自分で医療費を支払わなければならないとすれば、注意深く行動するインセンティヴが働く。炭鉱所有者が医療費を支払うなら、このインセンティヴは低下する。だが、ここでもコースの定理が働く。炭鉱所有者は注意深く行動することを条件に、労働者に賃金引き上げを申し出ることができる。その結果、労働者自身が医療費を支払う場合と同じく、労働者の行動は注意深くなるだろう。

だが、ここでもうひとひねりしてみる。炭鉱所有者が医療費を負担しなければならないとする。炭鉱所有者は労働者に、坑内で特に注意深く行動すれば一日一〇ドルの割増賃金を支払うことを提案する。労働者は割増賃金をもらって坑内に下りていくが、坑内に所有者は入らない。労働者が取引がなかった時と同じように坑内でふざけていても、炭鉱所有者にはわからない。

この場合、炭鉱労働者の行動を監視できず、契約履行を強制できないために、コースの定理は当てはまらない。他人が医療費を支払ってくれるなら、炭鉱労働者の行動はもっと不注意になる。

ここで判事の立場に立ってみよう。安全設備の効果が費用に見合うものかどうか彼にはわからない。炭鉱の専門家ではないし、どのくらいの事故が防げるのかが推測できないからだ。また、同じ理由によって（しかも労働者が絶えず慎重に行動することに伴う貨幣換算コストの推定も困難だから）炭鉱労働者の注意深い行動の効果が費用に見合うかどうかもわからない。だが、次のことは理解できる。炭鉱労働者が医療費を自己負担するなら、すべてが解決する。注意深く行動することが効率的なら、進んで慎重に行動するだろうし、安全設備が効率的なら、所有者に金を支払って設置してもらうだろう。

しかし、炭鉱所有者が医療費を負担するならば、問題は半分しか解決しない。安全設備が効率的なら設置されるだろう。とはいえ、労働者が慎重になるとはかぎらない。なぜなら、労働者に慎重に行動させるには、約束を履行させなければならず、そのためには、所有者が労働者の行動を監視しなければならないが、それは不可能だからである。

この簡単な例が教えているのは、炭鉱労働者に事故に伴う費用を負担させれば、効率的な事故防止措置が「すべて」採用されるということだ。さらに大きな教訓は、判事は判決後の交渉の可能性が最大になるよう、有責者を決定すべきだということである。判事は全知全能ではないのだから、当事者間の交渉で容易にひっくり返せるような判決を下すべきだ。結局のところ、費用や自らの行動の結果についていちばんよく知っているのは当事者なのだから。

念のために、最後にもう一つ例をあげておこう。患者が輸血でエイズに感染することがある。その時、医者を訴えるのを認めるべきか否か。

エイズの危険性を低下させる方法は少なくとも二つある。一つは、輸血される血液の検査を厳重にすることだ。もう一つは、患者が——輸血による感染の可能性はほとんどないにせよ、輸血以外の感染の危険にさらされている場合——節制した暮らしをすることだ。

医者に責任があるということになると、輸血する血液の選択について医者は慎重になるだろう。だが残念なことに、輸血を受けた患者が退院祝いの乱痴気パーティでエイズに感染したにせよ、医師を訴えて多額の賠償金をとることができる。そこで、患者が危険な快楽に耽ける可能性が高まるだろう。この傾向を防ぐことはできる。理論的には、医師が患者に節制の金銭的インセンティヴを与えればよい（土曜日の晩は家にいると約束した患者に、輸血代を五〇ドルまけてやるとか）。しかし、医者は患者の生活を監視できないから、この解決策は無意味である。たぶん、患者は乱痴気パーティに参加する回数を減らさないだろう。

一方、患者に責任があるとすれば、お楽しみの選択に効率的な注意を払うだろうが、医者には輸血する血液の検査を厳重にするインセンティヴは働かない。九八パーセント、否、九九パーセントまでエイズの危険のない血液を輸血してもらうために、患者は余分の金を支払うと申し出ることはありうる。だが、残念なことに、医者が余分の金を受けとって、あいかわらず安全性九八パーセントの血液を輸血し続け、患者がエイズに感染したら、まことに不運でお気の毒でしたと言ってすむのなら、この解決策もまた効果がない。

この例の意味するところは、どちらの責任ルールにもそれぞれ欠陥があるということだ。裁判所はこれかあれかと際限なく思案するわけにはいかないから、どちらかを選択しなければならない。私もコース教授も、他のどのエコノミストも、正しい決定がどれなのかを知らないし、このケースについて経済学が判断できることは何もない。だが、コースの業績は、問題の考え方にまったく新しい視点を採り入れたことにある。輸血血液の安全性を九八パーセントから九九パーセントに高めることにどれほどの価値があるのか、裁判所にはわからない。また、そのための費用も推計できないし、安全性の一パーセント向上に患者がどれほどの価値を認めるのかもわからない。特別な趣味を持つ患者が、見知らぬ者との危険な性交渉を諦めるのがどれほどのコストに見合うのかもわからない。

ここで言えるのは、裁判所はそうした費用や便益を推計しようなどと試みるべきではないということだ。そうしたことは、患者と医者の交渉を通じて決定するのがいちばんよい。裁判所が問うべきなのは、どちらに責任を負わせれば、両者の交渉への障害が少なくなるかである。解答は常にあるとはかぎらないが、的確な設問が進歩につながる。

第3部

ニュースの読み方

第10章 麻薬合法化の経済学
——費用－便益分析を考える

リチャード・J・デニスはワシントンDCの麻薬政策財団の主席顧問である。商品取引のトレーダーである彼は、シカゴ・ホワイトソックスのオーナーの一人でもあり、季刊誌を出版する会社の社長でもある。しかも彼は、活字になった論稿の中で最もお粗末な費用－便益分析を真面目に主張した人物でもある。私がそれを知ったのは、『アトランティック・マンスリー』誌の一九九〇年一一月号に載った「麻薬合法化の経済学」と題するデニスの論文を読んだことによる。彼の肩書や職業は冒頭の「執筆者一覧」のページに紹介されていた。彼の第一級の経済的無知ぶりは、論文そのものを見れば明らかである。

麻薬合法化の便益はその費用を上回るというデニス氏の結論に、私は完全に同意する。だが、彼は費用を便益として、便益を費用として計算しているばかりか、両方の項目に含まれるはずの重要ないくつかの要素を無視したり、二重に計上したりしたあげくに、この結論に達しているのだ。

これほど大々的な誤りは、もっと広く知られてもいい。他人の誤りからは学ぶところがあるが、一つの論文にこれほど多くの誤りが見つかるというのはまるで宝の山に出会ったようなものだ。費用－便益分析の原則を身につけるには、その原則をことごとく踏みにじっている実例を分析するのが最も有効かもしれない。

実例をいくつかあげよう。

原則その一「税収は純粋な便益ではないし、税収減は純粋な費用ではない」。デニス氏は麻薬が合法化され課税されれば、毎年少なくとも一二五億ドルの税収増が期待されると考え、この税収を合法化の便益の側に計上している。だが、税収は単にある者のポケットから他者のポケットにお金が移転するにすぎない。社会全体から見れば——費用－便益分析は社会全体を対象とする——、利益でも損失でもない。税収を費用か便益かに計上するいわれはないし、どちらの項目にも足したり引いたりすべきではない。

税収が国の純利益なら、すべての活動に最大限の税率で課税するのが豊かさへの近道だということになる。税収を再分配した上で、さらにそれに課税すれば、国富が増えるのだろうか。税金を払ったことがある人ならば、この理論の誤りにすぐに気づくはずである。徴税者の利益は納税者の損失であることに。

政府が、偶数番地の住人は奇数番地の住人に一ドルずつ払えと命じたからといって、国富が純増するとは誰も考えまい。政府が偶数番地に住む一億人のアメリカ人に一ドルずつ課税して、しかる後に税収を再分配しても、政府の税収が一億ドル増えるだけで、社会全体にはいささかの純利得すら生じない。

もちろん、これは政府が税収を直接的に（たとえば社会保障給付などで）、あるいは間接的に（たとえば郵便局を建てて種々のサービスを行うなどして）再分配すると仮定しての話である。政府が新たな歳入の一億ドルを再分配せずに、無益なプロジェクトに支出すれば、社会はそれだけ貧しくなる。だが、この貧困化の原因はプロジェクトであり、財源となった課税そのものではない。税収そのものは純粋な便益でも純粋な費用でもない。デニス氏の主張の多くは、麻薬が合法化されれば麻薬に課税できるという考えに立脚している。だが、税収増が目的なら麻薬を合法化する必要はない。課税対象は他にいくらでもある。合法化に社会的メリットがあるとするならば、それは別の面でのことである。

原則その二　「費用は誰が負担しようと費用である」。ありもしない麻薬合法化の便益として一二五億ドルを計上したデニス氏は、次に、麻薬取締法違反者の逮捕、起訴、収監の費用を年間二八〇億ドル節約できると言う。税収の便益を（実際にはゼロなのに一二五億ドルと）大幅に過大評価した彼は、今度は逆に、法執行の費用を大幅に過小評価したのである。

デニス氏の言う二八〇億ドルは、政府が直接支出する額である。だが彼は、収監費用に囚人が負担するコストを加算するのを忘れている。数十万人の囚人は、仕事をしたり家族の面倒を見たり浜辺を散歩する機会を奪われている。麻薬の合法化によって、彼らはこうした機会を取り戻す。この便益は少なくとも、デニス氏が法執行機関が節約できると考えているのと同程度の大きさになるだろう。

このような便益の一部ないしすべてが、非常に好ましくない輩やそれに値しないと思われる輩の懐に入るのかもしれない。それでも便益は便益であり、きちんと計上されなければならない。費用－便益分析では倫理的な区別をしてはならない。ある行動から生じるプラスをすべて計上してマイナスと比較するのが費用－便益分析なのだ。獄中の麻薬販売人が不幸であったり非生産的であれば、彼の被る損失は、看守の給料や刑務所の建築費用と同じく社会的費用なのである。こうしたコストがなくなることは、麻薬合法化の正当な便益である。

では、囚人にとっての自由の潜在的価値をいかにして金銭換算すればいいのだろうか。理論的には、この数字は囚人がいくら支払うかで決まる。受刑をまぬかれるために支払ってもいいと考える金額である。実際には、囚人が自由になったら稼ぐことのできる所得からこの値を推計できる（あまりいい推計ではないにせよ、可能な推計法の中では最適だろう）。麻薬関係の囚人全員の推計所得を合算すれば、数十億ドルになるにちがいない。これに、デニス氏がこれまた忘れている、麻薬使用者が薬物検査、起訴、有罪判決をまぬかれるために負担する費用を加算する。

原則その三　「誰のものであろうとプラスはプラスである」。デニス氏は、麻薬のせいで犯罪が多発し、特に年間六〇億ドルの窃盗は麻薬のせいだと信じている。この六〇億ドルの窃盗を、彼は麻薬禁止のコストと見る。だが、盗まれた財産は消えてしまうわけではない。テレビが一軒の家から別の家に移されても、そのテレビを見る楽しさは依然として残っている。楽しみを享受するのが泥棒や麻薬販売人であっても、事情は変わらない。

窃盗は社会的コストを伴う。一つは、他の生産的活動に使えたはずの泥棒の時間とエネルギーだ（私があなたの自転車を盗む計画を立てるのに半日を費やしても、自転車は一台のままだが、同じ時間を費やして自転車を作れば、自転車は二台になる）。だがこのコストは、盗品の価値に比べてずっと些少であろう。

アメリカで最も非効率な泥棒は、一〇〇ドルかけて一〇〇ドルを盗む泥棒だ。コストが一〇〇ドル以下なら、彼よりもっと効率の悪い者が窃盗は儲かると考えて窃盗業に参入してくるから、彼が最も効率の悪い泥棒ではなくなる。コストが一〇〇ドル以上の泥棒は、泥棒を廃業せざるをえまい。

とはいえ、これは最も効率の悪い泥棒の話である。他の泥棒はもっと効率がいいから、一〇〇ドル未満のコストで一〇〇ドル盗めるはずだ。そのため、盗品の価値は常に窃盗に要するコストを上回る。

一方、これだけでは窃盗の社会的費用を全額計上したことにはならない。被害者の方が盗難防止装置を買ったり、警備員を雇ったり、危険な地域を歩かないようにしたりする努力が、もう一つのコストである。このコストをも考慮に入れると、窃盗の社会的費用は盗品価値よりも大きいかもしれないし、小さいかもしれない。したがってデニス氏の六〇億ドルという数字は、麻薬合法化によって犯罪が減少する便益を過大評価しているかもしれず、過小評価しているかもしれない。私は相当な過大評価ではなかろうかと思う。いずれにせよ、六〇億ドルは正確な数字とはとても言えない。

ここまでを要約すると、デニス氏は麻薬合法化の年間の便益として、以下のものを計上している。一二五億ドルの税収（一二五億ドルの過大評価）、一八〇億ドルの法執行費用の節約（囚人の自由の価値を無視しているので、大幅な過小評価）、それに窃盗など麻薬関連犯罪の解消に六〇億ドル（盗品価値を試算しているが、窃盗の真のコストとはまったく無関係な恣意的数字）、これに、コロンビアの麻薬王との闘いに要する軍事費三七億五〇〇〇万ドルを加算して、便益の年間総額を五〇二億五〇〇〇万ドルと算定している。

便益の計算をすませたデニス氏は、今度はコストの計算にとりかかる。ここで氏はまず最も重要な原則を踏みにじっている。

原則その四　「自発的な消費はプラスである」。デニス氏は、麻薬の合法化によって麻薬の価格が下がり、麻薬の使用が増えると考え、これを合法化のコストに計算している。だが、価格下落によって消費を増やすことのできた消費者は、コストを負担するのではなく便益を享受している。

もちろん、これは人々が自分にとって何がベストかを承知していると仮定した場合の話であり、麻薬のケースには必ずしも当てはまらないのかもしれない。ところで費用－便益分析の有効性の根拠となる理論は、まさにこの仮定の上に構築されており、これなくして費用－便益分析は成り立たない。この仮定を受け入れるか、費用－便益分析以外の方法で政策を評価するかのいずれかである。

デニス氏は費用－便益分析をしようというのだから、必要な仮定を受け入れた上で、麻薬合法化の便益を計算してみよう。

空腹でピザ一枚に一五ドル払ってもいいと思っているのに、市場価格が一〇ドルであれば、差額の五ドルをエコノミストは「消費者余剰」と呼ぶ。ほとんどすべての買い物に消費者余剰が発生する。消費者が払ってもいいと思う最高額は、たいてい市場価格を上回っているからだ。長期的に見れば競争的市場が生み出した便益はすべて、消費者余剰として現われる。ほとんどの費用－便益分析では、消費者余剰が便益の最大の源泉の一つである。

ピザの価格が一〇ドルから八ドルに下がった時、消費者余剰は二つの理由で増大する。第一に、価格下落によってピザ一枚につき二ドル消費者余剰が増える。第二に、たぶんピザの消費量が増えるだろうから、消費者余剰を得る機会が増大する（今まではピザを食べたことのない人も買って、初めてピザの消費者余剰を手に入れるかもしれない）。

このうちの第一――価格下落に伴う利益――は真の社会的便益ではない。ピザ一枚が一〇ドルではなく八ドルなのは消費者にとっては嬉しいことだが、ピザ・メーカーには別の思いがあるだろう。価格低下によって消費者が得た利益は、生産者の同額の損失によって相殺される。消費者と生産者双方の利益を勘定に入れれば、価格下落そのものは、費用と便益の関係に影響を与えない。

だが、第二の消費者余剰――以前よりもピザを食べて喜ぶ人が増えるという事実――は、一般に社会的利益であり、便益として計上するべきである。政策の変更によってピザの価格が二ドル下がれば、政策分析の重要な仕事は、ピザの消費量の増加から生じる消費者余剰の増加分を推計することだ。

麻薬についても同じである。話の都合上、デニス氏の論文の中の数字を使うことにしよう。現在の麻薬常用者三〇〇〇万人が年間総額一〇〇〇億ドルを麻薬に費やしており、もし麻薬が合法化されれば常用者が七五〇〇万人増えて、価格は現在の八分の一に下がるとする。ちょっと計算してみれば、新たな常用者は八分の一の価格で麻薬に三〇〇億ドル費やすことがわかる。この数字から、これらの麻薬の総価値――新しい常用者が支払ってもいいと考える額――は約一〇〇〇億ドルと見積もられる。

したがって、麻薬合法化によって新たな常用者に年間七〇億ドルの利益が生じる。この推計には、消費量を増やす既存の常用者の利益は含まれていない。

デニス氏は彼の数字から計算される七〇億ドルの便益のかわりに、麻薬消費量の増加を二五〇億ドルのコストとして計上している。なぜ二五〇億ドルなのか。新たな麻薬常用者の医療費と個人所得の減少分を合わせて二五〇億ドルと推計しているのだ（ここでやっとデニス氏が個人所得の損失を考慮に入れるようになるのは喜ばしいことだ。しかしデニス氏は、麻薬への課税による個人所得の減少分は無視していたが）。

いずれにせよ、七〇億ドルの消費者余剰の増加分は医療費と所得の減少分を差し引いた数字である。人々はそうした損失をも勘案した上で、麻薬に支払ってもいい金額を決めるはずであり、暗黙のうちに含めているからだ。ところが、これらの個人的な支出を別建てで計上するデニス氏は、次の原則にも違反している。

原則その五　「二重計上をしてはいけない」。

「麻薬合法化の経済学」は、過去最悪の費用–便益分析の一つである。執筆者には（たぶん『アトランティック・マンスリー』誌の編集者も同じだろう）、すべての原則の基になる次の二つの単純な基本原則がわかっていない。

個人だけを問題とする。
すべての個人を同等に扱う。

この二つが費用–便益分析ゲームのルールなのだ。このルールに従わないのは自由だが、そうすると別のゲームになってしまう。

個人だけが問題であることをデニス氏がわきまえていたなら、政府の歳入をプラスに数えるという基本的な過ちを犯さなかっただろう。政府は個人ではないから問題にすべきでない。個人に分配される政府の歳入はプラスだが、個人から徴収される税という同額のマイナスによって相殺される。これを計上してもかまわないが（その場合、差し引きゼロになる）、計上しなくても同じ結果になる。

誤解を避けるために言っておこう。「国にとって何がプラスか」「経済にとって何がプラスか」、あるいは「ゼネラル・モーターズ（GM）にとって何がプラスか」に、エコノミストはまったく関心がない。GMの利益が一億ドル増えるのは喜ばしい。なぜならGMの株主である個人が合計して一億ドル豊かになるからである。GMが廃業して、オーナーが瞑想に耽けって悟りを開いたとしてみよう。オーナーがその悟りを一億ドルと評価するなら、エコノミストはそれもまた等しく喜ばしいと考える。

アメリカ人はもっと働いて、工業生産への投資をもっと増やすべきだろうか。エコノミストは、それでアメリカ人がもっと幸せになれるのなら、イエスと答える。ニュースキャスターは経済成長はコストなしの善であるかのような言い方をする。成長が個人に利益をもたらすのは、成長すれば将来の消費を増やせるからである。成長を実現するには、個人がもっと働き、現在の消費を抑えなければならないから、個人がそのコストを支払う。このトレードオフは価値があるだろうか。答えは、個人の好み次第である。「経済にとって何がプラスなのか」は、エコノミストの考察の対象ではない。

リチャード・J・デニスが経済だの政府だのという抽象的な存在ではなく、個人にだけ目を向けておれば、法執行の費用を考える際に、政府の支出だけを勘定するという過ちは犯さなかっただろう（政府支出は確かにコストだが、それは最終的には個々の納税者の負担になるからである）。また、刑務所で服役する個人のコストや、犯罪から身を守るために費やされる個人のコスト、逮捕をまぬかれるために費やされる麻薬犯のコストをも見過ごすことはなかっただろう。

すべての個人が問題であり、それぞれの好みは個人によって異なるから、各人の好みを比較するルールが必要になる。木材伐採事業を拡大すべきかどうかを決める際に、ジャックは新聞を読みたがり、ジルは森を守りたがるとすれば、ジャックの将来収益とジルの将来損失を比較する方法が必要となる。この場合、倫理的な正当性を有する主張は多数ありうるが、費用－便益分析（もう一つの呼び名は、別のところで使った「効率の論理」）は明白な選択を示す唯一の方法である。この立場は、第二の基本原則によって明らかである。すべての個人は対等に扱われ、彼らの好みは「何ドル支払う用意があるのか」によって測られる。ジャックが伐採される樹木一本に一〇〇ドルの価値を認め、ジルは森の樹木一本に二〇〇ドルの価値を認めるとすれば、伐採の便益は一〇〇ドルで費用は二〇〇ドルということになる。ジャックとジルの主張の倫理的な根拠には立ち入らない。

原則的には、政策変更（たとえば麻薬禁止から容認へ）を考えるとすれば、次のような手続きが想像できる。現状維持を支持する人々をすべて数え上げ、それぞれに「この政策変更を阻止するために、いくらなら支払いますか」と訊ねる。回答を集計すると、政策変更の費用総額が決まる。次に変更を支持する人々をすべて数え上げ、それぞれに「政策を変更させるためにいくら支払いますか」と訊ねる。回答の集計が便益総額である。

すべての個人を同等に扱うというのには、いくつかの重要な意味がある。一つは、価格変化そのものは善でも悪でもないということだ。買い手の利益は売り手の損失だからである。価格変化はテクノロジーや法的環境の変化から生じ、同時に、生産コストや消費水準にも良かれ悪しかれ影響を及ぼすことが多い。だが、価格変化そのものは善でも悪でもない。

一九九二年、金利が一斉に急落した。『ニューヨーク・タイムズ』紙は、金利低下を素晴らしいことだと書き立てた。借り手が車や住宅、資本設備のための資金を容易に調達できるようになったからだ。貸し手にとって事態はそうバラ色ではない、と記事はさりげなく警告し、この問題は残念な「副作用」だと書いた。

だが、金利は価格のようなものだ。借り手があれば必ず貸し手がおり、借りた一ドルは貸した一ドルでもある。低金利のプラスはすべてマイナスで相殺される。借り手と貸し手は対等なのだ。

費用‐便益分析をするにあたっては、全員を対等に扱わなければならない。買い手は売り手と、借り手は貸し手と、麻薬業者、泥棒、麻薬中毒者は警察官、商品仲買人、シカゴ・ホワイトソックスのオーナー、そして聖人と平等に扱われる。

デニス氏がすべての個人は平等であることを知っていたら、麻薬業者の刑期を費用に、常用者の消費増大を便益に勘定しただろう。税や窃盗を通じての所得移転は富の創造でも破壊でもないことに気づいただろう。これは個人間の富の移転にすぎず、すべての個人の好みは同等に扱われるべきなのである。

たぶんデニス氏は、すべての個人を平等に扱うことの倫理的、政治的意義を全面的には認めていないのだろう。そうした立場を否定するエコノミストは、一人もいないだろうし、多くの――おそらくはとんどの――エコノミストは、その立場がもっともだとうなずくにちがいない。だが、その立場に立ったなら、費用‐便益分析以外の方法で政策を評価しなければならない。さらに、かわりの方法の根拠を明白にすべきである。費用と考えたい事柄と便益と考えたい事柄を数え上げるだけでは、執筆者の倫理的見解が自分のそれと一致するかどうかを知りたい読者にはあまり親切ではない。政策アナリストたるもの、まず自分の倫理的基準を明示しなければならない。次に、この基準にのっとった方法で評価を提示すべきである。

多くのエコノミストは、通常、費用－便益基準を政策の一般的指針とする。ときには、居心地の悪い結果が出ることもある。ロックフェラーに一〇〇〇ドルの得が生じ、コストの九〇〇ドルを貧しい未婚の母が負うことになる政策は、費用－便益基準からすれば望ましい。ロックフェラーが残虐な組織犯罪の親玉にかわっても、同じことが言える。こうした場合には、エコノミストの誰もが費用－便益基準を厳格に適用するのをためらうだろう。にもかかわらず、エコノミストが政策決定を迫られる場合、二つの基本原則にのっとって費用と便益を分析することから出発すべきである。理由は少なくとも二つある。

第一は、費用－便益基準が一貫して適用されれば、政策決定が重ねられていくうちに、ほとんどの人にとって損失よりも利益が大きくなるということだ。たとえ、基準が適用された特定のケースで、善人が不当に傷つくことがあるにせよ、事情は変わらない。樹木伐採を禁止してジルに二〇〇ドルの便益を与え、ジャックに一〇〇ドルの損失を与えたとしても、ジャックは少なくとも将来自分の便益の方が大きい事例に遭遇すれば、自分に軍配があがると考えて自分を慰めることができる。費用－便益基準によれば、損失が小さい時には言い分が通らず、利益が大きい時に通るからである。平均すれば、たぶん損失よりも利益の方が大きくなるにちがいない。

第二に、エコノミストが費用－便益分析を好むのは、その応用に熟達しているからだ。経済理論を使えば、特に計算しなくてもこの基準からどんな結果が出るかが演繹できる。たとえば、所有権が十分に守られており、市場が競争的であれば、費用に対する便益が最大になるように市場価格の決まることが理論的にわかっている。この条件が満たされておれば、いちいち費用と便益を計算しなくても、市場メカニズムによる価格決定に比べて価格管理は悪であると自信を持って言い切れる。

私たちが費用－便益基準が好ましいと思うのは、第一に、これを適用することによって長期的にはほとんどすべての福利が改善されると考えるからであり、第二に、その適用が容易だからである。言い換えれば、便益が大きくて費用が小さいからだ。これら二つの理由はやや循環論法の気味があるけれども、費用－便益基準は、それ自身大きな魅力を持っていることは確かである。

第11章

財政赤字の神話
――たとえ話を使って三つの誤解を解く

一秒に一ドルの割合で返済していくと、財政赤字を返済し終わるまでに一〇万年かかる。面白い事実ではあるが、意味のないたとえである。だが残念なことに、この言い方はすっかり人口に膾炙《かいしゃ》したようだ。その結果、国の債務や財政赤字に対する国民の理解は今もって不十分きわまりない。そのかわり、中身のない信念――神話と言ってもいいもの――が、議会でも夜の定時ニュースでも、批判されることもなく繰り返されている。擁護しようのない主張でありながら、これらの神話は手のつけようがないほどに広がっている。だが、わかりやすい基本的な原則をいくつか把握すれば、十分に頭の中をすっきりさせることができる。

財政赤字に関する神話が原因になって、三つの大きな誤解が生じている。一つは、広く分析の対象とされている公式発表の数字が、経済的現実を多かれ少なかれ反映しているかのように錯覚されていること。もう一つは、国民がわかったつもりの単純なメカニズムによって、財政赤字が高金利の原因になると錯覚されていること。第三は、ある種の明確なグループ（「将来世代」、すべての民間部門、特に輸出産業）が財政赤字によって被害を受けることには疑問の余地がないと錯覚されていることである。

以上三つの大きな錯覚は、さらにいくつかの補助的な神話から生じている。そうした補助的な神話を解きほぐしてみよう。その前にまず財政赤字に関する重要な要素をすべて含意するたとえ話をしたい。しかる後に、大いなる錯覚とその根底にある神話に戻ることにしよう。

財政赤字に関するたとえ話

あなたが買い物代理人を雇って、衣類の買い物を任せたとする。代理人はあなたにかわってしかるべき決断を下す権限を与えられる。第一に、代理人は各種衣類にどれだけお金をかけるかを決める。第二に、その資金の調達方法を決める。

第二の決定に焦点を当てるために、代理人があなたの衣類に一〇〇ドル支出すると決めたとしよう。資金の調達方法は三つある。一つは、あなたの銀行預金から一〇〇ドルおろして、それで代金を支払う方法。二つは、あなたのクレジット・カードで支払って、一年後に決済する方法。この場合、来年、クレジット会社に支払う金額は元金一〇〇ドルに利子一〇ドルを足して一一〇ドルになる（年利一〇パーセントと仮定する）。

三つ目の方法は、元金を返済する意図なしに、一〇〇ドルをあなたのクレジット・カードで支払う。この場合、毎年一〇ドルの利子を請求され続けるから、代理人は毎年あなたの銀行預金から一〇ドルずつおろす。

さて、あなたはどの支払い方法をお望みか。答えを探すために、それぞれの方法をとった場合の一年後のあなたの財務状況を想像してみよう。

金利は一〇パーセントで、あなたの銀行預金は一〇〇〇ドルあり、一〇パーセントの金利がつく。したがって、衣類を購入しなければ、来年の今ごろ預金残高は一一〇〇ドルになっている。代理人が三つの支払い計画のどれを採用しようとも、一一〇〇ドルの残高は減少する。では、どのくらい減るのだろうか。

計画Aでは、すぐに預金を一〇〇ドルおろすから、預金残高は一〇〇〇ドルから九〇〇ドルに減る。一年後には九〇〇ドルに九〇ドルの金利がつくから、残高は九九〇ドルになる。衣類を買わなかった場合の一一〇〇ドルに比べて一一〇ドル少ない。この一一〇ドルはどこへ行ったのか。一〇〇ドルは衣類の購入代、残りの一〇ドルは、衣類を購入した際に代金を支払ったために手に入れ損ねた利子である。

計画Bだと、来年まで支払いを延期する。今年末に銀行預金は一一〇〇ドルになっている(預金はおろしていないのだから、衣類を買わなかったのと同じ状態)。ここから、代理人が一一〇ドル(元金一〇〇ドルと金利一〇ドル)をおろしてクレジット・カードの決済をすると、残高はちょうど九九〇ドルになる。

言い換えれば、計画Aでも計画Bでも、預金残高は結局のところ同額になる。いずれにせよ、衣類のコストは今年末に一一〇ドルになる。計画Aでは一〇パーセントの金利を得られなくなるが、計画Bでは得た一〇ドルの金利をクレジット会社に支払わなければならない。

計画Cだと、衣類を購入するが代金を支払わない。「永久債務」政策だ。この計画の場合、一年後の預金残高はどうなるだろうか。その時の預金残高(一一〇〇ドル)から最初の金利支払い分として代理人が一〇ドルをおろす。すると、一〇九〇ドルの流動資産が残る——本当にそうなのだろうか。永久に毎年一〇ドルずつを支払い続けなければならないのだから、あなたはそのための資金を別会計にしておこうと考えるだろう。別会計の残高はいくら必要なのか。答えはちょうど一〇〇ドルだ。一〇〇ドルあれば毎年金利が一〇ドルずつつき、これで支払いができる。

言い換えれば、一年後の預金残高は一〇九〇ドルだが、このうち一〇〇ドルはおろすことができない。そこで、使える預金は九九〇ドルになる。つまり実質的な預金残高は計画Aと計画Bで同額となる。

したがって財布を安心して買い物代理人に任せ、どんな支払い方法をとるのか心配しなくていい。代理人のせいで債務を負い、金利支払い義務が生じるかもしれない。借金で賄って、金利を儲けさせてくれるかもしれない。債務を負った時には、費用と便益がちょうど同額で相殺される。債務を負うかどうか、負うとすれば期間はどのくらいかは、結果に影響しないのである。

もちろん、結果に影響する決定もありうる。支払い方法は問題にならなくても、ここでは与件として扱われた、衣類に一〇〇ドル支出するという決定は重要だ。衣類に一〇〇ドルは使いすぎだとか、しみったれていると思えば、あなたは代理人に不満を覚え、解雇しようとするだろう。

これと同じように、さまざまな政策に対する政府の歳出額にも不満があるかもしれない。だが、歳出水準が決まれば、財務省が歳出を賄う方法は三つしかない。第一、税金によって賄う。第二、借金をして、今後数年間でその分を税金で（金利をつけて）返済する。第三、借金をして、元金の返済は永久に繰り延べ、税金を金利支払いに充てる。買い物代理人の例で考えれば、政府がどの方法を選ぶにせよ、あなたへの影響にはまったく違いがない。

このたとえ話は、いろんな意味で単純にすぎる。たとえば、あなたの余命が六カ月しかなく、遺産額などどうでもいいと思えば、一年後を返済期限にして多額の借金をすればよい（逆に、相続人の幸せをわがことのように考えるなら、話は違ってくる）。また、課税対象（たとえば所得）が将来大きく変動すると予想されるなら、現在の課税と将来の課税のどちらが好ましいかも違ってくる。

しかし、たとえ話の本質的な意義は変わらない。債務が問題とされるのは、経済的な理由によるのではない。債務そのものは課税と比較して良くも悪くもなく、歳出をどう賄うかよりも、まず歳出の水準と中身に関心を向けるべきだというのが、たとえ話の教訓である。

数字の意味に関する神話

政府歳出の（したがって財政赤字の）公式統計は、ごたまぜの数値を理論的な根拠もなしに恣意的に集計したものにすぎない。これらの数値には、政府が実際に資源を消費した分（たとえば教育費や軍事費）も、移転支出分（社会保障給付など）も、債務残高の利払い分も含まれている。リンゴとナシとオレンジを足し合わせたようなこの統計は（それから歳入を差し引いた赤字幅とともに）、私たちの社会では強力な象徴になっている。しかし、この統計に経済的な意味は何もない。政府機関が推計を試み、新聞が真面目に報道し、その道の権威が渋面を作る。だが、誰もその数値にどんな意味があるのかを問おうとはしない。この無意味な統計が広く受け入れられているのは、次のようないくつかの神話ゆえのことである。

神話の一　「過去の債務の利子は後世の負担となる」。過去の債務に対する利払いが財政赤字に算入されているため、これが納税者の負担を増大させているかのように思える。だが、買い物代理人のたとえ話で見たとおり、これは間違いである。過去の債務の利払いは、納税を先送りして得られる金利によって完全に相殺される。これは非常に重要な点である。政府の借金で国民が納税を先送りできるのは、クレジット・カードで衣服を買えば支払いを先送りできるのと同じことだ。したがって、納税者は資産が生む利子を長期間獲得し続けることができる。この利子所得が、政府債務の利払いの「重荷」をちょうど相殺することになる。であるからには、歳出や財政赤字を正当に評価するには、過去の債務の利払いを含めるべきではない。しかし、利払いは常に含まれているし、その結果、財政赤字はおしなべて極度に過大評価される。

神話の二　「一ドルの支出はどれも一ドルの支出である」。つまり、公共建築物を建てるのに使われる一ドル（鉄鋼、ガラス、労働力などの購入に支出された一ドル）は、社会保障給付の（ある人を豊かにして別の人を貧しくするだけで、実際には消費されない）一ドルと同じだという神話である。これは明らかに間違いであり、この神話を前提とする数字は眉唾である。

神話の三　「インフレを考える必要はない」。実際には、インフレは債務者にとって大きな福音で、債務者が政府でも同じことだ。政府が一兆ドルの借金をしており、インフレが年率一〇パーセントだとすると、一年後には政府の実質債務は一兆ドルの一〇パーセント分（一〇〇〇億ドル）減少する。この一〇〇〇億ドルは税収の一〇〇〇億ドルと同じく、政府の歳入なのだが、そうとは算定されない。ハーヴァード大学のロバート・バロー教授によると、こうした見えない歳入を計算に入れると連邦政府の財政は一九七九年までは黒字、レーガン政権の最初の二年の財政赤字は年間一〇〇億ドルを下回っていた。

神話の四　「公約は計上しなくていい」。新大統領が、高速道路、教育、その他の社会資本整備のための歳出を増やすと公約したとする。政策が実行に移される前から、大統領が公約した将来の歳出は債務なのだから（私が来週あなたに一〇〇ドルの小切手を届けると今日約束すれば、それが債務になるのと同じこと）、今年の財政赤字に計上すべきである。だが、計上されてはいない。

新大統領が本気かどうか、政策実現能力があるかどうかが相当に疑わしい場合、この計算問題は難しくなる。来週火曜日に私があなたに一〇〇ドルの小切手を届けると約束しても、本気なのかどうかがわからなければ、それを債務と見なすべきか否かは不明である。

財政赤字をどう算定するのが適切なのかはわからない。だが、どんな算定法もそれなりに批判の的になるのだから、財政赤字がどう算定されようとも、不正確だとの批判をまぬかれえないことはおわかりいただけたと思う。

現在の政府の最大の公約は、社会保障政策を継続するということである。この公約を債務と考えるかどうかで、財政赤字の算定に大きな違いが生じてくる。『世代の経済学』を著したローレンス・コトリコフは、労使の社会保障基金への拠出金を税と見なし、この基金から退職者に支払われる給付金を移転支出と見なしている。だが、別の会計原則を採用すれば、労使の拠出金を政府への貸付と見なして、退職者への給付金をその貸付の返済と見なすというのも、同じく理にかなっている。

政府の算定によれば、現在の政府債務残高は三兆ドルと四兆ドルの中間だという。別の算定によると、現在の債務残高は一〇兆ドルにもなる。なぜ、ある会計原則を採用するのか、その理由は歴史の霧の彼方にかすんでいるし、コインを投げて決めるようなものである。いくつもある会計原則の中からまったく恣意的に選んだ方法で算定された数字に、経済学的な意味はほとんどない。

金利に関する神話

一九八四年の大統領選挙の最初の論戦で、ウォルター・モンデール候補は「誰でも、どのエコノミストでも、どのビジネスマンでも」財政赤字が金利に影響することを知っていると述べた。この言説は、特にエコノミストに関するかぎり、まったく事実に反している。

財政赤字が金利に影響するのかどうかはわからない。モンデール氏は、財政赤字が金利に影響するという確かな根拠を持っていたのだろうか。たぶん、なかっただろう。だが、財政赤字の持つ影響力に関する根拠薄弱な思い込みのおかげで、モンデール氏は有権者の注目を集めることができた。

財政赤字が金利に影響するという神話は、二つの基本的に誤った論点によって補強され、アメリカ人の通念と化してしまった。これら二つの論点は実際には注意深く検討すれば崩れてしまうのだが、だからといって財政赤字が金利に影響しないことが証明されたわけではない。モンデール氏（それに氏と同じような大勢の人々）が自分の主張を証明できないことは確かである。事実、彼は「エコノミストなら誰でも」知っていると自分勝手な権威づけをするだけで、財政赤字と金利のつながりを示すいかなる根拠をあげようともしなかった。

神話の五　「『ゴリアテ』の神話」。この神話によると、国家には小さな「ダビデ」が大勢いて、年間二〇〇〇億ドルを吸引する連邦政府という「ゴリアテ」と争っているが、「ゴリアテ」がいなければ、その二〇〇〇億ドルは車や住宅を買うのにダビデたちが使えるはずだと言う。限られた資金をめぐる争いが金利を上昇させ、ダビデは投石器の代金を払うことさえできない。

この比喩はまったく根拠を欠いている。資金を借り入れた政府はそれを吸い込んでしまうのではなく、政府借入金はただちに個人に還元される。ペンタゴンで使うペーパー・クリップを購入するために政府が一ドル借りたとしよう。この借入はジャックに国債を売ることで実現し、ジャックは国債を買うために銀行預金から一ドルおろす。その一ドルはただちに文具店のジルからペーパー・クリップを買うのに使われ、ジルは一ドルを預金する。ジャックの銀行預金が一ドル減ったことは確かだが、ジルの預金は一ドル増えている。銀行がダビデに貸し出すことのできる資金総額は、政府が借入を始める前とまったく同じである。ゴリアテは金を吸い込むのではなく、少しばかり移転させるだけである。

ここで重要なのは、政府は理由もなく借金はしないということだ。使うために借りるのである。政府借入で「なくなった」かのように見える金が政府支出によって還流する。たいていの過ちは、借入にだけ注目して支出に目を向けないことから起こる。

神話の六　「ディックとジェーンの神話」。この誤った議論は次のように進行する。「政府が借入を増やそうとすれば、人々が貸すように仕向けなければならない。つまり金利を引き上げなければならない。すると、政府と競争関係にあるすべての金融機関も金利を引き上げざるをえなくなる」。

この議論の根底にある間違った考え方は、ディックがジェーンから世間相場の金利一〇パーセントで一ドル借りようとして、ジェーンがためらった場合、ディックはジェーンに翻意させるために金利を相場以上に引き上げなければならないという考え方である。

実はそうではない。ジェーンを翻意させる別の方法がある。ディックはジェーンに「一〇パーセントの金利で一ドル貸してくれれば、同じ条件で同じ額を貸しましょう」と提案すればよい。実際、同じ金額を同じ金利で貸すなら、ディックは金利引き上げの圧力を生じさせずにジェーンから借りたいだけ借りることができる。

この例は、ちょっと見で感じるほど途方もないことではない。政府が一ドル借りる際、ディックと同じように必ず同時に一ドルを貸しているからである。そもそも政府はなぜ借金をするのか。増税を回避するためである。したがって、徴税するはずの税金を納税者に貸してくれたのと同じことになる。

個人の借金と違って、政府の借金には常に納税者への見えない貸付が付随する。政府はディックと同じく国民（すなわちジェーン）から金を借りると同時に、同じ額を同じ率で国民に貸している。ディックとジェーンと同じように、政府と国民も金利に影響を及ぼすことなく欲しいだけの金額を貸し借りしている。

債務負担に関する神話

最後の神話は、政府債務の負担を誰が負うのかに関するものだ。政府債務がどのような意味で負担なのかが明らかでないからである。この問題を詳しく検討する必要はないかもしれないが、この神話の過ちを明らかにすることによって、多くの重要な問題点が浮き彫りにされる。

神話の七　「孫が債務を継承する」。孫たちは私たちの債務だけではなく貯蓄も継承するが、現在の税金が軽いために増える追加的貯蓄もその中に含まれる。その日が来るまでは、債務も貯蓄も利子の累積によって膨張する。今日、一ドルの債務を返済すれば、明日、孫は二ドルの債務負担をまぬかれるが、その代償をも伴う。貯蓄が一ドル減少することで、同じく継承する財産が二ドル減るからだ。

神話の八　「グラウディング・アウトの神話」。政府が借入金を使って資源を購入する結果、民間部門がより効率的に利用できる資源がその分少なくなるという主張である。これもゴリアテの神話と同じだが、問題とされるのが通貨ではなく物理的資源という点が異なる。これが間違いなのは、政府が借金したから、何かの資源が消費されるわけではないからである。資源を消費するのは政府支出である。政府が一〇〇万トンの鉄鋼を購入すれば、民間部門が利用できる鉄鋼は確かに一〇〇万トン減少する。鉄鋼の購入費が税収で賄われても国債で賄われても同じことである。民間部門へのしわ寄せは、政府が消費する資源で測られるのであり、この資源を取得するための資金繰りによってではない。

神話の九　「財政赤字は国際競争力を損なう」。財政赤字は輸出産業を弱体化させるという主張を擁護する多くの誤った議論がなされている。こうした議論はすべて、財政赤字が金利を上昇させ、ドルを高くするという一連の神話を根拠にしている。これまで繰り返し述べたとおり、財政赤字と金利の関係は不明確と言うほかない。金利と為替レートの関係の究明は、本書の範囲をはるかに超えてしまう。ここでは、理論の鎖の強さはいちばん弱い輪で決まると言うにとどめておこう。

世論の関心を引きたいと考える人々は、話をセンセーショナルに仕立てるのが有利なことを知っている。したがって、世間に流布する財政赤字に関する神話が、財政赤字の規模や重要性を誇張しがちなのは驚くにあたらない。そうした神話のガス抜きをして、そこから生じるヒステリーを鎮めることが大切なのだ。同時に、福祉についての間違った考えから脱却することも重要である。

ここでは、政府支出の水準を一定と考えて議論を進めてきた。巨額の財政赤字が有害であると主張されるのとまったく同じ理由で、高水準の支出が有害であることは疑う余地がない。

実際、財政赤字の最も有害な点は何かというと、連邦政府支出を管理するメカニズムを見つけ出すという、より緊急を要する問題から人々の関心をそらすことなのかもしれない。この問題が解決できなければ、均衡予算に対するこだわりは何事をも解決してはくれないのだ。

第12章 新聞記事の間違いを指摘する

――学生にとって格好の教材

大恐慌は良いものではなかったという点では、衆目が一致しているようだ。だが、なぜそうなのかを検索してみるのも無駄ではあるまい。

恐慌下での生活には二つの短所がある。第一に、生涯消費が減ること。第二に、劣悪な消費パターンを強制されること。すなわち幸運または不運が生涯にわたって持続するのではなく、飲食と飢餓がかわるがわるにやって来る。

第二の短所は注目に値する。どうやら人々はできれば消費を平準化したいと願うらしい。毎月四〇〇〇ドルの給与をもらうとすれば、それを一日で使い果たし、残る毎日は慈善給食所を頼るという暮らし方をする人はまずいまい。生涯の最初の四〇年間をあばら家で過ごせば、残りの四〇年間は豪邸で暮らせるかもしれない。しかし、私たちの多くはそうした選択を避けるであろう。

不運はいくつもに分けてまんべんなく訪れた方が、一度に大きな不運に見舞われるよりも耐えやすい。このことが、なぜ恐慌が不人気なのかを物語っているし、『ニューヨーク・タイムズ』紙に掲載されたフェリックス・ロハティンの書簡を読むまでは、私も異論がないものと確信していた。だが、どうやらロハティンの見解は別らしい。

著名な投資銀行家のロハティン氏はニューヨーク市政援助公社の理事長を務め、クリントン前大統領の顧問の一人でもある。彼の書簡の全文をお目にかけよう。

編集長へ

破産した貯蓄貸付組合（S&L）の救済に政府借入金を充てることに賛成だという主張（『ニューヨーク・タイムズ』紙に先日掲載された社説）を読んで、驚きと失望を禁じえませんでした。借入は政治的には好都合かもしれませんが、経済的かつ倫理的な観点からすれば悪であります。この災難に対処する直截的で最も被害の少ない方法は、一三〇〇億ドルの損失を三、四年に期間を限定した所得税増税で賄うことです。

経済学的に考えれば単純なことです。

〈1〉一三〇〇億ドルの借入によって今後二〇年間から三〇年間にわたって総額五〇〇〇億ドルもの歳出が必要となります。これは資金市場への圧力となり、高金利につながるでしょう。年間一〇〇億ドルから一五〇億ドルの金利負担は連邦政府の財政赤字を拡大させます。現に連邦政府の歳出の中で金利負担は国防費に次ぐ大きな割合を占めています。また、継続的で大規模な外国資本の流入が必要となるでしょうし、緊急に実施が求められている国内政策にしわ寄せされることになります。

〈2〉三、四年間の臨時増税によって、三〇〇ドルから四〇〇ドルの金利負担がなくなり、金利と資本コストの低下に資することが期待されます。その結果、経済成長が加速されるでしょう。税金は必ずしも悪い経済的影響を及ぼすものではありません。なぜなら貯蓄貸付組合の救済は、基本的には納税者から預金者への所得移転政策だからです。

〈3〉基本的な経済原則によれば、政府借入が正当化されるのは有用な資産への支払いに充てられる場合だけです。すでに生じた損失の穴埋めのための借入ほど、この定義に遠いものはありません。

倫理的に考えればさらに単純です。次の世代がわれわれの借入という愚行のつけを支払わされ、低所得層のアメリカ人が金利負担を負わされます。所得税なら、この負担をしかるべき者に負わせることになります。現在の世代、そして高所得層のアメリカ人です。

一九八〇年代の負の遺産として、行きすぎた投機と借入が大きな役割を演じることになるでしょう。残念ながら、貴紙が貯蓄貸付組合の救済に政府借入金を充てる政策に賛成したことは、かつて民間部門のジャンク・ボンド利用を支持したこととあわせて、負の遺産の一つとなるのです。私たちの多くは、貴紙の主張を理性の声と受け止めています。しかし、そのためには、政府資金の調達と民間資金の調達の問題についても、合理性による裏付けがなくてはなりません。行きすぎた政府借入は合理的ではありません。

一九九〇年六月二五日、ニューヨークにて

フェリックス・G・ロハティン

私はよく『ニューヨーク・タイムズ』紙を眺めて、特に経済的無知をさらけ出した記事はないかと探し、「がやがやわやわや、無能のおしゃべり」という失礼なラベルを貼ったファイルに綴じ込んでいる。「がやがやわやわや」ファイルは試験問題を作成するのに活用する。投稿論文を再録して、学生に過ちを指摘させるのである。「がやがやわやわや」ファイルの内容は甲乙つけ難いのだが、ロハティン氏の書簡は特筆ものだろう。残念ながら試験時間が短いので、優秀な学生でもロハティン氏が提供している過ちの宝庫を全部は処理しきれないだろう。この書簡を試験に使うなら、問題を絞って、各パラグラフでいちばん大きな過ちを取り上げて分析せよという設問にしなければなるまい。

それに、目立ちにくい過ちを分析し、呆れるほど明白な過ちは無視するように、と注意しておいたほうがいいかもしれない。そうすれば、たとえばロハティン氏が〈1〉で言っている、一三〇〇億ドルの借入が「二〇年間から三〇年間にわたって総額五〇〇〇億ドルの歳出」をもたらすという部分は取り上げなくてすむ。もし大学の二年生が、二〇年後に支払われる一ドルを現在の一ドルと同等に扱うとすれば、君は経済学のセンスがないから諦めたほうがいいと忠告されてしかるべきだ。ロハティン氏が本気でそんな計算をしているのなら、二〇年後に三〇〇〇億ドルにして返すという約束で、今日二〇〇〇億ドルを私に貸してくれてもいいだろう。そして一〇〇〇億ドル儲かると期待すればよい。私は喜んで取引に応じるだろう。

基本的な過ちは無視せよという指示に従えば、学生はすぐに〈2〉の「税金は必ずしも悪い経済的影響を及ぼすものではありません。なぜなら貯蓄貸付組合の救済は、基本的には納税者から預金者への所得移転政策だから」と、所得税の臨時増税が収益事業を、数年間、遅らせる可能性などないかのように述べている部分に進むだろう。

この後は、書簡中で私の特に好きな〈3〉の「すでに生じた損失の穴埋めのために借金してはならない」という、経済学の基本原則のいくつかを踏みにじる「基本的な経済原則」からでっちあげられた箇所である。彼の説に従えば、あなたの家が火事で焼けてしまった時、新しい家をローンで買ってはいけないということになる。新しい家を買う金が貯まるまで、段ボール箱の家で暮らす方がいいというわけだ。

エコノミストが知っている基本的な経済原則とは次のようなものである。「合理的な範囲内で、できるだけ消費を平準化せよ」。ハワイ旅行で二〇〇〇ドル使おうとするのなら、今月の出費を二〇〇〇ドル節約しようとは考えないほうがいい。そのかわり、何カ月間かにわたって少しずつ節約する。財布をなくした時も同じだし、貯蓄貸付組合の救済を求められた時も同じである。苦痛は徐々に少しずつの方が耐えやすい。苦痛を長期的にならすほうが望ましい。打撃は一撃でない方がいい。

これとは逆のことを主張するロハティン原則によれば、大恐慌はたぶん素晴らしいことなのだろう。一九三〇年代に生産性は低下したが、これは「すでに生じた損失」であり、そうした場合、ロハティン氏はその甚大な打撃を一度に引き受けろと言うのだろうか。だが、大恐慌下で暮らした人々に訊ねれば、苦痛は長期にならした方がよく、生活水準を長期にわたって少しずつ下げる方がいい、と全員が答えるだろう。景気循環の気まぐれに振り回される人々が不運を数年間に集中させたくないのなら、政府が命令したからといってそれに従うはずはあるまい。

幸い人々は、ロハティン計画から身を守ることができる。消費をならしたいと思うからこそ、彼が処方する期限付きの増税を乗り切るために、人々は借金を増やす（言い換えれば、貯蓄を減らす）。そして、政府が借金をしたのとほとんど同じ結果になる。

したがって、ロハティン氏の〈2〉が正しいとすれば、彼の計画には基本的に何の効果も認められない。政府が借金を拒否しても、国民みずからが借金をして、その効果を相殺してしまう。それだけではすまない。個人の借金は政府のそれよりも金利が高い。したがって、ロハティン氏の提案はこうなる。政府が低金利で借り入れるよりも、国民に高金利で借金させろ。

これはたいして悪いことではない。しかし、残念ながらロハティン氏の〈2〉は間違っているから、彼の計画は良くないどころか破壊的である。期限付きの増税は生産活動を阻害し、金利を上昇させるから、経済理論の教えどおり人々が借金することにより「すでに生じた損失」の悪影響を均等に先送りするわけにはゆかなくなる。ロハティン計画とは、不況は望ましいとする彼一流の原理原則に基づく、深刻な不況の処方箋なのである。その限りで彼の論旨は首尾一貫しているが、だからといって心地よいものではない。

さて「がやがやわやわや」ファイルを開いたところで、もう一つ私の好きな投稿をお目にかけよう。

編集長へ

個人の支出も企業の支出もアメリカ経済を構成する重要な要因ですが、経済のエンジンを動かす政府支出の役割を過小評価するのは誤りです。

私は大学教授であり科学者だからよくわかるのですが、大学の不景気、科学研究の停滞の主たる原因は、政府の研究予算の削減なのです。人員整理が行われ、新規採用が凍結され、奨学金制度が脅かされている有り様です。

連邦政府の科学研究費が以前の水準にまで復帰すれば、建設計画や改装計画が再開され、建設業の雇用を増やせるし、教育研究能力も向上します。奨学金受給者もまた必要な物を買えるようになり、これまた経済にプラスとなります。

科学研究のために人を雇い、機器を購入すれば、科学研究ばかりでなく経済を活性化することにもなるでしょう。

合衆国国民の一人ひとりが、みずからの関与する分野で、景気停滞に直接つながる政府予算の削減の例をあげることができるはずです。政府は手をこまぬいて景気後退を眺めている必要はないのです。政府は経済の重要な要であり、過度の緊縮政策が現在の経済的混乱に一役買っているのです。

政府支出の削減が早急に緩和されるなら、経済成長を軌道に乗せるための呼び水となるにちがいありません。

一九九一年一二月一八日、ニューヨークにて
ロナルド・ブレスロウ

ブレスロウ教授はコロンビア大学で化学を教えており、全米科学メダルの受賞者でもある。優秀な学者である教授は、もちろんエネルギー保存の法則がわかっているにちがいない。エネルギーをある場所から他の場所に移すことはできるけれども、無からエネルギーを生じさせることはできない。永久運動機関がありえないのはそのためだ。

経済学にも保存の法則がある。資源をある場所から別の場所に移すことはできるが、政府といえども無から有を生じさせることはできない。物理学の法則が永久運動機関の存在を否定しているように、経済学の法則は「フリーランチ」の存在を否定している。政府はコロンビア大学の実験室や設備に資源（人と資金）を振り向けようとすれば、それだけの資源を別の場所から引き上げてこないといけない。

政府が大学卒業生をブレスロウ教授の助手として雇うために一ドル支出するなら、その一ドルはどこか別の場所から持ってこなければならない。いちばんわかりやすい例は、たとえばジョン・ドゥの税金を一ドル上げることだろう。その結果、ジョンが買うキャンディが二つ減る。有給の大学院生は増えるだろうけれども、逆に製菓業の就業者数は減る。

たぶんブレスロウ教授はいくらでも別のシナリオを考えることができるだろう。ジョンの税金が上がっても、彼はキャンディの数を減らすかわりに、預金を一ドルおろすかもしれない。すると、ジョンの銀行はメアリ・ローに貸し出す資金が一ドル減り、今度はメアリが支出を減らさなければならなくなる。メアリが泡立て器を買わずにすませるか、自動車の購入を延期するかすると、泡立て器製造業か自動車メーカーの雇用が減少する。

例はこれだけではない。その気になればブレスロウ教授は、政府が一ドルを調達する方法をもっとたくさん思いつくだろうし、それに対する市民の反応もいくらでも思いつくにちがいない。いずれにせよ、経済のどこかで支出が一ドル減少しているはずだ。これに目をつぶるのはたやすい。歳入増の間接的な影響はごくわずかなのかもしれない。ちょうど、永久運動機関が可能だと思い込むようなものである。機関の選ばれた部分だけを見て、他の部分を見なければ、そう思うことができる。壁にあるコードの差し込みだけに注目すれば、そこからエネルギーが湧いてくるように思える。だが実際には、発電所から送電される以上のエネルギーは出てこない。

永久運動機関と「フリーランチ」とでは重要な差異がある。エコノミストの私が永久運動機関を設計すると言ったら、『ニューヨーク・タイムズ』紙はたぶん、私の提案をまともに取り上げる前に（たとえばブレスロウ教授のような）専門家に問い合わせるだろう。だが著名な科学者であるブレスロウ教授がフリーランチを提案すれば、『ニューヨーク・タイムズ』紙は額面どおりに受け取る。言い換えれば、『ニューヨーク・タイムズ』紙は、化学や物理について何かを主張する場合には、それぞれの学問の基本的な理論に照らし合わせなければならないことを認識しているが、経済学についてはそうしなくともよいと思っているのだ。こうした認識不足は、経済学的無知がいかに広がっているかの証拠であり、情けなくも腹立たしい気分にさせられる。

多くの経済モデルに従えば、政府支出が生産や雇用を拡大する一因になりうることは確かである。こうしたモデルはいずれも、政府の歳入源を度外視するブレスロウ教授の素朴な分析とはまったく相容れない。エコノミストが構築する最も簡単なモデルは次のようなものだ。政府が浪費的な臨時プロジェクトに支出して、にっちもさっちもいかなくなり、期限付きの増税に踏み切ると、国民は借金をして切り抜けようとする。その結果、金利が上がると、現金を持っていることが不利になるので（現金は利子を生まないから）、人々は手持ちの現金で耐久消費財を買う。そこで物価が上がり、生産者は生産を拡大し、雇用が増加する。

しかし、ブレスロウ教授の頭にあったのは、決してこうしたモデルではあるまい。

「わやわやがやがや」ファイルは、古びてしまった記事を取り除いたり、『ニューヨーク・タイムズ』紙などを読む時間的余裕があるかないかで、厚くなったり薄くなったりする。なかには、たとえばラジオのキャスター、アイラ・アイゼンバーグの投稿論説のように捨てるのはもったいないものもある。アイゼンバーグは、乞食には現金でなく地元商店の商品券を恵んでやろうと提案している。彼は、商品券なら麻薬はもちろんアルコールやタバコとも「取り替えられない」からと説明している。だが、どうしてそうなのか。

ファイルに収められているのは『ニューヨーク・タイムズ』紙の記事ばかりではない。今ここに、ニューヨーク・ニュージャージー港湾監督局のリチャード・C・レオーネから『ウォールストリート・ジャーナル』紙に宛てた書簡がある。レオーネ氏は、ジョン・F・ケネディ空港とラ・ガーディア空港がなぜ民営化されないのか、その理由を説明している。空港の価値は二二億ドルを優に超えるが、それだけの額を支払おうとする買い手が現われないからだ、と。買い手が支払おうとする額は資産価値と無関係に決まると信じている人物にしては、レオーネ氏はよくぞ立派に出世なさったものだ。

パンティストッキングに関するアン・ランダースのコラムもある。一年持つ製品も作れるのに、わざと一週間で破れる製品を作っているのは、「伝線しないストッキングを作れるが、それでは売り上げが激減するから」だと言う。ランダースは、自分も読者も「利己的な謀略の犠牲にされている」と言う。だがランダースは、誰が利己的だと言っているのだろうか。生産者のはずはない。ランダースの言うのが本当なら、利己的な生産者は一週間しか持たないストッキングを生産して一ドルで売るよりも、一年持つナイロン製を五二ドルで売ってお客を喜ばせ(お客はどちらにしても一年分に五二ドル払うのだが、買い物に行く時間が少なくてすむ)、以前と同じ収益をあげて、おまけに——生産量が九八パーセント減少するから――コストを大幅に引き下げられるはずだ。

絵画が高値で転売されたら、画家がロイヤリティをもらえるという法律を作って、芸術家を守ろうと主張する『シカゴ・サン・タイムズ』紙の投稿論説記事もある。だが論者は、そんな法律が成立すれば、絵画の元値にどんな影響が及ぶのかを無視している。そこで論者の代わりに考えてみよう。最初の買い手が転売の際に一〇〇ドルのロイヤリティを支払わなければならないと想定すれば、最初に絵画に付ける値段――したがって画家の懐に入る額――はほぼ一〇〇ドル下がるだろう。画家はロイヤリティとしてもらう分だけ、最初の売り値で損をすることになる。

実際にはもっとひどいことになるだろう。芸術家の中には、予想したほど評価が上がらない者がいる。こうした連中は、最初の売り値は下がるのに、その分のロイヤリティが後々手に入らない。予想以上に売れるようになった芸術家なら、ロイヤリティは最初の値段の減少分を補って余りあるだろう。したがって、論者の言うような法律ができれば、売れない芸術家はますます貧乏に、売れっ子の芸術家はますます金持ちになる。

原油価格をコントロールすることによって、間接的にガソリン価格をコントロールしようと提案する投書もある。原油価格が法律によって管理されれば、末端のガソリン価格は下がるどころか上がるのだ。小売価格が間接的に管理されることになるから、精製業者が供給するガソリンの量は減る。供給が減れば、消費者がスタンドで買うガソリン価格が上がるのは当然だ。

数年前、フロリダの霜害でオレンジの価格が高騰し、生産者が例年以上に儲けたことがある。ある評論家は、価格急騰で生産者に独占的行動を取る力のあることがわかったと述べた記事で、「わやわやがやがや」ファイルの仲間入りをした。霜害でわかったのは、生産者がオレンジを廃棄すれば価格が上がるということだけである。もし一致団結して行動する力があるのなら、霜害を待たなくてもよかっただろう。

中東の政治情勢が混乱した時、「わやわやがやがや」ファイルはどんどんふくらんだ。中東の石油が禁輸されると、独占力を行使するアメリカの石油会社が価格を高騰させて大儲けしていると解説する投稿や社説が頻出する。エクソン、ガルフ、モービル、アトランティック・リッチフィールド、シェル、ゲティ、マラソンなどの企業がひしめく石油業界でどうやって独占力を行使できるのか、というわかりにくい問題は無視されてしまう。そこで筋道立てて考えてみよう。供給を制限すれば利益が増えるのなら、独占的な石油産業は政治的な混迷を待たずに供給を制限すればいい。もちろん、企業が政治的危機を利用して儲けていると主張できるし、業界が結託して独占的に行動しているとも主張できる。しかし、両方をいっぺんに主張したのでは論旨は一貫しない。

「わやわやがやがや」ファイルに繰り返し現われるのは、独占についての誤りだけではない。「低金利は経済にとっていいことだ」という主張がよくあるが、論者は、喜ぶ借り手がいれば必ず失望する貸し手がいること、あるいは「経済にとっていいこと」は「経済を構成する個人にとっていいこと」以上の意味がないことを忘れている。

感謝祭のたびに、アメリカ人は肉の消費を減らして栄養不足の途上諸国の人々に穀物をまわすべきだ、という投書が紙上を賑わす。だが、事実はもっと複雑なのだ。肉の消費量が減れば、牧畜業の収益は減り、牧畜業は縮小せざるをえない。そうすると、少なくとも飼料に使われるはずだった穀物が途上国の人々の消費にまわされるのか。本当にそうなのだろうか。そうではない。農業もまた縮小するからである。

ある法律の制定が、それによって失うものが最も大きいグループの「勝利」である、と主張する投書や社説は、それだけで一つのジャンルになるほど多い。雇用者に出産休暇を与えることを義務づける「家族休暇」法は、女子労働者の勝利だと騒がれたが、この法律によって最も失業の危険性が高まった者を「勝利者」と呼ぶのは変ではないか。代理母が契約を取り消して赤ん坊を手元に置くことができるとした判決が出た時、論者はすぐに将来の代理母の勝利だとはやしたてた。だが、この「勝利」は代理母契約をほとんどすたれさせてしまう。馬車用の鞭を作る男にとって、自動車の出現ははたして勝利だろうか。

ジェームズ・K・グラスマンは『ニュー・リパブリック』誌上で、株式は不動産よりも好もしい投資対象だと主張した。彼の計算では「一九七九年にフォギー・ボトム（ワシントンDCの近郊）に二〇万ドルの家を買い、それが（一〇年後に）三一万六〇〇〇ドルになったとしよう。だが、一九七九年に二〇万ドルの株式を買えば、（一〇年後には）五五万六〇〇〇ドルになっていたはずだ。しかも、その他に六万八〇〇〇ドルもの配当を受け取ったはずだ」。

確かにそうだろうが、家を買えば一〇年間住んでいられるのに、株式を買えば家賃を支払わなければならない。そこまで考えに入れれば、グラスマンの比較は意味がなくなる。彼が言っているのは、株式所有の利益すべてと不動産所有の利益の一部を比べれば、株式所有の方が勝っているというにすぎない。それがどうしたというのか。

グラスマンの記事は、結論が真実と正反対だからこそ、「わやわやがやがや」ファイルの中でも精彩を放っている。彼は「株価は不動産価格よりも速く上昇する。常にそうだったし、今後もそうだろう。なぜなら株式所有は、価値の創出を目標とする企業の一部を所有することだからである。不動産はそこにあるだけだ」と言う。実際には、株価が家賃よりも速く上昇するのは、まさに家がそこにあるからだけではない。家は所有している間、避難場所、暖かさ、物の保管場所を毎日提供してくれる。株価の上昇が速いのは、株式がこれに匹敵するサービスを何も提供してくれないからだ。株式と不動産の評価額が同じ率で上昇するなら、誰も株式を所有しようとはしないだろう。

最後は、ジョージ・F・ウィルの投稿で締めくくろう。ウィルは、国債の利子は「アメリカ史上かつてなかったほど労働から資本への富の移転をもたらした。税は平均的なアメリカ人から徴収されて、国債の――ビヴァリー・ヒルズやレイク・フォレスト、シェイカー・ハイツ、グロス・ポイント、それに東京やリヤドの――買い手に移転されるから」と信じている。

教養あるアメリカ人が、貸付金の利子を贈り物だと信じているとは、開いた口がふさがらない思いがする。ウィルは、預金者に気前よく贈り物をするアメリカの銀行家の太っ腹ぶりに仰天するにちがいない。彼らは、毎月、住宅ローンの利子を寄付する家主と同じくらい寛大なのだから。

それだけではない。ウィルが登場するまで、エコノミストは、利子とは誰かの資産を利用する代償だと考えていた。その支払いが贈り物だとすれば、地主への支払いも、大学への授業料も、公園や劇場の入場料もすべて贈り物になる。

ウィルは、国債保有者が政府に金を貸して豊かになっていると言う。だが政府に貸さなければ、他の誰かに資金を貸すだろう。たぶんその相手は、ウィルが国債残高削減のために提案している重税期間を切り抜けようと苦労している勤労者ではないか。

シェイクスピアは、「わやわやがやがや、無能のおしゃべり」と言ったが、わやわやがやがや言うのは無能にかぎらない。私のファイルには、考え深いはずの人々が公開の場で少なくとも一度は、洞察力のなさをさらけ出した例がいっぱい詰まっている。エコノミストなら、そうした洞察力のなさは予想できる、なぜなら、それは厳しく罰せられることがないから、と言いたくなるかもしれない。たいていの読者は、勉強しようと思って投稿論説のページを読むのではなく、楽しみのために読むのであり、おそらく執筆者には、読者の需要に応えようというインセンティヴが働いているにちがいない。

第13章 統計で嘘をつく法
——失業はいいことかもしれない

ワシントンDCに引っ越した日、私はタクシーの運転手に、食料品はどこで買ったらいいだろうかと訊ねた。「マグルーダーズがいいよ」。彼は熱心にこう言った。「あそこは素晴らしい。いつ行っても、何かを特売しているんだよ」。

ワシントンの消費者の愛すべき無邪気さを目撃したのは、これが最初だった（その週のうちに、ベビーシッターに子供用の靴はどこで買ったらいいかと訊ねた時、地元の店を推薦する彼女の言葉に唖然としたものだ。「あそこでは、足のサイズを測ってくれるんですよ」と）。ワシントンでなくてもどこでも、食料雑貨店に入ったが、特売がなかったという経験は今だかつてなかったような気がする。

私は特売が大好きだ。バナナの特売があればバナナを買う。リンゴが特売の時には、バナナのかわりにリンゴを買う。

特売品はいつも変わるから、同じ店で先週と同じ物をもっと安い値段で買うことはほとんどできない。今週は特売のリンゴ一ポンドが五九セントだった。次の週には、リンゴ一ポンドは六五セントに値上がっていたが、バナナ一ポンドを三九セントの特売価格で買った。その次の週にはバナナは四九セントに上がっていたが、リンゴが下がっていたので、またリンゴを買った。

あのタクシー運転手にマグルーダーズで買い物をするなと言うつもりなら、こんなふうに言ってやればいい。「マグルーダーズの値段はどうしようもないほど上がりっぱなしだよ。いつ行っても、先週買った品物が値上がりしているようだ」と。本気で彼を説得する気なら、値上げ率を計算して見せればいい。「最初はリンゴを買ったんだが、リンゴの値段は一〇パーセントほど上がった。それでバナナを買ったんだが、今度はバナナが二五パーセント上がった。二週間で三五パーセントの値上がりだよ」と。

もちろん、このちょっとした計算は、三五パーセント値上がった後でも、リンゴ一ポンドを五九セントという二週間前と同じ値段で買うことができた、という事実をわざと隠している。

政府の物価統計も、これとよく似た計算方式をとっている。消費者物価指数（最も一般的なインフレの指標で、ＣＰＩと略されることが多い）は人々が今現在買う商品を組み合わせた物価の変化ではなく、数年前に買った商品を組み合わせた物価の変化を示している。消費者物価指数を加重計算する際には、過去に安く売られていた商品のウェイトが不当に高く、現在安く売られている商品のウェイトが不当に低くなる。その結果、物価上昇率が過大に評価されがちであり、インフレが誇張される。

数年前には、航空運賃が安く、ラップトップ・コンピュータは高かった。飛行機を利用する人は多かったが、ラップトップ・コンピュータを持ち歩く人は少なかった。現在、航空運賃は上がり、ラップトップ・コンピュータはずっと安くなった。CPIのような指数では、航空運賃の上昇のウェイトは高いが、コンピュータ価格の下落はほとんど反映されない。今年、航空券が去年より値上がれば、その変化は物価指数に直截に反映される。だが、昨年買えなかったコンピュータを今年買っても、物価指数はその価格下落をまったく反映しない。昨年コンピュータを買っていないから、コンピュータの価格は度外視されるのだ。

過去三〇年間、インフレはわが国の深刻な問題とされてきた。測定方法を正しても、問題の深刻さはほとんど変わらない。だが、インフレ率が三パーセントか四パーセントか五パーセントかは重要である。たとえば、社会保障給付はCPIに連動する。年間所得がCPIと同じ率で上がっている人は、たぶん毎年購買力が上昇しているだろう。CPIには、インフレ率を現実よりも大きく見せる偏りがあるからである。

こう言うと、CPIを発表している物価統計局を批判しているように聞こえるかもしれないが、そうではない。多くの価格が個別に変化する世界では、まったく偏向のない正確な単一の指標を作ることはできない。実際、アメリカ政府はいくつかのインフレ指標を発表しており、それぞれに固有の偏りがあるため、エコノミストは目的にかなう適切な指標を慎重に選ぶよう努めている。マスコミはいつもCPIばかりを報じているが、たぶん物事の暗部を見せるという彼らの目的にかなっているからであろう。ジャーナリズムとは暗い仕事なのだ。

厳密に言えば統計は決して嘘をつかないが、往々にして誤って解釈されるのは確かである。これは、特に経済統計に顕著である。いくつかの例をお目にかけよう。

ワシントンに住む前とその後、私はニューヨーク州ロチェスターに住んでいたが、そこでは長年スター・マーケットとウェグマンズという二大食料雑貨店チェーンが競争していた（スター・マーケットはもう撤退した。ウェグマンズは今もロチェスターの自慢で、最近はどういうわけかエゾネギ入りクリームチーズが店頭から消えてしまったが、ウェグマンズがあるからニューヨーク州北部に引っ越すと言っても不思議がられないほどだ）。スター・マーケットは、以前、こんな広告を出していた。「先週のスターの平均的なお客様の買い物を調査いたしましたところ、同じだけの食料品をウェグマンズで買うと三パーセント高いことがわかりました」。きっと、この広告は本当だろう。同じくウェグマンズの客がスターで買い物をしたら、やはり三パーセント高くつくと思う。

スターの計算にはCPIと同じ偏りがある。ある日、スターではバナナが大安売り、ウェグマンズではリンゴが大安売りだったとする。そこでスターの客はバナナをたくさん買い、ウェグマンズの客はリンゴをたくさん買う。もちろん、スターの客の買った物をウェグマンズで買えば高くつくし、ウェグマンズの客の買った物をスターで買えば高くつくだろう。両方の店の平均価格がほぼ同じであれば、そして個々の品物の値段に差があるとすれば、これは当然の結果である。だからといって、どちらかのチェーンをひいきにする理由にはならない。


ジャーナリストは失業率を経済全体の良し悪しを表わす指標に使いたがる。だが失業をめぐる議論においては、普通、失業が人々の望む状態であるという事実が見過ごされている。余暇を何もせずにのんびりと、あるいは好きなことをして過ごすのは、一般に好ましいこととされている。しかし、それが「失業」という名で呼ばれるとなると、突然、悪者のように聞こえる。

もちろん、失業は所得の減少という不利益を伴うし、記者たちが失業は望ましくないと言う時には、こうした点が念頭にあるのだろう。だが、失業の便益が失業に伴うコストを緩和していることを忘れてはなるまい。年収五万ドルの組立工が職を失い、浜辺でぶらぶらして一年間一ドルも稼がずに過ごした場合、年間五万ドルに匹敵する職を彼が失ったと言うのは誇張になる。

私たちの誰もが、週八〇時間、労働搾取型工場で汗を流していた一〇〇年前の先祖に比べれば半失業状態なのだ。だが、先祖と入れ替わりたいと思う者はいないだろう。このように考えると、失業率が経済的福利の物差しとしては不完全だという警告の正しいことがわかる。

二〇世紀後半に生きる私たちの労働が祖父の世代よりも少ないのは、私たちの方が彼らよりも豊かだからである。雇用の減少が、時代が良くなったことを意味する可能性もある。家族の所得が上昇すれば、働き手は二人ではなく一人でいいと考えるかもしれない。悪い時代に嫌な仕事にしがみついていた労働者も、時代が良くなれば、給与外の所得が増えたために、あるいはもっと良い仕事につくチャンスがあると思って、自発的に失業するかもしれない。

経済全体として見れば、失業は時代が悪くなっている証拠かもしれないし、良くなっている証拠かもしれない。同じことは個人レベルでも言える。ピーターは金持ちになろうとして週八〇時間働き、ポールは週三時間しか働かずに別の楽しみ方をするかもしれない。どちらの方が賢明かは、誰にも判断できまい。経済学や倫理学からは判断できないし、自問してみてもどちらを選ぶべきだとの答えは出てこない。失業、あるいは雇用の減少は自発的な選択の結果なのだとすれば、それはそれで良いことなのだ。

ピーターの所得の方がポールの余暇よりも目立つから、ピーターの方がポールよりも賢明だとか、幸運だとかといった考え違いに陥ってはならない。非常に無邪気な観察者なら、所得格差を是正するためにピーターの所得の一部をポールに分け与えるのが公正というものだと主張するかもしれない。だが、それなら余暇格差を是正するためにポールの余暇をピーターに分け与えるべきだということになる。公正という観点から、ピーターから徴収した税金をポールに与えるのなら、同時にポールにピーターの家の芝刈りをしろと命じるべきではないか。

労働そのものではなく、労働の果実を求めていることを忘れているから、記者は人を働かせる災害が歓迎すべき出来事であると言うに等しい、愚かな誤解から脱け出せずにいる。一九九二年にフロリダ南部をハリケーン・アンドリューが襲った時、こうした過ちがはびこった。ニュース・キャスターは、大被害が出た後の必死の復旧努力があったのは、災害という不幸中の隠れた不思議な幸いであったと言う。彼らは自分自身についてもそう考えているのだろうか。たとえばリビングの壁に定期的に大きな穴を開けてはせっせと補修をするのが幸いだと彼らは言うのだろうか。

家を建てるのが良いことなのではない。家を持つのが良いことなのだ。家を持つのが良いことだから、建てる労働をする価値があるのであって、建てる労働が少なくてすむのならそれに越したことはない。想定外の労働を何カ月も強いられたあげくに、物理的資源が以前と同じなら、その社会は以前より豊かになったとはとても言えないだろう。

事柄の一面だけを見て他の面を見ないために、つい勘違いするというのはよくあることだ。レストランに入って禁煙席にしてくれと頼むと、喫煙席ならそうお待たせしないのですが、と言われることがよくあった。そこでしばらくは、なぜ喫煙席の方が混まないのか、これは興味深い経済学的謎だと思っていた。ところが、ランチタイムにこの謎を持ち出したところ、頭脳明晰な友人マーク・ビルズが、禁煙席の方が空いている時にレストランは、わざわざそんなことは言うはずがないと指摘した。たぶん、いつも禁煙席の方が空いていると思っている喫煙者も少なくはあるまい。

診療所の待合室の混み具合について、あなたと医師では意見が分かれるにちがいない。たぶん咳をする人に囲まれて、空いた椅子もない待合室にいるあなたの方が、混み具合に敏感だからである。その上、あなたと医師の見ている事象が違うからだ。

医師は混み具合を毎日観察している。あなたは患者になった時だけだ。では、あなたが患者になるのはいつなのか。たぶん診療所がいちばん混む時だ。どうしてそんなことがわかるのか？　なぜなら、患者の数が最も多いのは、最も混んでいる時だからである。だからこそ、待合室が混む時にあなたが居合わせる。待合室に午前中は三人しかいなかったのに、午後は二五人いたとして、あなたが待合室にいるのは何時かを医師が当てるとしたら、二五対三の確率で午後だということになる。

混雑している時には観察者がたくさんいる。他方、空白状態を観察する人は一人もいない。医師は、今日の患者が二八人で、平均すると半日に一四人であることを知っている。もちろんこの二八人の患者のうち、待合室に三人ぐらい待っているのが普通だと考えるのは三人だけで、残りの二五人は二五人ぐらいと思っているだろう。平均的な患者の主観的な平均待ち時間は、長い方に偏るにちがいない。

失業統計には、失業者の数だけではなく、平均失業期間も含まれる。こうした数値は、特定の日の失業者を調査し、どのくらいの期間失業しているのかを訊ねて、その回答を平均して算定される。その結果は、ほとんどの患者が予想する待合室の混み具合が誇張されるのと同じ理由で、過大になる。

長期失業者が調査日に失業している確率は高く、短期失業者が調査日に失業している確率ははるかに低い。したがって、特定の日あるいは特定の週に集められたサンプルに長期失業者が相対的に多く含まれるのは当然である。

統計データによると、一九八〇年代に貧富の格差が大いに拡大したかのように見える。金持ちはますます豊かになり、貧乏人はそのままだったようである。この統計が経済の現実を反映しているのかどうか、私にはわからない。だが、そうではないと推察できる理由はいくつかある。

第一に、一九八〇年代には所得税率が大幅に引き下げられた。この減税は重要な影響を及ぼしたけれども、見かけだけの影響であったことも無視できない。税率が下がると、人は所得隠しにそう熱心ではなくなる。それだけでも、富裕層の所得が上昇したかのように思える。低所得者層はいずれにせよ所得のほとんど一〇〇パーセントを申告するだろう。税率が低いし、賃金のように捕捉されやすい収入が主たる所得源だからだ。したがって、低所得者層の所得には目立った変化はない。高所得者層の方が所得隠しの動機も機会も多いのだが、税率が下がれば、そう熱心に所得隠しをしなくなる。すると高所得者層の所得が増え、格差が広がったように見える。

第二に、家庭の崩壊は貧困が広がったかのような統計的錯覚を生む。共稼ぎの二人のそれぞれの年間所得が二万五〇〇〇ドルという世帯は、家計の所得が五万ドルの中産階級だ。だが、家族がばらばらになると、中産階級の世帯が一つなくなり、そのかわり所得二万五〇〇〇ドルの低所得世帯が二つ生まれる。

第三に、非常に面白いことだが、年間所得の格差拡大は必ずしも生涯所得格差の拡大を意味しない。これは、個人の属する所得階層が移り変わる可能性があるためだ（アメリカでは、所得階層五分位の最高か最低に属する世帯が八年後に同じ階層にいる可能性は小さい)。高所得者層の所得が大幅に上昇して低所得者層の所得がわずかに減少することは、一生涯のうちに全員がどちらの階層も経験するのなら、誰にとっても良いことなのかもしれない。

初めは全世帯に五万ドルの所得があってまったく平等だとする。経済環境が変化して、半数の所得は四万ドルに減少し、残り半数の所得は一〇万ドルに増える。世帯の半分は貧困化し、半分は豊かになったと思うだろう。ところが半数には偶数年に四万ドル、奇数年に一〇万ドルの所得があり、残りはその逆というふうに入れ替わりに所得変化が起こったとすれば、全世帯の平均年間所得は七万ドルになり、全員が得をしたことになる。

むろん、こんな極端な所得階層移動は非現実的だが、生涯にわたって貧者か富者のいずれかであるというよくある見方も、方向は逆だがやはり非現実的だろう。たいていの人には良い年もあれば悪い年もある。ある年に高所得だった人にとって、その年は生涯で最良の年だったろうし、低所得だった人にとっては最悪の年の一つだったかもしれない。年間所得の格差は、ある人の最高年間所得と別の人の最低年間所得の格差にほかならない。センセーショナルな記事が欲しくてたまらないジャーナリストは別として、こんな比較を好む人はあまりいないだろう。両者の長年にわたる平均所得を比較すべきなのだ。一九八〇年代に、この比較がどう変化したのかはわからないし、年間所得統計を見ても見当がつかない。

所得格差が拡大している印象を与える方法の一つは、高所得者層の人々の多くが最近より豊かになり、低所得者層の多くが最近より貧しくなったと指摘することだ。だからといってその意味するところは、誰にとっても良い年もあれば悪い年もあるというだけのことである。もちろん、最高に近い所得の人々は、最近豊かになったにちがいない。きっと最近は例外的に良い年が続いたから、昨年よりも今年の方が良かったのだろう。しかも、例年どおりの状態に近づく来年よりも今年の方がたぶん良いだろう。

山の斜面を上ったり下ったりしている遊牧民の社会を考えてみる。この社会のスナップ写真を撮る。写真を撮った時に頂上近くにいた遊牧民は、斜面を昇っている最中か頂上から降り始めたばかりにちがいない。山裾にいる遊牧民はたぶん下りてきたばかりだろう。このことだけからは、遊牧民の間の高度格差が広がったのかどうかはまったくわからない。

以上を要するに、現在の幸福の度合いを基準にして、その人の生涯の幸福を判断するのは間違いである。たとえば、老人は――健康問題を多く抱えているから――そうでない者よりも不幸だと言うのは、誰もが昔は若かったし、いずれは老いるという事実を忘れている。私たち夫婦は、近所の人たちと交代でベビーシッターをしている。ある晩は友人たちが町に出かけ、私たちは五歳児のグループの世話をしている。だが、友人たちはいずれは自分たちの番がまわってくることを知っているから、私たちよりも幸運だとは思わないだろう。

このように考えると、世代間の所得移転に関する誰もが納得する政策を立案することは難しいことがわかる。何らかの政策があなたの生涯にわたって実施されるなら、若い時に損をして老年になって得をするから、差し引きすれば損でも得でもない。ある世代から別の世代に所得を移転しようと思えばできる。だが、少し注意深く観察すれば、所得は現在の若者から現在の老人に移転されることに気づくはずだ。誰にとってもライフ・サイクルは同じだとすれば、最初のグループが余分な若さに恵まれているわけではない。

実際には、ライフ・サイクルは全員に共通ではなく、事故や病気で老齢になるまで生きられない者もいる。したがって現実には、老人に比べて若者が不利になる。若者にとっては寿命をまっとうできる保証はないのに、老人にとって老人であることは動かせない事実なのだから。若者から老人への所得移転は、この隠された不平等を拡大する傾向がある。

同様のことは、現在適用されている定年制廃止についても言える。企業は定年制によって効率をあげられると思っているようだ（そうでなければ、定年制を法律で規定する必要はない）。もし、企業の考え方が正しいのなら、定年制を永久に廃止すると、平均生涯所得は低下する（最終的には効率が低下するにちがいないし、そうなれば、たぶん若者の賃金は下がるだろう）。定年制廃止は老人への福音だと騒がれているが、もっと正確には、若者を経験しない老人にとってのみ有利だと言うべきだろう。スーパー・マーケットで売られているタブロイド版の新聞の奇談記事にあるような六七歳の新生児がいればの話だが。

一般的な経済的福利の物差しとして、いちばんよく使われるのが国民総生産（ＧＮＰ）である。だが、これにも明らかな欠陥がある。ＧＮＰは国民が生産した財・サービスの付加価値を集計したものだが、浜辺でのんびりと過ごす時間の価値は勘定されていない。もっと目立たない欠陥もある。第一に、実際には生産される財とサービスのすべてを集計していないことだ。多くの財やサービスは家庭で生産される。自分で皿を洗うか、メイドを雇って洗わせるか、成果はどちらも戸棚にきれいな皿が並ぶということだ。メイドを雇えば成果の便益がＧＮＰに計上される。だが、自分で洗えば計上されない。

今ほど開けていなかった時代に、この点を説明するために教科書に載っていた標準的な事例は、家政婦と結婚した男の話だった。家政婦として彼女は床を磨き、皿を洗い、洗濯をして年間二万五〇〇〇ドルを稼いでいた。だが彼女がいったん妻になると、同じことをしても年間所得はゼロになる。何も変わってはいないのに、ＧＮＰは二万五〇〇〇ドル減少する。

この観察は、国別ＧＮＰを比較する際に特に重要となってくる。開発が遅れている国では、普通、家庭内の生産が多いため、GNPの統計数字と実際の産出高の間に大きな乖離が生じる。アメリカのGNPはマリ（アフリカ西部の共和国）の一〇〇倍だという記事を読む場合には、マリの人々は食料も衣服も自分で作っており、それが国民所得計算に計上されていないことを忘れてはならない。確かに彼らの方がずっと貧しいだろうが、統計数字が示すほど貧しくはない。

もう一つの欠陥は、財とサービスの産出高が増えることの良し悪しである。建築ブームできれいな新築住宅が何千軒も増えるのは良いことだ。だが、ハリケーンで何千軒もの古い住宅が壊れたことから始まる建築ブームは、同じ場所で必死に走っているようなものだ。GNPは両者を同一視する。

数字は嘘をつかないのだが、嘘つきが数字を使うのだ。もっと深刻な問題は、正直者が不注意に数字を使うことである。数字が何を測定したものか、本当に測りたいものとどう違っているのかを慎重に見極めることが必要だ。

消費者物価指数は、特定化された商品群の価格の加重平均として算定される。これは特定のレベルの幸福を維持するために必要な消費支出とは異なる。失業率は働いていない人の数から算定される。失業者の数は不幸な人々の数とは異なる。年間所得統計はその年の所得分配を示す。これは生涯所得の分配とは異なる。GNPは市場で取引されるすべての財・サービスの付加価値の総和である。これは生産された財・サービスすべての付加価値とも違うし、好ましい財・サービスの付加価値とも違う。

こうしたズレの一部は、家庭内の生産を無視するGNPの場合のように、単に数字のとり方次第による。だが、特別の高所得や低所得が長続きしないから、所得格差が誇張されるというような、より複雑な問題に由来するものもある。

訓練により、エコノミストは測定や統計の嘘には敏感になる。勘を磨くことで、私たちはできるだけそうした誤りを是正することができる。

第14章 自動車の品質を高めるべきか
——効率基準を追求する

エコノミストが最も情熱を燃やすのは、世界を改革することではなく理解することだ。だが、すべての人間の心中には、自分の住む社会を良くしたいという密かな欲望が宿されている。エコノミストという人間もひと皮むくと、改革者が現われるだろう。エコノミストにとって政策は悪徳だが、甘美な悪徳で、熱くとろけるホットファッジ・サンデーや望ましからぬ情事に耽《ふけ》るように、エコノミストは政策に耽り、その魅力に屈服して不健康な喜びを味わいつつも、同じ魅力の餌食になる同僚に対しては嫌悪を抱く。私たちは、政策は関心を持つに値しないと熱心に主張しつつ、政策に強い関心を抱く。どんな問題であれエコノミストはどちらの側にもくみすることができるが、すべてのエコノミストが共有する通念はある。経済学的思考においては、インセンティヴの重要性、貿易の利点、正当な所有権が強調される。また、完全な市場は一般に好ましい成果を生むと信じられ、市場をできるだけ完全に近づけることにより、望ましい成果を達成すべきであるという通念を共有している。

戦争になった時に備えて防衛関連産業を政府が支援すべきだという議論を聞くと、エコノミストはすぐに、本当にそうなのかと疑う。通常の状況下では、企業家は戦争の可能性を政府の役人と同じくらい正確に見積もる。五年以内に大規模な地上戦が起こる確率が三分の一なら、戦車を製造する工場を所有しておれば巨額の利益が得られるだろう。この見込みだけで、戦車工場開設のインセンティヴとしては十分ではないか。

もちろん、戦争の確率が三分の一の場合には、二分の一の場合よりも工場の数は減るだろうが、結局、賢明な政府の選択もこれと同じはずだ。戦争の起きる確率が小さければ、防衛に振り向ける資源を減らすのが理にかなっている。

歴史上の前例にならって戦時の政府は価格統制を実施する、と投資家が予想した場合にかぎって、適切なインセンティヴが失われる。防衛のことを心配するのなら、問題は、政府の市場介入（支援の形で）が少なすぎることから生じるのではなく、市場介入（統制という形で）が多すぎることから生じる。防衛体制を整備するための最善の方法は、憲法を改正して価格統制からの自由を保証することなのかもしれない。

識者がアメリカ製自動車の品質が悪いと嘆くのを聞くと、なぜそんなことで騒ぐのかとエコノミストは考える。誰かが品質の悪い自動車の生産に特化しなければならない。それがアメリカ人であって、どうしていけないのか。

あらゆる品質の自動車の市場があって、品質に応じて価格が決まる。高価格で高品質の自動車の生産に成功したからといって、特別の栄光に浴するわけではないし、低品質で低価格の商品の生産で成功したからといって恥じる必要はない。Kマートのチェーン店網を作る方が、高級衣料品の店を一店出すよりもずっと素晴らしいと私は思う。

品質は必ずしも利潤と関係がない。高品質商品の生産にはコストがかかる。高いコストで生産された高品質の品物が欲しい消費者もおれば、低品質の安く生産された安価な品物が欲しい消費者もいる。どちらの市場で成功するのも同じように素晴らしいことである。

実際にアメリカ車の品質が日本車に劣るとしても、正当な理由はいくらでも考えられる。同質の製品の生産を一カ所に集中した方が効率的であり、何がどこに集中するのかは問題ではない。低品質車の工場がたまたまアメリカにあったにすぎないのかもしれない。あるいは、アメリカ人が低品質の車を生産するのは、良質のアメリカ人労働者が別の産業に雇われて、そっちで生産性を発揮しているせいなのかもしれない。アメリカ車の品質を向上させると、アメリカの銀行サービスの質が低下するかもしれない。あるいはアメリカ人労働者は日本人労働者よりも豊かだから、同じ賃金ではさほど働きたくないのかもしれない。

所得階層に応じて経済活動の優先順位が差異化されること自体は、珍しくもないし不正でもない。

こうした意見への反論としてよく耳にするのは、コストを切り下げて品質を犠牲にするのならいいが、アメリカの製造業者はコストを下げずに品質を落としている、という批判だ。アメリカの高級車生産には日本の高級車生産と同じだけの時間がかかり、日本車の方が故障しにくいという。これに対しては次の二つの反論がありうる。第一は、労働生産性は、総コストの物差しとしては不十分だという点である。デトロイトの労働生産性は日本の労働生産性より低いとしても、それはデトロイトの合理的経営者が労働者の訓練や操業方法の改善にコストをかけないせいかもしれない。第二に、測定された労働生産性は、実際のそれとは異なる。デトロイトの労働者が一時間のうち一五分はコーヒーを飲んでひと休みしているとすれば、単純な統計数字の示す時間の四分の三の時間しか生産に費やしていないことになる。

エコノミストは、貿易の利益を確信しているから、世人と一緒になって絶望の叫び声をあげたりはしない。デトロイトである自動車が作られ、日本で別の自動車が作られている。あなたがフォードのエスコートを買うにしてもレクサスを買うにしても、どこで作られたのかは問題ではない。貿易によって消費者の選択と生産者の選択が分かれる。安い車を生産していても、それで利益をあげれば、高い車に乗ることができる。

「デヴィッド・ブリンクリー・ショー」が一時間かけて、識字障害の「問題」について陳腐な見解を述べた時、エコノミストの最初の疑問は、何が問題なのかということだった。もちろん、識字率が高いのはいいことだが、何をもって低すぎると言うのか。識字率を高めるにはコストがかかるし、高めるのが難しい層を対象にすれば、それ以上にコストがかかる。しかるべき時点で、資源を識字率向上プログラムに追加投入すべきか、それとも別の対象に投入すべきかを決断しなければならない。

何かが足りないとか多すぎるなどとジャーナリストが言うのを聞くと、あなたは適切な水準とは何なのかを明らかにすべきだと思われるはずだ。少なくとも私はそう思う。ブリンクリーの番組のゲストやレギュラー出演者は、その点を明らかにしない。適切な識字率の水準を明らかにした上で、現実の識字率が高すぎるのではなく低すぎるのはなぜなのかを説明すべきだ。

エコノミストは効率基準を適用したがる癖がある。そこで、追加コストが追加便益を上回るまで識字率を高めるべきだと考える。これに反対するジャーナリストがいるのはかまわないが、彼らは別の基準を提示する義務がある。効率を指針とするなら、市場はすでにほぼ適切な識字率を達成しているはずである。読むことのできる成人は、賃金引き上げを通じて、またジョージ・F・ウィルやサム・ドナルドソンのレベルよりも高い教養があると自己満足することにより、識字の便益を十分に享受している。こうした便益は、コストに見合う自己改善プログラムに取り組むことを動機づけるインセンティヴを提供している。

だが、これに対するいくつかの反論がすぐに思いつく。教養ある市民は賢明な投票（裏づけとなる調査研究を私は知らないが）によって、当人のみならず隣人にまで便益を及ぼすものだと言う。あるいは、識字障害者はそのために人生の潜在的可能性に気づかず、賢明でない選択をしがちだが、優れた識字プログラムによって事態を改善することができると言う。また、福祉制度が識字障害者を守っているから、識字障害者が減らないのではないかとも言う。

識字障害が問題かどうかを調べようとするのなら、ブリンクリーはまず、そうした事柄が効率性を実現しようとする市場の自然の傾向を大きく歪めている原因の有無を問うべきなのだ。もしその原因が見つかれば、市場外的な対策が必要である。さて、ここが肝心な点なのだが、「そうした対策が行き過ぎていないかどうかはどうしたらわかるのだろうか」。識字率向上の便益とそのためのコストをどのようにして測り、現在は高すぎるのか低すぎるのかを判断すればよいのか。これは中心的な問題なのに、ブリンクリーの番組プロデューサーは完全に避けてとおっている。彼らが識字者だと言うのなら、識字率向上の効果とはいったい何なのだろうか。

全国ネットのテレビ局は大統領候補に無料で時間を提供するべきだ、という四年ごとに繰り返される論説を読むと、いささかごまかされそうになるが、実はまったく違う二つの提案がいっしょくたにされていることに、エコノミストなら気づくはずである。第一の提案は、全国ネットのテレビは政治的メッセージを伝えるのに時間を割き、他の番組の時間を減らすべきだというものだ。第二は、全国ネットのテレビ局にもっと高い税金を課すべきだという提案である。

テレビの放映時間は所得税で買ってもいいし、特別ニンジン税を新設して充当してもよく、またテレビ局に無料提供させてもいい。大統領候補の演説を放映するために連続ドラマ「子連れ結婚」一回分がキャンセルされれば、その社会的コストは放映されなかった「子連れ結婚」一回分に等しい。コストを一般大衆が負担しようと、ニンジン好きやテレビ局のオーナーが負担しようと結果は同じだ。「税収で何を買うべきか」という問題と、「誰が税金を払うべきか」という問題は別物である。

言い換えれば、テレビ局は一〇〇万ドル分の放映時間を無料で提供すべきだという合意ができたとすれば、実質的には一〇〇万ドルを課税して、税収を選挙運動のキャンペーン費用に充てるのと同じことになる。その後、候補者がまったく内容のないキャンペーン番組を流そうとしていることがわかるか、あるいは今週はアルがペットの犬のためにペグを捨てるという、待ちに待ったエピソードが放映される予定だったため、国民の気持ちが変わり、やっぱりドラマ「子連れ結婚」を見たくなったとする。アルとペグよりも選挙キャンペーンを見たいと思った動機が変化したわけだが、テレビ局に一〇〇万ドル相当の時間を寄付させるという決定の方はそのままである。どの番組が見たいかといった無関係な出来事によって、その意思決定がくつがえるはずはないからだ。

貯蓄貸付機関を救済した連邦政府は、膨大な不動産の所有者となった。政府は高価格を維持するために不動産を少しずつ売り出すべきだ、というコラムニストの主張を読むと、エコノミストは当惑する。不動産価格が高ければ、国民から政府に所得が移転する。政府は所得を移転させる手段には事欠かないのに、なぜ価値ある資源を遊ばせるような新しい所得移転法を採用しなければならないのか。

エコノミストは、人々が自分の労働の果実を入手できないことから生じる問題にも敏感である。何年も努力して画期的な技術革新を成し遂げても、競争相手のメーカーにほんのちょっと改善されて、需要を全部さらわれてしまうかもしれない。そうなれば、最初から何年も技術革新に努力する気がなくなり、その結果、技術革新もその改良も途絶えてしまう。皮肉なことに、出し抜かれるリスクを補償するだけの補助金を発明者に与えるか、発明者に課税して発明の競争相手の数を減らすしか、この問題を解決する手立てはない。努力の報酬を奪う方法はたくさんある。私は、映画のエンディングの市場に興味を持っている。映画ファンはエンディングに二つのことを期待する。ハッピー・エンディングと意外性だ。サスペンス映画の人気を維持するための、悲しい結末の最適頻度があるはずだ。だが、悲しい結末を最適の頻度で提供するのは、市場の手に負えない難問である。

悲しい結末を撮る監督は、あの映画は「不満が残る」という評判に災いされ、短期的には不評のリスクを冒す。だが、映画ファンにとっては、見る映画のエンディングが予想できなくなるから、それだけ長期的な便益があることは確かだ。ただし残念ながら、そうした便益は他の監督にさらわれてしまうだろう。映画ファンは、犯人が地下室でヒロインを捕らえるというエンディングもありうることだけを覚えており、それが特定の監督の作品で起きたことは覚えていない。自分がコストを引き受けて、競争相手に得をさせようとする映画監督はいないだろう。

解決策として、監督の名前を大きく表示し、意外性のある監督の映画かどうかが観客にわかるようにするという方法がある。そんなことをしても観客の方は、監督の名前が出る時には目をつぶっていようと思うだろう。

パッキングに使われる発泡スチロールの細片を処理するのは、ゴミ処理会社にとっては非常にコストがかかると信じている私の同僚がいる。仮にそうだとしても、(アメリカのように)ゴミ処理が民間企業に任されている社会では、社会的問題にはならないはずだ。ゴミ収集会社が発泡スチロールの細片の回収で特別料金を徴収すれば、人々はお金をかけてもいいと思う時にしか発泡スチロールの細片を捨てないだろう（梱包会社に別のパッキング材を探させる圧力にもなる）。だが、同僚はこの解決策は非現実的だと反論する。発泡スチロールの細片をゴミ箱に隠すのは簡単だし、ゴミ収集会社がいちいちチェックするのは費用がかかって仕方がないと言う。最も効果的な対策は、製品としての発泡スチロールに課税することだと彼は言う。

だが私は、次の二つの理由で賛成しかねる。第一に、ゴミ収集会社が一年に一回ゴミ箱をチェックし、違反者から一〇万ドルの罰金を徴収すれば、不正なゴミ捨てを根絶できる。これなら監視費用は安くつくし、違反者は少ないだろう。第二に、私の同僚の提案だと、発泡スチロールの細片への課税とゴミ収集の費用とで、ゴミ処理に二重課税されることになり、ゴミの量が最適量に達しないことになる。ただしこの問題に対しては、政府がゴミ収集会社に補助金を出せば解決できるし、それには発泡スチロール細片税の一部を充てることにすればよい。

発泡スチロールの細片について意見が分かれた同僚と私は、他に議論したさまざまな問題でも常に異なる結論に到達していた。だが、私たちには共通項がたくさんある。発泡スチロールの細片が多すぎても少なすぎてもコストがかかるという点では一致している。完璧に機能している市場では、可能なかぎり最善の結果がもたらされ、「可能なかぎり最善」が何を意味するのかは効率基準によって定義されるという点でも一致している。また、一方の当事者に情報が隠されている場合や、契約が強制できない場合には、市場が失敗する可能性のある点でも一致している。同僚と私は一度も同じ候補者に投票したことがない。しかし肝心な点では、私の意見はいつも同じ候補に投票する有権者の九九パーセントよりも彼の方に近い。

私も彼も、エコノミストとして世界を眺め、エコノミストとして純粋経済学よりも政策分析の方に興味をそらすという性格的な欠陥に身を任せて――ときには浮かれてさえ――しまう。政策分析の魅力に耽溺するようになったエコノミストは、ついにはもっと魅力的で危険な政策立案という悪徳の餌食になる。毎日のランチの席で、私たちは世界を良くするにはどうすればよいかについて話し合っている。仲間たちは容赦がなく、ほとんどのアイディアはデザートが出る前に叩きつぶされて捨てられてしまう。だが、生き残るものもいくつかある。次の章で、そうした穏健な提案のいくつかをお目にかけよう。

第15章 政治家に約束を守らせよう

――なぜ政治家だけが例外なのか

ワシントンDCの北西部を車で走っていた時、このあたりは実に裕福な感じがする、と私が言った。助手席にいた友人のジム・カーンは、ほとんど何の価値も生み出さないことで有名な都市に、どうしてこんな莫大な富が集積するのだろうと言って首をひねった。私はついつい皮肉な答えを口にした。この富の大半は倫理的に言えば盗品もどきだよ。富の一部は税金として、富の大部分は政治献金という名の下に、巨大な集金網によって集められているんだよ、と。

だが、私よりも利口なジムは、経済理論によると私の見方はまだ甘いと反論した。政党間の競争があれば、こうした不正な利益のすべてが票を買うために使われるはずだ。共和党が政権を握っていて、年間一〇〇〇億ドルの金が懐に入るとすれば、民主党は共和党の政策をそっくりそのまま継承する上に、主だった有権者に年間一〇億ドルを渡すと提案すればいい。共和党が対抗策をとらなければ、この戦略で民主党は次の選挙の勝利を買い取り、差し引き九九〇億ドルを懐にできる。だが、共和党は対抗して、それなら二〇億ドルを諦めて九八〇億ドル懐にできればいいと申し出るだろう。競争的市場の展開から考えて、この付け値戦争は超過利潤がゼロになるまで続くはずだ。

二つの高収益企業に支配されている産業で価格戦争がなければ、両企業が共謀しているのだろうと理論的に推測できる。共和党と民主党の例では、共謀の存在は誰の目にも明らかだ。それは超党派連携と呼ばれている。

「妥協策を探る」ために会合を開く共和党と民主党の両党議員は、民間企業なら投獄されるような行動をとっている。ユナイテッド航空とアメリカン航空の社長が航空運賃について妥協策を探ることは許されない。なぜ、議会の多数党と少数党の指導者は税制について妥協策を探ることが許されるのだろうか。

アダム・スミスは、「楽しみや気晴らしのためであろうと、同じ業界にいる人たちが集まることはめったにない。だが、集まれば話の落ち着く先は市民に対する共謀か、価格引き上げのたくらみだ」と言った。だからこそ、そうした共謀や策略を防ぐために独占禁止法があるのだ。ユナイテッド航空の社長がピクニックでアメリカン航空の社長と出会っても、「おたくがニューヨーク―デンヴァー間の運賃を下げなければ、こちらはシカゴ―ロサンゼルス間の運賃引き下げをしないよ」と話すことは、法律で禁止されている。だが、共和党の指導者は民主党の指導者に「こっちの農民補助政策を支持してくれれば、そちらの都市住民への住宅補助政策を支持してあげよう」と言ってもかまわない。

航空会社の経営で金持ちになった人がいれば、航空旅客サービスの提供に優れた才能があったのだろうと考える。政治家としての経歴を重ねて豊かになった人がいたからといって、良い政治をする優れた才能があったからだとはあまり考えない。エコノミストは次のように考える。政治には独占禁止法がないからな、と。

すべての政治的妥協——候補者、政府高官、対立する政党の役員の話し合いなど——をアメリカの民間企業の活動を例外なしに規制するクレイトン・シャーマン独占禁止法の適用対象にすることを提案したい。政治的独占禁止法は、経済的独占禁止法が消費者に保証しているのと同じ利益を有権者に保証するはずだ。その結果、政治的価格戦争の果てにワシントン北西部の富が消え失せれば、より効率的な政府の提供が政治家たちの勝敗の決め手となるだろう。

あなたが婚約したとする。フィアンセが永遠の愛を誓ったので、他の求婚者を退けた。ところが、結婚式の祭壇で待ちぼうけを食わされた。この場合、約束不履行のかどで訴えるという救済手段を法律が提供してくれる。

あなたは大統領選挙で、ある候補者に投票した。その候補者が「私の言葉を信じてください。増税はしません」と宣言したので、他の候補者に投票するのをやめにした。ところが、その候補者は大統領に就任した後、史上最大規模の増税法の一つに署名した。あなたにはどんな救済手段がありうるか。

もちろん、元フィアンセとは絶対によりを戻さないぞと決意するのと同様、その候補者には二度と投票しないぞと決心することはできる。だが、どうして約束そのものを法廷で救済できないのか。どうして裏切られた有権者は、裏切った候補者相手に集団訴訟を起こせないのだろうか。

政治の世界以外の経験から見て、公約履行が強制されることを候補者は歓迎するはずである。法的拘束力のある公約は、候補者にとって負担というよりも（選挙に勝つ）チャンスなのだ。法的拘束力のある返済の約束ができるからこそ、住宅ローンが組める。法廷が契約履行の強制を拒むとすれば、そもそもローンを組めないはずだ。

エコノミストは、政府の公約履行を強制できれば、利益になる状況がたくさんあることを知っている。予想されたインフレが起こらなければ、総生産高が減少することは理論とデータから推測できる。インフレ政策はとらないという政府の約束が信頼されれば、そもそもインフレ予想を生まないですむ。

民間部門や公共部門での真実は、政治の世界でも真実のはずである。増税しないという候補者の約束が疑いの目で見られれば票は集まらないが、増税しないという約束に個人的に責任をとるという候補者は、絶大な信頼を獲得することができる。

同僚のアラン・ストックマンは、候補者に法的拘束力のある公約を認めるべきだと言う。選挙運動中の予期せざる質問に対する答えまでを含めて、すべての約束に責任をとらせるというのは無茶だろうから、候補者が法的拘束を受け入れると宣言した公約に限ることにしてはどうか。

候補者の政策を拘束するのは、不測の事態が発生した場合には不都合ではないかと思われるかもしれない。だが、不測の事態への対処の仕方を私たちは知っている。言論の自由、陪審裁判を受ける権利、三権分立などが不都合をもたらすようになれば、ある種の自由の保証と引き換えに、そうした不測の事態を受け入れる用意が私たちにはあるはずだ。政治家に拘束力のある公約を認めることにすれば、どのような追加的保証を施せば、柔軟性の犠牲を正当化するに足るのかについて、国民的議論が活発になるだろう。

政治家の拘束力ある公約とは、政治家の任期中だけ有効な憲法の暫定的改正のようなものである。拘束されるのはその候補者だけだから、たとえば大統領がいかなる増税も認めないと約束して当選しても、議会の再投票で大統領の拒否権をくつがえせる。結果としての政策選択肢の制約は、アメリカ憲法に基づく制約よりもずっと緩やかなはずだし、憲法に基づく制約は一般に好ましいものとされている。

細かな問題をもっと議論する必要がある。大統領が増税法案を拒否するという約束を破った場合、大統領の拒否権を無視して、当初の公約を尊重し、増税法案はすべて自動的に拒否されるものとすべきか。それとも約束違反する権利を認めた上で、集団訴訟や弾劾手続きによって法的責任を取らせるべきか。また免責条項を定めておいて、公職にある者が公約違反を認めた場合、辞職することで責任回避できるようにすべきか。

いずれにせよ、私はストックマンの提案を支持する。憲法第一条第一〇節で、国民が拘束力ある契約を締結する権利が保証されている。アメリカ国民の中で、なぜ政治家だけがこの基本的人権をはく奪されているのだろうか。

起訴されて保釈された犯罪者が、保釈中に恐ろしい殺人を犯すというアメリカの悪夢が繰り返されている。保釈命令に署名した判事は新聞に叩かれ、ときには投票所で批判にさらされる。政治家は司法システムの甘さを非難し、保釈許可基準をもっと厳しくしろと要求する。

ここには、二つの異なった問題が含意されている。第一は、公共の安全と被告の権利のトレードオフをどう考えるかである。裁判の前に被告を保釈する際、被告の性格についてどの程度までわかっていないといけないか。良識のある人々の間でも、この問題については意見が一致しないだろう。もともとわが国の制度では、こうした難しいトレードオフの判断は立法府でなすべきだとされている。

第二の問題は、立法府がある基準について合意した後、どのようにして判事にこの基準を守らせるかである。監視機関を設置することもできるが、個々の被告の性格についての情報は、監視機関よりも判事の方がはるかに多く持っているはずである。したがって、判事が情報を可能なかぎり十分に活用したかどうかは、監視機関の判断能力を超えている。

経済理論によれば、意思決定者を監視できない場合には、少なくとも正しいインセンティヴを与える努力をすべきである。まず保釈された被告が犯罪を犯した場合、判事に個人的責任を負わせることによって、判事に適正な判断を下すインセンティヴを与える。

個人的に責任を負わされれば、一方に偏ったインセンティヴが働く。判事は最も危険とおぼしき被告を保釈したがらなくなるのは当然のことだが、残念ながら、判事はどの被告をも保釈したがらなくなるだろう。そこで、一人保釈するごとに賞金を払うことで逆方向のインセンティヴを同時に与えてはどうだろうか。

保釈が今よりも増えるか減るかは、賞金の額によるだろうから、賞金額を立法者の希望を反映するように調整すればいい。私の提案の利点は、保釈を認められる被告の人数の増減にではなく、どの被告の保釈が認められるかについての基準の確立にある。一パーセントの保釈を望もうと九九パーセントの保釈を望もうと、その一パーセントあるいは九九パーセントが恣意的に選ばれてはならないことには異論があるまい。判事には自分の意思決定がもたらすかもしれないコストに十分な関心を払ってもらいたいし、個人的に責任を負わせるのは熟慮を促す方法の一つである。

私は基準を厳格にすべきだとか、緩めるべきだとか言うつもりはない。トレードオフとは何かを認識してもらうことを願いたい。私の提案のもう一つの利点は、透明度が向上することだ。賞金額の調整をめぐる議論の中で、立法府の議員は「安全対自由」という基本的な問題に関する自分の立場を明確にしなければならない。複雑で矛盾した立法によって見解を曖昧にするのではなく、議員は有権者の前で明確な姿勢を打ち出し、有権者はその姿勢を認めるか否かを決断しなければならない。

複雑な問題を単一の数字の選択の問題に単純化すべきではないという反論がありうる。しかし、立法当局は数字の選択に手馴れているはずだ。現在の法の網は、厳格と寛容を両端とする線分内の一つの点を選択している。それがどの点なのかを、私たちは正確に知ることはできない。なぜ彼らは、問題の複雑さを口実にして、すでになされた選択のゆえんを説明しようとしないのだろうか。

私の提案が受け入れられれば、判事は仕事にもっと厳しくなり、立法当局はもっと正直にならざるをえまい。この二つが利点であり、これを相殺する欠点は見当たらないのだから、ただちに採用してほしい。

悪趣味だが完全に合法的なビデオをあなたが購入したとする。六カ月後、新法によってそうしたビデオの購入が禁じられたため、仕事熱心な検事があなたを起訴しようとした。憲法はそういうやり方を認めていない。あなたは、行動した時点で、その結果を知る基本的人権を有している。だからこそ、憲法第一条は遡及処罰をまぬかれる権利を保証している。どこの裁判所でも検事の起訴をただちに却下するだろう。

あなたは税率二五パーセントで課税される配当付き資産を購入した。六カ月後、新法により税率が三五パーセントに引き上げられた。仕事熱心な国税庁の役人があなたから三五パーセントの税率で税を徴収しようとした。

あなたは租税裁判所へ行き、行動した時点で、その結果を知る基本的人権があると主張する。資産を買った時には、配当に対する税率は二五パーセントだと予想する合理的な根拠があったのだから、支払うべき税は配当の二五パーセントだけである、と。判事は、あなたの主張は馬鹿げていると判断し、あなたの給料を差し押さえるだろう。

この二つの事例の違いが私にはよくわからない。あなたは税法の改正がありうることを資産購入時に十分認識していたはずだというのが一つの理屈である。とはいえ、ビデオを買った時だって、刑法の改正がありうることを十分認識していたはずである。したがって、有意味な違いが両者の間にあるのかどうか、私は確信を持てない。

予想外の増税は歳入増という目的に資するのに対して、ビデオ購入の遡及訴追をしたからといって、得るところはまったくないに等しいという微妙な違いが両者の間にあるのかもしれない。新法は今後、違反した者を罰するという約束をすることで、今後のビデオ購入を防ぐことができる。防止効果の度合いは、過去に違反した者を罰するかどうかとは無関係である。

しかし、遡及訴追は、近い将来に刑法違反となりそうな行動を防止する目的に役立つし、政府は当然そうした行動を防止したいと考えるだろう。ある種のビデオ購入を取り締まる法律を制定した立法当局は、その種の商品の売り上げが法施行以前に急減すれば、喜ばしいことだと考えるにちがいない。

法学部の教授の友人に、遡及訴追を禁止する一方で、税率引き上げを認めることの深遠なる法哲学的原則を明らかにしてもらえないかと頼んでみた。彼は、私の質問は前提が誤っていると答えた。「君は、法理論に基づく区別を知りたいと言う——だが、法理論なんてものはないんだよ」。彼は、法の一貫性について考えるのは時間の無駄だと言った。

私はいつもの伝で法律家の言葉を無視した。憲法の禁止規定のほうが妥当であり、それと同時に、税法は柔軟であるべきだというのが私の直観だ。この私の直観について真剣に考え、それが本当に筋がとおっているかどうかを確かめたほうがいい。どのような正当化の事由が見つかるにせよ、大きな政策的意義があるだろう。もし見つからなければ、政策的意義はさらに大きい。

ときおり雑誌に、犯罪者を被害者に引き渡して処罰する司法制度を創設してはどうかという記事が掲載される。私は、そうすれば処罰が手ぬるくなりすぎるのではないかという疑問を感じる。被害者は損害の取り返しがつかないことを承知している場合が多く、復讐のための復讐は気が進まないだろう。気が進まないあまりに、囚人を懲役と同じだけ働かせてその賃金を没収するといった、復讐のための復讐とはいえない処罰すら、やらない可能性が高い。

私の考えが当たっていれば、犯罪防止効果が妨げられ、犯罪は増加するだろう。だが、この欠陥には市場的解決方法がある。

市場の機能が許されれば、人々は、情け容赦ないとの定評ある処罰請負企業に事前に処罰権を売り払い、そのことを公表するだろう。企業との契約を解消できないことにしておけば、犯罪者は被害者からの取り消しがありえないことを知っている。

一つの利点は、処罰会社には囚人の生産性をできるだけあげようというインセンティヴが働くことだ。企業は囚人の生産物を獲得するのだから。現行制度の下では、犯罪を働いた投資銀行家が刑に服して刑務所のクリーニング工場で作業していたりする。

この司法制度が現在のものより優れているかどうかわからないが、市場尊重の立場からこちらに賛成したい。被害者に正義実現の権利を認めようという、もっと一般的な提案が採用されるなら、処罰権の売買も許されるべきだ、と私は確信している。

ジョナサン・スウィフトは『穏健な提案』と題するエッセイの中で、赤ん坊を食料源として利用しようという提案を真面目に受け取ってもらおうとは思っていなかった。この章で議論した提案は、スウィフトに優るとも劣らず突拍子もないと思われるかもしれないが、真面目に受け取ってもらいたい。競争の強化、履行を強制できる契約、適切なインセンティヴ、一貫性への関心、市場の機能は、一般に私たちにとって有用であり、これらをもっと活用する場がないかを常に考えるべきである。

経済理論からは、現行の政治制度が、いかなる意味であれ最適に近いとはとても考えられない。最善の政策提案が奇妙に見えても、それは最善の政策提案が実行されるのを見た経験がないからにすぎない。

以上の提案にはそれぞれ重大な欠陥がある。そのことに異論はない。その欠陥を現状維持の下での欠陥と比較するための基準が必要だ。まず、いっそうの分析が必要ではあるが、結局のところ、勇気ある実験に如くものはない。

第4部
市場はこうして機能している

第16章 どうして映画館のポップコーンは高いのか
——すぐにわかる答えには疑問がある

「あなたはそんなことを考えて給料をもらっているんですか?」。飛行機で隣り合わせた客は、こう口に出しては言わなかったが、表情はそう語っていた。彼はこうもつけ加えたかったにちがいない。「それに、アメリカ人でそんな疑問の答えがわからないなんて、あなた一人じゃないんですか。それとも、エコノミストというのはみんなそんなに愚か者なんですか」。

私は、現代経済学の難問の一つをのんびりと考えていた。大勢の人を悩まし、大勢の人の出世のきっかけとなった難問である。隣の乗客が、私が書いていた方程式や図式に好奇心を示して、声をかけてきた。太陽系の磁気力学がどうのこうのとごまかしてしまいたい気もしたのだが、正直に本当のことを言った。「私は、映画館のポップコーンはなぜ高いのかという謎を考えていたのだ」と。

実のところ、映画館のポップコーンがそう高いのかどうか、私は一〇〇パーセントの確信を持っていない。ポップコーン一クォートが三ドルぐらいだとすると、映画館のオーナーに経費を差し引いて相当の儲けが残るのではないかと思うだけだ。私が間違っていて、売店に関心のない観客にはわからない、隠れたコストがあるのかもしれない。それにしても、映画館の売店のコストが、同じサイズのポップコーンを三分の一の値段で買えるキャンディ・ストアのコストよりとりわけ高い、と考える明白な理由はない。したがって、映画館の利幅が非常に大きいと想定した上で、なぜ値段が高いのかを考えてみるだけの価値はありそうだ。

もちろん、隣り合わせた乗客は、理由などわかっていると言う。ポップコーンが高いのは、映画館に入ってしまうと、オーナーの独占下に置かれるからだ。町に一軒しかキャンディ・ストアがなくて、ポップコーンを買えるのはその店だけだとしたら、そのストアでも一クォート三ドルになるだろう。映画館に閉じ込められれば、館内の売店は町で一軒しかないストアと同じことになる。

隣の乗客が言いたくてたまらなかったように、この単純な理屈を知るには経済学の知識など不必要なのだろうか。私が言いたくてたまらなかったのは——礼儀上、言いたいことを言うのを遠慮しているのは彼だけではない——、実のところ、経済学の知識がないからこそ、その理屈が通ると彼が考えるのである。なぜなら、この理屈は理屈になっていない。

映画館に入れば、オーナーは多くの事柄について独占を享受する。たとえばオーナーはトイレの唯一の供給者でもある。どうして、トイレの使用に独占価格を設けないのだろうか。観客席から外のロビーへ出る権利には、どうして独占価格がなく、また外のロビーから観客席に入ってスクリーンを見る権利にも、座席に座る権利にも、どうして独占価格がないのだろうか。

もちろん答えは、トイレの使用料を取れば映画館の魅力が減ることである。お客を引き止めておくには、オーナーは入場券を安い値段で売らなければならない。トイレの入口で料金を徴収すれば、映画館の入場券の販売収益が減るだろう。

ポップコーンもトイレと同じだ。映画を見に行ってポップコーン一クォートを買う時、ポップコーンに一ドル、入場券に七ドル払おうが、ポップコーンに三ドル、入場券に五ドル払おうが、こちらはまったく構わない。どちらの戦略をとろうと、一日が終わってオーナーの懐に入るのは八ドルだ。

この計算だと、ポップコーンはいくらでも構わないように思われる。だが、構わなくないことが一つある。それは、ポップコーンを安くして、入場料を高くしたらどうなるかである。ポップコーンが安ければ、一クォートではなく二クォート買うかもしれない。オーナーにはそのほうが得なはずだ。映画とポップコーン一クォートに八ドル支払う客なら、映画とポップコーン二クォートに一〇ドル支払うかもしれない。オーナーは入場料を値上げして、追加の二ドルをとればいい。

もう一度、説明してみよう。ポップコーンが安ければ安いほど、食べる量は多くなる。食べる量が多くなれば、それだけ映画館に行く楽しさも増える。映画館へ行くのが楽しくなればなるほど、映画館で過ごす時間のために(入場料とポップコーン代を)たくさん払おうという気になる。客が映画館で過ごす時間のためにたくさん払えば払うほど、オーナーの懐に入る儲けは大きくなる。

この調子で議論していくと、簡単に、ポップコーンを原価で売って売店では利益をあげないことがオーナーの最善の戦略だと結論される。そうすれば客はポップコーンをたくさん買い、幸せな気分で高い入場料を払うからだ。

そこで、最初の疑問に戻る。どうして映画館のポップコーンはあんなに高いのか。

もちろん、オーナーは経済学をよく知らず、最適な価格戦略をとれないのだとも考えられる。だが、映画館のオーナーは映画館経営についてはエコノミストよりもよく知っていると考えて間違いなさそうだ。したがって、オーナーが知っていて、私の分析では見落としている事柄は何なのか、というのが正しい設問だろう。

彼はたぶん、次のようなことを知っているのだ。映画ファンの中には特にポップコーンが好きな者がいる。安いポップコーンは、ポップコーン好きにとっては魅力で、高い入場料でも払おうという気になる。だが、その気持ちを利用するには、オーナーは入場料を引き上げなければならず、映画だけを見に来る客が来なくなる。スナック嫌いの客が多ければ、廉価ポップコーン戦略は逆効果になる。

隣の乗客の勘とは逆に、ポップコーンが高いのは、客から多くの金を巻き上げるためではない。それならポップコーンを安くして入場料を高くした方が得策だ。高いポップコーンの目的は、特定の客から特定の金額を取るためである。映画館で余分の喜びを得られるポップコーン好きは、その追加的な喜びに高い金を支払ってくれる。

実際、ポップコーン好きは他の客よりも映画館で過ごす時間のために余計に金を支払うと考えなければ、高いポップコーンは意味をなさない。そうでなく、スナック嫌いがみな熱狂的な映画ファンで、喜んで一五ドルの入場料を支払うのなら、オーナーはポップコーンの値段を下げて入場料を上げるのがいちばんいい。そうすれば、どの映画ファンにも高い入場料を支払うインセンティヴが働く。ある者は映画を見るために映画館に行き、ある者は売店に行くために映画館に入る。事実、ポップコーンを原価以下で売った方がいいのかもしれない。熱狂的映画ファンから金を巻き上げるには入場料を一五ドルに上げる。この値段だと、ただのポップコーン好きには、映画館に行く特別の誘因が必要であろう。

オーナーの目的は単一の高価格を設定することでなく、価格を客に合わせて変えることだ。車を買う時、セールスマンは「いくらぐらいならいいとお考えですか」と聞くだろう（私としては、「タダ」と答えたいと常に思う）。彼の問いは、本当は「最高で、いくらなら払いますか」である。エコノミストの用語で言えば「あなたがあらかじめ支払おうと考えた予算価格はいくらですか」という意味だ。この質問に正直な答えが得られれば、それに従って客から金をとるだろう。現実には、どんな車を探しているか、何の商売をしているか、家族は何人かといった会話から、セールスマンは客の予算価格を推定しようとする。あとはセールスの腕次第である。

売り手天国では、客はちょうど予算価格と同じで、それより一セントたりとも安くない値段を請求されるだろう。現実に私たちが暮らす世界では、売り手は、余計に払う気のある客には平均より少し高く、すぐに買う気を失ってしまいそうな客には平均より少し安い値段で売りつける仕組みを作り上げている。

最近、新しい車を買った時に、後輪に飾りにもなるスポイラーを取り付けたらどうかと勧められたが、それが生産コストをはるかに上回ると思われるほど高い値段だった。誰がスポイラーを取り付けるとしたら、この値段は無意味だろう。車に二万ドル、スポイラーに三〇〇ドル払おうが、車に二万二〇〇〇ドル、スポイラーに一〇〇〇ドル払おうが、同じことだからである。だが生産者が、スポイラーの好きな客は他の客なら二万ドルの値打ちしかないと考える車に二万三〇〇〇ドル払うと予想するなら、この価格戦略は筋が通っている。

流行や趣味は時とともに変わるから、いつかはスポイラーを低所得層が好み、高所得層がそろってスポイラーを嫌うという時代がやって来るかもしれない。そんな時代が来たら、スポイラーはマイナスの値段で売られるのではないか。たとえばスポイラーなしの車は二万ドル、着いていれば一万八〇〇〇ドルである。映画館のポップコーンと同様に、スポイラーは売り手が客に合わせて値段を付けるのに役立っている。

映画館は映画を売る商売でもポップコーンを売る商売でもなく、映画館にステイする時間を売る商売なのであり、その料金には客の好みに応じて入場料とポップコーンの両方が含まれる場合もある。他の売り手と同じく、映画館のオーナーは、払う気のある客にはできるだけ高い料金を払わせようと考える。安い入場料と高いポップコーンとの組み合わせは、事実上、ポップコーンをたくさん食べる客に、より高い料金を請求することになる。これは、効果がある。ただし、平均して高い料金を支払おうという人間と、ポップコーンをたくさん食べる人間とが同一である場合に限られる。ポップコーン好きが一般に低所得層に属しており、映画館に呼び込むためには特別の誘因が必要だとしたら、ポップコーンを無料にして、最低一クォート食べる人の入場料がタダのポップコーンで割引されるだろう。

ポラロイド・カメラやディズニーランドの入場券を買う場合、その価格はほんの手始めにすぎない。買った商品を利用するには、ポラロイド用のフィルムやディズニーランド用の乗り物券を買わなければならない。すべての客が同質なら、カメラや入場料の価値を最大にするために、売り手はフィルムや乗り物券を原価で売るだろう。ポラロイド用フィルムが高い唯一の理由は、ポラロイド・カメラの便利さに対して他人より高い値段を払う人が少なからずいるためである。フィルムが高価だと、利用頻度の高い買い手から余計に金を巻き上げられるし、ポラロイド社は、利用頻度の最も高い買い手が最も大金を出す用意があると見抜いているのである。

スーパー・マーケットの割引クーポンは、どうして新聞に印刷されているのだろうか。飛行機で隣り合わせた客なら、一言で説明してくれるにちがいない。安売りで客を誘うためだ、と。だが、持参の方には洗剤を五〇セント割り引きますというクーポンは、なぜ洗剤五〇セント割引という広告よりも効果があるのか。「すぐにわかる」説明はたいてい間違っているのだ。

割引クーポンは、一般客を誘うためではなく、特定の階層の客、言い換えれば、安売りがなければよそへ行ってしまう客を誘うことを目的にしている。この仕掛けが効を奏するのは、それにふさわしい相手に安売りができる場合だけである。平均的に見て、クーポンを切り取る人は価格に対してより敏感に反応するにちがいない。大半のエコノミストは、その人たちが他の人たちより暇だという事実によって関連が裏づけられると信じている。暇な人たちはクーポンを切り取るだろうし、安売りを求めてあちこちに足を運ぶだろう。相関関係は完全ではないが、たぶん、平均的なクーポン利用者は平均的な非利用者よりも、値段が適切ではないと思ったら、買わずに店を出る可能性が高いのだろう。

誰もがクーポン利用者だったら、クーポンは何の役にも立たない。高い金を出してもいい客には余計に払わせる工夫であればこそ、意味がある。

学生や老人といった特定化された集団がとりわけ価格に敏感なのかもしれない。そのような場合には、売り手は直接にこの人たちを相手に値引きする。平均的には老人が裕福な社会では、老人割引という習慣は奇妙だと言われてきた。だがこの見方は、価格に対する敏感さを決めるのは所得だけではないことを見過ごしている。大半の老人は引退しており、安売り品を求めて歩く時間がある。息子や娘たちの方が財政的には厳しいのだが時間がないので、時間のかかる安売り品探しをするよりも高い金を出してもいいと考える。

あなたが買われたこの本はハードカバーだろうか、ペーパーバックだろうか。どちらも製本費用はたいして違わないと知ったら、興味を持たれるのではないか。ハードカバーの本の価格を数ドル高く設定することで、出版社は実質的に異なる階層の客から別々の代金を取っている。今までの例からわかるように、この仕組みはペーパーバックを選ぶ客がもともと本代を倹約する人たちである場合にだけ、効果を発揮する。たぶん、本当の本好きは長く本をとっておくつもりなので、ハードカバーの本を買うのだろう。

私は差別価格の実例収集を趣味にしているエコノミストたちを知っている（差別価格とは経済用語で、同じ商品に複数の価格を付けて売ることである）。航空運賃は土曜日を挟むかどうかで異なり、ホテル料金は事前に予約するかどうかで異なるし、レンタカーの料金は飛行機利用客を対象とした料金サービス制度に加入しているかどうかで異なり、医療費は所得と保険によって異なり、大学の授業料は成績と家族の所得によって異なる。一部の客だけが利用できる割引（買い物スタンプや無料配達サービスなど）は、「一個なら一〇セント、四分の一なら三セント」という料金設定と同じく差別価格とも考えられる。有鉛ガソリンは生産コストはそう違わないのに無鉛ガソリンよりも安く売られている。コーヒーのおかわり無料サービスは、おかわりするか否かで一カップあたりの価格を差別化している。料理を一緒に注文するかサラダだけかで、サラダバーの値段は違う。要するに差別価格はどこにでも見られるようだ。

だが、差別価格は比較的稀なはずであることを示す理論的根拠がある。そこには謎めいたものがある。その問題を解き明かすために、もう一度、映画館の話に戻ろう。

三ドルのポップコーンは差別価格だと考えた時にのみ筋がとおる、と私は先ほど言った。ポップコーン好きは、映画館での喜びが他人より多く、したがって余計に支払うことを求められている。だがそれだけなら、なぜポップコーン好きは別の映画館に行かないのだろう。

飛行機で隣り合わせた客なら、この問題も謎とは思わないだろう。町のどこでも状況は同じだから、よそへ行くという選択肢は意味がないと言うにちがいない。だが、そのような状況がいつまでも続く理由を考えるのはきわめて難しい、隣の乗客の説によれば、各映画館はポップコーンを売って多額の儲けを得ている。一クォート三ドルではなく二ドル五〇セントで売る映画館が現われれば、この映画館はポップコーン好きの客を全部引き寄せ、おおよそのところ価格引き下げの損失を、入場券の売り上げで補って余りある儲けが得られるだろう。他の映画館はポップコーンの売上高が急激に落ち込んで、価格引き下げを余儀なくされるはずだ。それなのに、どうしてポップコーンの価格戦争が起きないのか。

何らかの理由で既存の映画館が競争的でなく、価格引き下げが行われないのだとしたら、ポップコーンの収益の高さが新たな映画館開設の誘因になる。新規参入者は価格を引き下げ、価格戦争が起こるだろう。

したがって、差別価格の物語にはもう一つの要素が加わらなければならない。差別価格が存在しうるのは、売り手がある種の独占状態である場合に限られる(映画館のオーナーが差別価格を設けるには、ポップコーン市場だけでなく映画館市場でも独占企業でなければならない)。食料雑貨店ウェグマンズがクーポン持参者には洗剤を五〇セント割引できるなら、誰にでも五〇セント割引で売れるはずだ。ウェグマンズのライバルのトップスが「クーポンなし。ただし全商品、ウェグマンズよりも一〇セント割引」と広告したら、ウェグマンズのクーポンを持たない客を全部引き寄せることができ、(クーポン持参者のみに割引している)ウェグマンズよりも、洗剤一つ売れるたびに四〇セント余分に儲かる。こうなると、クーポンを利用しない客相手の高収益の商売を取り戻すために、ウェグマンズは価格を二〇セント下げるだろう。するとトップスもさらに価格を下げる。真の競争が行われていれば、全顧客が同じ値段を払うようになるまで、価格競争は続く。

標準的な教科書では、完全競争の例として小麦生産業が扱われている。小麦生産者は誰も市場の条件をコントロールできず、相当の市場シェアを持っている生産者もいない。だからこそ、小麦生産者は老人割引をしないのだ。全小麦生産者が老人には一ブッシェル一ドル、一般には一ブッシェル二ドルで売るとしたら、私は小麦生産を始めて、全部の客に一ブッシェル一ドル九〇セントで売る。他の生産者は老人相手に商売をすればいい。私は残りの客全部をいただく。

老人が小麦を割引で買えないのは、私のような一儲けをもくろむ者が大勢いるからだ。差別価格は、競争が行われない時にのみ成功する。

差別価格を付けられるのは独占者だけだとすれば、そして先の多くの例で見たように差別価格が一般的であるなら、独占もどこにでもあるという結論にならざるをえない。だが私が知っている者も含めて多くのエコノミストは、この結論にはきわめて懐疑的である。

この懐疑から、あるゲームが生まれる。ゲームとは、明らかな差別価格の例をあげて、その実態を暴くことである。目標は、同一商品に二つの異なる価格が付いているように見えるが、実は同一商品ではなく、まったく異なる別の商品であることを証明することだ。ある商品に二つの価格があるなら独占力が働いているはずだが、二つの商品に二つの価格があるのはあたりまえである。

やさしい例もある。食事を注文しない場合、サラダバーのコストは高くなる。だが、食事を注文しない客は、普通、サラダを余計に食べる。サラダバーの値段は二本立てだが、平均するとヒヨコマメ一粒あたり、ニンジン一切れあたりの値段はほぼ等しくなるのだろう。これは差別価格ではない。

もう少し難しい例もある。医者は金持ちの患者からは貧しい患者よりも高い料金を取る。これは差別価格か？　そうかもしれない。だが一般に、金持ちの患者は医者に診察時間を余計にかけさせるし、夜中に電話をかけて医者を起こし、何かあればすぐに医療過誤訴訟を起こしかねない。その場合、金持ちの患者は実際には貧しい患者と異なるレベルのサービスを購入しているのであって、サービスの質が良ければ値段が高いことには何の不思議もない。

スーパー・マーケットの割引クーポンはどうか？　普通の差別価格の物語では、クーポン利用者が値引きを受けられるのは、自由時間が多く、したがって安売りを探して歩けるからだということである。大学の経済学教科書を書いた時、私も標準的な例としてあげた。するとその教科書の校閲者が別の面白い説を出した。クーポン利用者は自由時間がたくさんあるから、昼間、店が空いていて、レジが暇な時に買い物をするだろう。クーポン非利用者は仕事帰りに、レジの行列が長く店員の気が短くなっている時に買い物をする。したがって、店にとってクーポン非利用者へのサービスは、事実上、クーポン利用者よりも高くつくというのだ。彼らは差別価格だから高い値段を払っているのではなく、店にとって都合が悪い時間に買い物をするという権利に対してその料金を支払っているのだという。

この説を考え出した精神には拍手を送るが、正しいとは思えない。食料雑貨店が午後五時から七時までの買い物には余分の額を請求したいと考えるなら、単純にこの時間帯にはすべての商品に特別価格を付ければよい。一方、差別価格だと言い切ってしまうわけにもゆかない。なぜなら、そうだとすれば独占が働いていることになるが、他にはその証拠は見当たらないからだ。もっとさまざまな説明の出現が待たれる。

有鉛ガソリンと無鉛ガソリンは、生産コストは同じようなもので、生産者の観点から見ればほとんど同一の商品である。それなのに、価格は相当に違う。一つの交差点に三つのガソリン・スタンドがあるというのに、これが独占を前提とする差別価格だということがありうるのだろうか。

エコノミストのジョン・ロットとラッセル・ロバーツは、最近、有鉛ガソリンを使用しているのは主にガソリン・タンクの大きな古い車であることに目をつけて、独創的な答えを出した。三〇ガロンの有鉛ガソリンを売るのに、ガソリン・スタンドのマネージャーは一度の売り上げでクレジット・カードでの支払い手続きをすませれば、後は、こちらのポンプが一台に給油するのに手間どっているので他の客が通りの向こう側のスタンドでガソリンを入れているのを眺めておればいい。無鉛ガソリンを三〇ガロン売るには二回か三回の売り上げが必要で、二回か三回の販売手続きをしなければならず、結果として関連コストすべてが二倍から三倍になる。小売りコストが異なるために価格が異なるのは差別価格ではなく、競争市場でも立派に成立する。

最近、ニューメキシコへ旅行した際、観光客を歓迎するインディアンのコミュニティ、タオス・プエブロを訪れた。入場料は車一台あたり五ドルで、他にカメラ一台あたり五ドルだった。カメラをたくさん持っていればいるほど、入場料が高くなる。これは差別価格だろうか。そうかもしれない。カメラを何台も持っている者は、呼び物を見逃すまいと特に熱心になる観光客かもしれない。だが、一方ではカメラを何台も持っている人間が、さまざまな意味で煩わしい客であることは、容易に想像がつく。応対の難しい客には余計なサービスをしなければならず、追加のサービスに対する料金を支払わせているのかもしれない。

一緒に旅行している二人連れよりも、たまたま行く先が同じ方向ということで乗り合わせた知らない者同士のほうが、高いタクシー料金を請求されることがある。これが差別価格だとの判断を下すためには、二人連れは見知らぬ者同士よりも他の輸送手段に流れやすいと言わなければならない。二人で旅行する人々は冒険的なのかもしれず、あるいは都会の住人で代替交通機関をたくさん知っているかもしれない。差別価格ではないと言う人は、一般に見知らぬ者同士にサービスする方が、二人連れにサービスするよりも高くつくと言うにちがいない。ここでは、納得のいく説を考え出せないので、なおも思案中である。

最後に、そしてもう一度、映画館のポップコーンはなぜあんなに高いのか。これは差別価格であり、したがって、映画館に独占状態があるのだろうか。少なくとも、地方で一館だけ人気のあるロードショー映画を上映している場合には、映画館はある程度の独占力を持っているだろう。だが、それだけでは、ありきたりの法外なポップコーン価格の説明はつかない。

エコノミストのルイス・ロケイとアルバロ・ロドリゲスが、最近、この古い問題に独創的な解答を出したが、この解答が的を射ているように思われる。映画館へ行く客はグループで行く。ポップコーン好きがポップコーンを食べない者と一緒に行くことも多い。普通なら、ポップコーン好きに対して差別価格を設定すれば、他の映画館に逃げてしまう。ロケイ－ロドリゲス説によれば、ポップコーン好きは仲間と離れればなれにならなければ他の映画館に行けない。別の映画館ではポップコーンが安く、入場料が高ければ、グループの中のスナック嫌いは反対して、元の映画館にしようと言うだろう。ロケイとロドリゲスは、グループの意思決定に関する信頼できそうな仮説に基づいて、映画館のオーナーがポップコーン嫌いと一緒に行動するポップコーン好きに対してある種の独占力を振るい、ポップコーン価格を上げて独占利潤をあげていることを完璧に論証して見せた。

この理屈はなかなかいいと思われるが、なおも弱点は残る。どうしてポップコーン好きは友人に取引を申し出ないのか。ポップコーンの安い映画館にしようよ、ときどきは入場料を自分が持つから、と。

もっと難しいケースもある。アメリカとの国境近くにあるカナダのレストランには、米ドルを市場レート以上のレートで受け取ってくれる店がある。これは、アメリカ人を優遇する差別価格ではないのか。そうだとすれば、どうしてアメリカ人はカナダ人よりも、価格に敏感なのか。そうでないとすれば、どんな説明がつくのか。アメリカ人はカナダ人よりも要求するサービス水準が低いのか。

ディズニーランドは株主に割引チケットを配布する。ディズニーランドの株主は一般客よりも価格に敏感なのか。

アメリカのホテルは、宿泊客の人数に関係なく一部屋あたりの料金を設定している。イギリスでは、いく部屋を使うかに関係なく宿泊客一人あたりの料金を設定している。どちらかが差別価格なのだろうか。その場合、独占力の源は何で、どちらか一方の国の客が他方の客よりも価格に敏感なのはなぜなのか。どちらも差別価格でないとすれば、価格の違いはどこから生じるのか。どうして国によって結論がこうも違うのか。

こうした問題を飛行機で隣り合わせた乗客と話し合ったら面白かっただろう。だが、私は彼を眠らせておくことにした。

第17章 共謀と求愛の共通点
――仲間を味方につけるゲーム

紀元前十世紀、シバ（現在のイエメンの近くにあった国）の女王は、香料、没薬《もつやく》、それに乳香の地中海への輸送を独占していた。イスラエルのソロモン王がこの女王の支配する市場に侵入すると脅迫した時、列王紀によれば、取引に応じるまえぶれとして「彼女は多くの従者を連れ、香料と、たくさんの金と宝石とをラクダに負わせてエルサレムにやって来た」。以来、二十八世紀を経た後、最初の近代経済学者アダム・スミスは、「楽しみや気晴らしのためであろうと、同じ業界にいる人たちが集まることはめったにない。だが、集まれば話の落ち着く先は市民に対する共謀か、価格引き上げのたくらみだ」と言った。

共謀は、求愛と同様に古代からこの世にあまねく存在する。このよく知られた二つの共同謀議が、手を携えるようにして一つの道を辿ってきたことは少しも驚くにあたらない。

性と婚姻の市場では、女性をめぐって男性同士が、男性をめぐって女性同士が競争する。だが、男性の競争方法は女性のそれとは異なる。一つには、男性の方に複数のパートナーを求める傾向があるためだ。なぜ、そのような傾向があるのか、一部は生物学的理由に根ざしている（種子が毎日新たに作られるのなら、広く種子を撒き散らすことが優れた再生産戦略であるのと同様に、平均して一年に一度余りしか出産できないとすれば、一人の配偶者に関心を集中するのも優れた再生産戦略である）が、社会的条件付けの結果でもあるのだろう。もちろん、男女ともこのパターンから外れる人はたくさんいるが、「女性は一人の男性ですべてのニーズを満たそうとし、男性はすべての女性で単一のニーズを満たそうとする」という文言には、多くの場合、一抹の真理が含意されている。

複数婚が認められている社会では、ほとんどが一夫多妻であって、その逆は少ない。テストステロンを飲んだ男性は、そんな社会だったらどんなに楽しいだろうと考えるかもしれないが、夢が現実になったら大半は幻滅するだろう。男性一人に四人の妻がいれば、残りの三人の男性にはまったく妻がいないことになる。婚姻法を変えることはできても、数学の法則を変えることはできない。

男性一人が女性四人を求める社会では、女性をめぐる競争は激化する。たとえ勝利を得ても、勝利の代償は大きい。女性は二重に幸運になるだろう。求愛者が増えるし、男性たちはそれぞれ他の男性よりも目立とうと心を砕き、丁重になる。夕食をともにする時には、レストランを決めるのは女性、支払いをするのは男性ということになるだろう。既婚者の男性は、妻がまだまだ求婚されるチャンスがあると思うから、もっと家事にいそしむだろう。

複数婚が合法化されても、女性のほとんど、あるいは全女性が一夫一妻制を主張し、現在とあまり変わらない一夫一妻になると思われる。そうであっても、非常に違った社会になるだろう。現在、皿洗いをどちらがするかで妻と私が口論をした場合、力関係がほぼ拮抗したところから争いが始まる。しかし複数婚が合法であれば、妻は離婚して通りの先に住むアランとシンディと一緒になるわ、とほのめかすことができ、結局、私の手が洗剤かぶれすることになるかもしれない。子供は何人作るか、どこの都市に住むか、誰が夕食の支度をするか、そして家でテレビを見て過ごす夜にはどちらがチャンネル権を支配するか、などという結婚生活で大なり小なり生じる紛争で、妻たちは争いの行方を決定する大きな力を持つことになるだろう。

複数婚社会の男性は、常に競争者の侵食に脅かされている香料商人のようなものだ。商人は仕方なく領土分割に応じる。歴史をさかのぼるいつの時点か知らないが、男性も商人と同じことをしたのだ。共謀して一人が一人の女性に関心を限定するという合意を成立させ、習慣と法律によってこの合意を実行することに成功した。協定破りはたくさんいるが、それもまた経済理論が予測するとおりである。

事実、重婚禁止法は、カルテルの実例として教科書で扱われている。初めは競争していた生産者が集まって、市民に対して、もっと明確に言うなら顧客に対して共謀する。生産者は各企業ごとの生産高を決め、価格を高く維持しようとする。だが、高価格は協定破りを誘う。各企業が協定で決められたよりも生産を拡大しようとするからだ。結局、カルテルは法的制裁によって強制されなければ崩れるし、法的制裁があっても違反は後を絶たない。

どの経済学教科書にも書いてあるこの話は、いわば求愛というロマンス産業の男性生産者にも当てはまる。最初は激しく競争していた男性が「顧客」に対して、つまり結婚しようとする女性に対して共謀を図る。男性たちがロマンス事業を制限し、それによって男性全体の交渉力を改善しようという共謀である。だが、交渉力の改善は協定破りを誘い、各男性は協定で認められたよりも多くの女性に求愛しようとする。カルテルは、法的制裁によって強制されて初めて存続するし、法的制裁があればあったで違反は後を絶たない。

過去三〇〇年間、カルテル行為はほとんど変化しなかったが、広報対策では悪賢くなった。一九九一年、マサチューセッツ工科大学その他のアイヴィー・リーグが集まって組織した、自らオーヴァーラップ・グループと名乗るグループが、高い授業料をそのままにしておいて、奨学金援助を減らそうと共謀していたことが発覚した。この時のオーヴァーラップ・グループの弁明には少なくとも独創性があった。彼らの言い分は、学生が大学を選ぶ際に、不当に金銭問題に影響されないようにするためだ、というものだった。仮に大手自動車会社のビッグ・スリーが高価格維持を共謀したことが発覚したとしても、買い手が車を選ぶ際に不当に金銭問題に影響されないようにするという、高尚な目標があったのだと弁明することまでは思いつかないだろう。

オーヴァーラップ・グループが、自分たちは犠牲者となる学生のためになる運動をしているのだと主張するのと同じく、男性は傲慢にも、重婚禁止法は女性を守るためにあると主張してきた。だが、男性が複数の女性と結婚することを禁じている法律は、原理的には企業に複数の労働者の雇用を禁じる法律と異ならない。仮にそんな法律が発効するとしたら、企業は労働者を守る法律だと主張することになるだろう。しかし、そんな言い分を誰も信じるはずがない。

何らかの制約条件が課せられれば、競争を強いられる集団は必ず共謀しようとする、という理論がある。このことは片側の性に属する競争者に限られるわけではない。男性が一致団結して女性相手に共謀すれば、女性もまた一致団結して男性相手に共謀する。

いくつかの企業が画期的ではあるが、コスト高の新製品を開発したとすれば、画期的な新製品の市場化を共謀して防止し、利益をあげようとするだろう。しかし、そのようなたくらみは、普通、市場で自社だけがすれば莫大な利益があがると考える、野心的な一匹狼の企業によって脅かされる。カルテルが生き残るために最も望ましいのは、技術革新を法律で禁止することだとすれば、そのような法律制定に向けて、多額の資金がロビー活動に注ぎ込まれるだろう。

現代技術は女性に対して、男性を魅惑する画期的な、だが高価なさまざまな方法を提供している。技術革新の中には、新しい避妊法からシリコン利用の豊胸手術までが含まれる。女性は出費だけでなく、健康上の各種のリスクというコストをも負う。

そうした方法を利用する女性にとっては、それらが市場化されない方が有利である。それは、顧客に喜ばれる新しい自動車技術を、フォードやゼネラルモーターズ（GM）、クライスラーが隠そうとするのと同じである。通常の状況の下では、ビッグ・スリーはお互いに、どこが最初に協定違反をするかとびくびくすることになる。しかし、革新的技術を非合法化することができれば、自動車会社の幹部たちは枕を高くして眠れる。

女性の場合も同じことができるのだろうか。危険な避妊法や美容整形手術をやめようと合意するだけではすまされない。何億人もの女性が契約を結ぶという手続上の困難は別にするとしても、契約違反を防止しきれないだろう。唯一の望みはそうした製品を禁止することであり、フェミニスト組織は全面禁止を目指して応分の努力を払ってきた。

一見したところ、女性に中絶を選択する権利を与えるべきだとロビー活動をする女性が、その一方で、胸の大きさを選択する権利を持つことを否定しようというのは、理屈に合わないように思われる。女性が妊娠中絶による（その他の数々の問題は言わずもがな）健康上のリスクを計算できる合理的で知的な生き物ならば、豊胸手術やホルモン利用の避妊法による健康上のリスクについても判断できるはずである。

カルテル理論によれば、フェミニストが正しく、右にあげた、もっともらしい私の反論は間違っている。生産者は技術革新を制限する法律によって利益を得られる。GMは新しく開発された自動車技術を実用化するかどうかを自分勝手に決めればいいのだが、それでもなおその技術を禁止したいと思うだろう。その技術がGMに被害を及ぼすからではなく、競争相手が同じ技術を実用化するのを未然に防ぎたいからである。革新的技術の所有者が業界で唯一GMだけならば、それでも結構。だが、自動車業界の競争の実状からすれば、革新的技術が消えてしまうのが最も望ましいはずである。

女性の場合も同様である。豊胸手術を望む者が、アメリカで手術を受けられるのが自分だけだと信じられれば幸せだろう。だが、現実——手術が合法ならば、競争相手もまた手術を受けることができる——を考えれば、全面的に禁止してしまうほうが望ましいと思うだろう。

新技術を法律で禁止させないためには、生産者の利益だと主張するのではなく、消費者の利益だと主張するのが最善である。同じく、豊胸手術を合法にしておくためには、それが女性の自由を保証するものだと主張するのではなく、男性の利益だと主張すべきだろう。

ところが経済学的に正しい主張は、政治的に見て、想像のかぎりでは最も間違った主張になる。

慎重に費用-便益分析を行ってみれば、男性にとっての便益が女性の費用を上回るから、豊胸手術は合法化すべきだという結論になるかもしれない。あるいは、女性自身の便益（たとえば、自意識や雇用機会などの面）のみをとっても、それだけで費用を上回っているかもしれない。だが、そうはならずに、実際は豊胸手術の禁止によって危険の大きな競争から女性を守り、その分だけ男性が代償を支払うことになりそうだ。

シカゴ地域の精肉業者が夜は家庭で家族と過ごしたいと考え、市当局を説得して、午後六時以降の肉の販売を禁止することにした（この法律はその後、廃止された）。精肉業者同士で早く閉店しようと合意したのだが、町で唯一の夜間営業の精肉店になりたいという誘惑に負けて、おそらく約束は違反されたのだろう。

無邪気な観察者なら、営業時間選択の自由を制限する法律が精肉業者の利益になるはずはないと思うかもしれない。複数の女性に求婚する自由を制限する法律が男性の利益になるはずがなく、美容整形手術を受ける自由を制限する法律が女性の利益になるはずがないと思うのと同じである。だが、お互いに得する合意であっても、強制する必要はあるのだ。

二十世紀初めの中国では、六人の人夫が一艘の艀《はしけ》を漕いで荷を運び、人夫たちはその艀が約束の時間までに目的地に到着すれば多額の報酬をもらえることになっていた。それぞれの人夫は、時間どおり目的地に到着できるかどうかは、他の五人の働きぶりにかかっていると計算するので、チームには怠業がつきものだった。他の全員が一心に漕げば間に合うのだから、自分が一所懸命に漕ぐことはない。誰も一所懸命に漕がなければ、どうせ間に合わないのだから、やっぱり働く必要はない。全員が同じく合理的な計算をして、全員が怠けた結果、艀は時間に間に合わず、誰も報酬を得られなかった。

艀チームはすぐさま、こうした不幸な結果を回避する妙案を編み出した。六人がお金を出しあって、鞭を振るって仕事をさせる七人目を雇うのである。

政府に強制執行人を演じさせようと働きかけるのは、艀チームが鞭を振るう七人目を雇うのと異ならない（しかし、艀の人夫と精肉業者には重要な相違がある。仕事の能率をあげようとした人夫のたくらみには被害者はいない。精肉業者が共謀してサービスを低下させれば、それは市民を犠牲にする共謀である）。

仲間を味方につけるゲームは、全員が勝利者になれるゲームである。それでも、獲物をどう分け合うかで紛争が起こるかもしれない。獲物の大きさを考えれば、共同謀議が行われ、分裂し、仕方なく政府に救済を求めるとしても不思議ではない。ゲームは戦略的行動を生む。その中には、どんな戦略もフェアとされるゲームも含まれる。

第18章 この本はあなたの期待通りですか？

――勝者の呪いと敗者泣かせ

経済理論によれば、あなたは期待通りに本書を面白いとは思っていないはずだ。これは、より一般的な命題の応用例の一つである。人生の大半の出来事は、思ったようにうまく運ばない。この教訓については、心理学者、詩人、そして哲学者がよく言及しているのだが、それが完全情報の下での合理的な意思決定の必然的な結果であることを認識している人は、ほとんどいない。

本の選択は、リスクと不確実性に満ちた行為である。幸いなことに、これまでの読書経験が貴重な道標になる。きわめて期待外れに終わることもあるが、平均的には、でたらめの選択よりははるかにいい結果をもたらす。

期待以上の本もあれば、期待外れの本もある。しかし、あなたの選択がそのどちらかに偏っていることはありえまい。一貫して過大評価であったり過小評価であったりすれば、いずれ自分の期待が偏っていることに気づいて、軌道修正するからである。したがって、過大な期待と過小な期待が相半ばすると考えてさしつかえない。

このことは、あなたが書店の棚からたまたま本書を引き出した場合、期待以上であるかもしれず、期待外れであるかもしれないことを意味する。だが、あなたは本書をたまたま引き出したわけではあるまい。合理的な消費者であるあなたとしては、最善と思われる数少ない本の中から本書を選択しているはずである。そうだとしたら、残念ながら、本書が最も過大評価されがちな数少ない本の中の一冊であるということになる。その場合、読めば失望するのは当然のことだ。

おそらく失望するだろうというのは、複数の選択肢の中から一つを選ぶという人生のあらゆる岐路につきもののことである。あなたの判断には一般的な偏りがなくても、「自分を賭けて選択する」という行動を判断する場面では、過剰に楽観的なのが普通である。未来の配偶者候補に対する評価は平均的に見て正しいかもしれないが、完璧な候補と思われる相手に限って、最悪の欠点を見過ごしている可能性が高い。

競売で品物を買う場合は、もっと深刻だ。高値で競り落とした時、確実なことが一つある。競売会場の誰もが、その品物にあなたほど高い価値を見出していないということだ。それだけをとってみても、真の価値よりも過大評価したかもしれないではないか。陰欝なるエコノミストは、この現象を「勝者の呪い」と呼ぶ。

あなたが優秀な不動産開発業者で、ある土地に入札価格を付けるとする。専門家としての判断によれば、この土地を五万ドルで落とせれば、相当な利益が出そうだ。また、周囲の状況から見て、五万ドルで落とせそうだと見込まれる。だが、その価格で本当に落札できた場合、競争相手の専門家は土地の価値をあなたよりも低く見積もっていたことを意味する。あなたの情報が他の専門家のそれに比べて優れているというよほどの自信があれば別だが、そうでないかぎり、五万ドルがはたして買い得の値段だったのかどうか、疑問が拭えないだろう。

土地の買収価格を入札する場合、正しい設問は「私の知識からして、この土地を五万ドルで買えれば得策だろうか」ではない。正しい問いは「私の知識からして、他の開発業者が誰も五万ドル以上の値段を付けないと想定した上で、それでも五万ドルで買えれば得策だろうか」というものだ。この二つの問いはまったく別物である。よく競売で品物を買う人はこの違いを理解した上で、それに応じて付け値を調整すべきである。

一方、勝者の呪いが問題にならない場合もある。競売参加者の中には、他人が何を知っていてどう思うかに関係なく、いくらであれば買うという確信を持っている人がいる。アンティークの真鍮の柄付き燭台を競り落とす場合、品物をよく調べ、使い道の心づもりもはっきりしていれば、他人にとって魅力があるかどうかに関心はないだろうし、転売する意思がまったくなければ、柄付き燭台を一〇〇〇ドルで落とすことは、他の競売参加者がどう思おうといい買い物である。そのような場合、勝者の呪いはない。それでも失望する可能性はありうる。柄付き燭台を暖炉に置いてみたところ、思ったほど映えないかもしれない。しかし、真の勝者の呪いによって失望する可能性はない。結局のところ、柄付き燭台が思った以上に映える可能性も大だろうし、競売で勝ったこと自体が映える映えないに影響することはないからである。

勝者の呪いの有無は、買い手はそれを考慮して競売戦略を立てるにちがいないから、買い手にとっては直接的な関心事である。したがって、買い手の行動に多大の注意を払う売り手にとっては、これは間接的な関心事である。だが売り手の役割は、買い手の高い付け値を期待することだけではない。売り手もまた競売ゲームの戦略的プレーヤーである。彼は一度しか動かないが、それが最も重要な動きになる。ルールを設定するのは彼なのである。

競売にはいろいろな種類がある。最も親しまれているのは普通の英国式競売で、競り手が一人しか残らなくなるまで次々に値段を競り上げていく。オランダ式競売の場合には、競売人がまず非常な高値を付け、次々に値段を下げていき、買い手が現われたところで落札となる。最高価格入札という場合には、競り手が入札価格を書いて封筒に入れて応札し、入札をまとめて全部同時に開封し、最高値を付けた者がその価格で品物を取得する。二番手価格入札というのもあって、この場合には、最高値を付けた者が落札するが、値段は二番目に高い価格で決まる。これと同じ考え方で、三番手価格入札、四番手価格入札、五番手価格入札もある。もっと珍しい方法もある。グラム・ルーザー、すなわち敗者泣かせ競売と呼ばれる方式があり、この方式では最高値を付けた者がただで品物を獲得し、残る全員がそれぞれ付けた値段どおりの金額を支払うのである。

売り手はこうした方式、あるいは自分が考え出した方式のいずれを選んでもよい。理想的には、売り手の目標は売り値を最大化することだ。実際には、この目標を達成できるだけの情報を持っていることは稀である。二人の競り手がどちらも高値を付ける気であれば、英国式競売によって競って値を付けさせて、価格をできるだけ上げさせる方がいい。非常な高値を付ける気になっている競り手が一人だけだとしたら、英国式競売は売り手にとって惨憺たる結果をもたらすだろう。誰もがさっさと諦めてしまい、高値を付ける気だった買い手は素晴らしく安い買い物ができることになる。

英国式競売は売り手にとっていい方式だろうか。答えは、高い値を付ける参加者が二人いればイエス、一人しかいなければノーである。参加者が競売の前に入札値戦略を明らかにするはずはないから、競売の前夜になっても売り手には英国式のほうがオランダ式よりいいかどうかはわからない。

最高価格入札と二番手価格入札のどちらがいいのかも、売り手には判断が難しい。最高価格入札なら、最高価格を手に入れられるが、二番手価格入札だと、二番目に高い価格しか手に入らない。ところが、一般に、競り手は二番手価格入札の方が高い値段を付ける。三番手価格入札ならもっと高い値を付けるだろう。売り手にとっては、どれがベストか。ここでも答えは、参加者の思惑と買い手の戦略によって異なる。

限られた情報しかない売り手は、ある競売で売買価格を最大化する方式がこれだと決めることはできない。しかし、売り手が多くの競売をとおして平均価格を最大化する方式を選ぼうというのなら話は違ってくる。ある競売では英国式が最高価格を引き出し、別の競売ではオランダ式が最高価格を引き出した。では、平均して最高価格を引き出しうるのはどの方式か。

ここで、経済理論が登場し、驚くべき真実を告げてくれる。一定の合理的な前提の下では（これについては、あとでもう少し補足する）、数学的な事実として、先にあげたいずれの競売方式でも売り手に入る競売平均収入は同じになる。私がいつも英国式競売で売り、あなたがオランダ式競売で売り、あなたの弟が最高価格入札で売り、あなたの妹が二番手価格入札で売り、変わり者のフェスター叔父さんが敗者泣かせ競売で売っているとして、全員が同程度の品質の同一商品を売っているのなら、長期的には全員の儲けは等しくなる。

この結果は、その他の多くの競売方式にも当てはまる。事実、どんな方式を考え出したとしても、入場料をとれば別だが、結果は同じである。

さまざまに異なる方式をとっても、売り手の平均的な収入が同じになるのはなぜか、理由は技術的に難しく、それをどう言葉で表現すれば理解しやすいかわからないので、説明しなかった（言葉に翻訳しえないということは、私にも十分にわかっていないのかもしれない）。だが、この説が正しいことは疑いを入れない。

こうした結果に、理論家は大喜びする。意外性があり、優雅で、力強いからだ。言葉を加減したり、条件を付けたりする必要がない。長くて体裁の悪い一覧表（「英国式競売が優れているのは以下の七つの条件が満たされる場合であり、オランダ式競売が優れているのは以下の六つの条件が満たされる場合である……」というように）を作る必要もない。結論は一行ですむ（「すべての方式は同じように優れている」）。そして、高等数学の知識を有する大学生なら誰でも納得する方法で証明できる。何よりも素晴らしいのは、こんな結論を誰も想像しなかったということだ。誰でも知っていることを理論によって確認するだけというのなら、そんな理論は必要ない。

しかしながら……それで万事めでたしとはならない。現実の世界では、競売人はある種の方式を特に好むという傾向がある。畜牛や奴隷の競売は常に英国式で行われ、チューリップはオランダ式で、石油掘削権は文字どおりの封印入札で売買されてきた。売り手にとってはどの方式も同じなら、どうして売り手は特定の方式にこだわるのだろうか。

エコノミストは、競売人はエコノミストではないから、彼らが新しい画期的な発見を無視したからといって何の不思議もないと結論したがるにちがいない。『ジャーナル・オブ・エコノミック・セオリー』誌を購読している競売人はまずいないだろうし、何より彼らの高等数学の知識は完全に錆びつき、真面目に勉強したところで最新分野についていくのは難しいだろう。だが、エコノミストはこう結論づけたくなる誘惑に何とか抵抗すべきだ。競売を商売にしている人たちは商売をよく心得ているにちがいなく、彼らの行動と経済理論家の予測に食い違いがあるなら、何かを見落としているのは理論家のほうである可能性が高いからである。エコノミストの仕事は、競売人に商売の仕方を教えることではない。彼らが商売の仕方を知っていると想定して、なぜ彼らの戦略が正しいのかを解明することである。

いくつかの仮定の下では、どの競売方式を選んでも同じようなものだと言った。だが、競売人の行動から見るかぎり、どの競売方式を選択するのかは重要な関心事であることがうかがえる。すると不可避的な結論は、その「いくつかの仮定」が常に成り立っているとはかぎらないということである。そこで、くだんの仮定とは何かを明らかにしなければならない。

最も重要な仮定は、勝者の呪いが存在しないことである。もっとはっきり言うなら、競り手は他の競り手が違う値段を付けるのを聞いても、商品価値に対する評価を変えたりしないということだ。ヴァン・ゴッホの絵を買おうとして、他の者がどう思おうと五〇〇万ドルなら買うという考えは変わらないとする。その絵を転売して大儲けするために買おうとして、会場の誰も一〇〇〇万ドル以上の値段は付けないと知ってがっかりするとする。競売方式等価説は、最初の場合には成り立つが、あとの場合には成り立たない。

事実、競り手が他人の付け値を気にする場合には、売り手にとっては英国式競売方式が有利である。競売開始後、一〇〇〇万ドル以上の値を付ける者が一人しかいなかったとする。他の者は彼の高い付け値を聞いて、何か理由があるのだろうと考えて競り合おうと決意するかもしれない。付け値を封印する入札では、こうした結果になる可能性はない。オランダ式も同じだ。高値を付ける客が熱意を明らかにした時点で競売は終わってしまう。

英国式競売は特に一般的で、競売人が最も好む方式のようである。理論的には、競売人がこのような好みを示す唯一の理由は、競り手がお互いの評価に関する情報に反応することにある。これは、特に競り手が勝者の呪いを気にかけていることを示している。したがって、勝者の呪いはたんなる理論的な可能性にすぎないが、英国式競売が圧倒的に多いことは、それがごくありきたりであることを示唆して余りある。

競売方式等価説は勝者の呪いを計算に入れていないが、理論が現実とかけ離れているのはこれだけではない。もう一つの重要な仮定は、買い手が資産の大半を競りの勝敗に賭けていないことだ。この前提は重要である。この仮定が満たされなければ、買い手はより保守的になり、理論的分析が一歩も前に進まなくなる。この場合、売り手は英国式競売よりも最高価格入札を選ぶ方が得策である。買い手はチャンスを逃すリスクを嫌い、しかも勝利のチャンスはたった一度しかないから、付け値を引き上げる傾向があり、売り手を潤すことになるからだ。

この標準的な理論の設けるもう一つの疑わしい仮定は、競売方式が変わっても競り手の人数が変わらないとの仮定である。現実には、オランダ式競売は英国式競売とはまったく違った層の競り手を引き寄せる。将来、この事実を分析にとり入れた理論を構築して名声を博そうとする理論家が現われるだろう。

ここではそうした未踏の領域に踏み込む冒険をするよりも、横道に入って、売り手が直面するもう一つの問題を議論してみたい。往々にして買い手よりも商品知識が多い売り手が、知っていることを全部伝えて正直者として名をなすのは得か損か。はたして正直は引き合うのだろうか。

正直者ジョンが定期的に中古車を競売しているとする。彼は常に商品の車について知っている知識をすべて明らかにすることを売り物にしている。燃費がよくないとか、事故を起こした車だとか、正直者ジョンなら話してくれる。ジョンが欠陥車だと言えば、買い手は安い値段を付け、そう言わなければ高値を付ける。買い手は、問題があればジョンは話してくれると知っているからだ。

ジョンは欠陥車でもその欠陥を隠さないから安値で売らねばならないが、そうでない場合には高値で売ることができる。この効果は相殺され、ジョンの商売は隣町にいる仲間で車の知識をさらけ出さない、だんまりサムに比べて良くも悪くもない。ここまでは、正直者ジョンに軍配をあげる理由はない。だが、サムに比較してジョンには一つ利点がある。ジョンのやり方だと、勝者の呪いの脅威が軽減されるので、買い手の方はそれだけ高値を付ける理由ができる。長い目で見れば、ジョンの商売はサムよりも繁盛する。

言い換えれば、勝者の呪いは本来は買い手の問題であるが、買い手が防御策を講じようとして付け値を引き下げるから、売り手にとっても問題になる。したがって、売り手にとって、買い手が抱く勝者の呪いを解消することができれば、それは得策である。正直な商売をするという評判は、効果的な魔除けになるのである。

あなたのお祖母さんは、正直が最善の策だと聞いても、人生は失望だらけだと聞いた時と同様に驚きはしないだろう。競売人と同じく、お祖母さんたちもまた、エコノミストが苦心して習得する知識以上に多くの知識を本能的に知っているのだ。

第19章 金利の正しい考え方
——安楽椅子で予測する法

どんな職業にも欠点がある。医者は夜中の緊急電話で叩き起こされる。数学者は何カ月も袋小路に迷い込んで悩む。詩人は次はどこから収入が得られるだろうと気を揉む。そしてエコノミストは金利の予想を聞かれる。

この厄介な質問をされると、もっともらしく賢者を装って答える同僚がいる。彼はわざと間を置いてから、おもむろに言う。「たぶん、変動すると思いますな」。

たとえ私が今後の金利を予測できたとしても、本書で明かすつもりはない。だが、将来の金利がどのようにして決まるかについてはわかっているから、その知識を少しお裾分けしよう。

まず、金利という曖昧な言葉の意味をはっきりさせよう。金利について話す時、エコノミストは自動的にインフレ率を調整している。インフレ率三パーセントの時に、金利八パーセントで金を貸せば、あなたの購買力は年率八パーセントではなく一年に五パーセントずつ上昇する。利子収入のうちの三パーセントは資本の実質価値を維持するためだけに消える。この金利八パーセントは名目金利で、インフレ率を調整した五パーセントが実質金利である。名目金利からインフレ率を差し引いたものが実質金利になる。経済的無知にかけては最近の大統領の中で群を抜いていたジョージ・H・W・ブッシュは、一九八〇年にウォルター・モンデールと議論した際、この違いがわからないと胸を張って述べたものだ。

駄洒落めくが、実質的に意味のあるのは実質金利だけである。インフレ率七パーセントの時に一〇パーセントの収益がある投資は、インフレ率ゼロの時の収益三パーセントの投資と何ら変わらない。どちらも実質収益は三パーセントである。実質金利がわからない人々は、貯金しすぎるという間違いを犯す。以前知っていた女性は、名目金利一〇パーセントで一ドル貯金すれば、三〇年後には二〇ドルになると計算して、猛然と貯金を始めた。彼女は実質金利が年率三パーセントで、二〇ドルになるどころか、現在の貨幣価値に換算すれば二ドル五〇セントにしかならないことに気づかなかった。現在の消費と将来の消費のどちらを選ぶかは個人の好みだが、その意味を知っておくことは役に立つ。

私が金利と言う場合には、実質金利のことである。その点を確認した上で金利がどう決まるかという問題に移ろう。

まず、ややこしい誤りを正しておく。読者がどんな話を聞いてきたにせよ、金利はマネーの価格ではない。金を借りる場合、その金を手元に置いておくために借りる人間はまずいない。人は車や家を買ったり、大学の授業料を支払ったり、贅沢な生活を送るために金を借りる。銀行ローンは現金という形で渡されるだろうが、その現金は普通すぐに使われてしまい、何時間かのうちに銀行システムに預金として戻ってくる。何年もあなたの手元にあるのは、銀行ローンで買った車の方である。

金利は「消費」の価格であり、消費とは実体のある商品やサービスのことで、マネーというような抽象的な存在ではない。さらに正確に言えば、金利は将来の消費と対比した現在の消費の価格である。来年、遺産が入ると見込まれるなら、その時まで待って二万ドルの車を買ってもいいし、今、一〇パーセントの金利で金を借りて車を買い、一年後に二万二〇〇〇ドル払ってもいい。一年後に余分に払う二〇〇〇ドルは来年になって車を買うかわりに、現在、車を所有することの価格である。

この分析は意外ではないだろうが、その結果は驚くべきものである。金利は実体のある消費財の価格であるから、少なくとも第一義的には、実体のある消費財の需要と供給で決まる。新聞の金融欄を読むと、金利はマネー・サプライを管理する中央銀行が決めるのだと思うかもしれない。だが、中央銀行は車や家を作ってはいないし、車や家に対する人々の欲望を管理することもできない。需要も供給も変化させずに市場価格を動かすには、人知を超えた力が必要だろう。

マネー・サプライに影響されると確実に言えるのはただ一つ、インフレである。マネー・サプライが急激に増加すればインフレが進行し、名目金利も上昇する。名目金利は実質金利とは別もので、実質金利（これは不変）にインフレ率（上昇する）がプラスされて決まるからである。したがってマネー・サプライの伸びは名目金利に影響を与えるが、新聞の金融欄が通常示唆しているのとはまったく逆の方向に影響する。経済に金が溢れれば、名目金利は実質金利を同じ水準に維持するためにインフレと歩調を合わせて上昇するのであって、下降することはありえない。『ウォールストリート・ジャーナル』紙の記者は下がると予想しているようだが。

大きな事件の勃発は、普通の消費者の選好の変化を通じて、金利の動きに連動する。あなたが普通の消費者なら、金利が大事件にどう反応するのかを見極める勘を養うだけの洞察力を備えていることが望まれる。

たとえば、大統領と議会が今年、飛びもしない新しい戦闘用ヘリコプターに二〇〇億ドルを支出すると決めたとする。すると二〇〇億ドル分の鉄鋼、労働力、技術的才能、その他の資源が、どこか別の産業からヘリコプター生産に振り向けられるから、その分だけ車や台所設備、パソコンなどの生産が減ると予測される。二〇〇億ドル分の資源は二〇〇億ドル分の生産物を生産する。生産される生産物の価値が資源の価値だからだ。そこで、資源がヘリコプター生産に向けられれば、生産される全消費財の価値は二〇〇億ドル減少する。

購入できる消費財の総額が減少すれば、平均的なアメリカ人が買える消費財は減る。これは経済学的法則ではなくして、単純な算術にすぎない。人口二億五〇〇〇万人の国で、消費財が二〇〇億ドル減少すれば、平均的な市民一人あたりの消費は計画していたより八〇ドル減ることになる。

一般に商品の供給が減少すれば、消費者の需要が供給に等しくなるまで商品の価格は上がる。この場合、「商品」とは現在の消費であり、価格は金利を意味する。金利が上がれば、貯蓄する人は貯蓄を増やし、借金をしている人は借金を減らそうとする。どちらにせよ現在の消費を減らすわけだ。平均的なアメリカ人が、今年は、最初考えていたよりも八〇ドル消費を減らそうと決めるまで、金利は上がり続けることになる。

新しい兵器システムが金利にどう影響するのかを知っていただくために、わが家のような典型的な三人家族が今年は平均して計画よりも二四〇ドル消費を減らそうとすると考えてみよう。金利がどれほど上昇すれば、こう決意するに至るだろうかと自問してみる。金利がどれくらい上がれば、わが家は消費を二四〇ドル減らすことができるのか。私が正直に答えるとして、わが家が典型的な世帯だとすれば、かなり正確な予測ができるはずである。

二〇〇億ドルの不作や二〇〇億ドルの災害による被害が生じた場合も、同じ分析により同じ結論に達するはずである。

金利について本当に理解すべきことは、これだけである。金利は、平均的な家族の消費額を消費財の総額の平均値にまで抑え込むよう決意させるに足る水準に決まる。政府が資源の浪費を決めた場合のように、消費財の供給が減少すれば、金利は上昇する。異例の豊作の年のように消費財の供給が増えれば、金利は低下する。

次に供給ではなく需要が変化する場合を、実例で考えてみよう。平均的な家族が、将来に対してこれまで以上に楽観的になったとする。技術の進歩で生産性が上がると予想されたか、あるいは新政権が繁栄につながると思われる政策をとることになったのかもしれない。

一般に、将来所得が増えると期待する人は、それに応じて現在の消費を増やそうとする。一生貧しい暮らしが続くと予想すれば、けちけち節約するだろうが、もうじき金に苦労しなくなると思えば、そうしないのが普通だ。今日、宝くじに当たり、最初の二〇万ドルが一年後に入ってくるとわかれば、懸賞金の小切手が届くよりずっと前から消費スタイルが変化するにちがいない。

そこで、先の見通しが明るくなれば、誰でも今現在の消費を増やそうとする。だが、困ったことが一つある。買いたくても、モノもサービスも数が足りないのだ。短期的には、車の台数、住宅の個数、アイスクリームの個数、劇場の座席数には限りがある。すべての人々が消費を増やすことは明らかに不可能であり、実際問題として、平均的な家族は従来どおり平均的な消費をするしかない。

それでは、何が新しい消費計画を諦めさせるのか。答えは、金利の上昇である。金利が上昇すれば、人々は消費を減らそうとする。平均的な家族が元の消費計画に舞い戻るまで、金利は上昇し続けることになる。

新世代コンピュータが発売されると、生産性が上昇して未来は明るくなり、金利が上昇するだろうと私は考える。どのくらい上昇するか。例によって、自分自身の家族のことを考えて答えを出すことにする。第一に、わが家の将来の所得はどれくらい増えるか。次に、その結果として、現在の消費をどれくらい増やしたいと考えるか。それが一〇〇ドルだとするなら、一〇〇ドルの消費増を私に思いとどまらせて、現在の消費水準を維持させるためには、金利がどれくらい上がる必要があるのか。

もちろん、以上のお話はまったくの当てずっぽうであり、現実味があるかどうかは、私がどの程度典型的なアメリカ人であるかによって左右される。私の推測は間違っているかもしれない。だが、神秘的でとらえどころのない力に関する問い（「テクノロジーは金利にどう影響するか」）を、私のような人間の行動に関する設問に置き換えてみると、少なくとも問題がやさしくなるのは確かである。

こんな思索だけでは満足せず、厳密な統計的手法を駆使して過去の同様の出来事に人々がどう反応したかを割り出し、高等な手法を用いて、過去の観察を将来予測につなげようとするエコノミストもいる。こうしたエコノミストの予測は、私が安楽椅子に座り、さまざまな仮説の下で自分ならどう対応するのかを想像して考え出す予測よりも正確であるにちがいない。その人たちの健闘を祈るが、安楽椅子で考えるほうが私の趣味に合っている。

金融論専門の著名な教授が、成功した投資家グループを相手に、市場の動きについて講演したことがある。講演内容は、世界がどう動いているかについての深い洞察に裏打ちされていたが、投資家への実用的な助言と言えるものはあまりなかった。知恵ではなく富を求めて集まっていた聴衆がざわついてきた。教授が「質問はありませんか」と聴衆に訊ねた時、さっそく敵意のある質問が飛んでくることが予想できた。「あなたはそれほど賢いのに、どうして豊かではないのですか」。教授は（実際には、この会場では彼が最も裕福だったのだが、それはまた別の話だ）こう答えた。「あなたがそれほど豊かなら、どうしてそう賢くないのですか」。

エコノミストが金利を研究するのは、金利の変動が普遍的な社会現象であり、エコノミストは人間社会に関するすべてを理解したがるからだ。私も本書のそこかしこで、理解する喜びをお伝えしてきたつもりである。だが一部の読者は、この種の分析が知恵と富の両方につながる道になりうるのかと首をかしげるかもしれない。そうした疑問にお答えしよう。

ハリー・トルーマンは、政府に必要なのは片手のエコノミストだと言った。なぜなら、彼の周囲にいるエコノミストたちは物事を説明するのに、必ず「もう一方（の手）では」とつけ加える癖があったからだ。ハリー・トルーマンが聞いたら、私の言い方が気に入らないにちがいない。だが、「もう一方では」トルーマンは正直さを評価していたから、私もできるだけ正直になろうと思う。

ここにご紹介した理論だけで、大凶作や自然災害、浪費的な政策、あるいは優れた政策、将来に関する予測の明暗などに金利がどう反応するかを、あなたは推測することができる。一方、金利を予測する知識を習得しただけでは豊かにはなれない。金利がニュースに敏感に反応して変動することに関しては、エコノミストの見解は一致している。大統領が新しいミサイル計画を発表すると、あなたはこう考え始める。「さて、このニュースは消費が減ることを意味する。したがって……」。だが、あなたがそう考え始めたころには、金利は上方への修正を終えている。ニュースが伝わってしまえば、もはや金儲けできる余地はない。

だが、ここでもう一度、「もう一方では」と言わなければならない。もう一方では、平均的な弱気筋よりも優れた何らかの知識や才能や勘があって、明日の記者会見で大統領が何を言うか、本土への進路を辿っているハリケーンは上陸前に消滅するかどうか、ＩＢＭが顧客の頭脳にラップトップ・コンピュータを直接取り付ける技術の開発に着手するのはいつか、といったことを見通せる能力があなたには備わっているかもしれない。そうした能力に恵まれていれば、そして金利の動きの基本的理解があれば、あなたは金利を予測できると同時に、たぶん金持ちになれるだろう。

そこで、もしあなたが金持ちになったら、ぜひ、私にも知らせていただきたい。私はすり切れた安楽椅子に腰かけて、いろいろなことを考えているだろうから。

第20章　ランダム・ウォークは株価理論なのか
――一般投資家のための投資入門

若いころ、株価の動きはランダム・ウォークだ（過去の動きからは将来の動きや方向性を予測することができない）と初めて聞いた時、私は信じられなかった。それは、ＩＢＭの経営者がまだ幼い八歳の子供たちと入れ替わっても同じことだという意味なのだろうか、と。今思えば私の疑問は無邪気さと相当の無知の産物だった。その後、私は多くのことを学んだ。学んだことの一つは、ランダム・ウォーク理論は株価理論ではなく、株価の「変動」に関する理論だということだ。この二つで天と地ほどの違いがある。

最初の（まったく間違った）印象では、私はルーレットを思い描いていた。ある日、小さな球が一〇のところで止まり、株価は一〇ドルになる。翌日、球は八に止まり、株価は八ドルに下がる。あるいは二〇に止まって、株価は二〇ドルにはね上がり、株主は金持ちになる。そうした間違ったイメージを描いていたから、ＩＢＭが貸借対照表よりも紙人形にでも興味のある社長を任命して任せておいたら、どうしていけないのかが、私には理解できなかった。

「正しい」イメージもまたルーレットなのだが、全然違うルーレットである。ルーレット盤にはプラスとマイナスの数字が書いてある。毎日ルーレット盤が回転し、小さな球の動きがその日の株価ではなく、昨日の株価と今日の株価との差を決定する。昨日の株価が一〇ドルで、球がマイナス二に止まったら、株価は八ドルになる。五に止まれば、株価は一五ドルになる。

ランダム・ウォーク理論では、「すべての変化は永久に変わらない」。今日の株価は昨日までのすべての変化（プラスとマイナスがある）の総和で、それぞれの変化はその時々のルーレットの回転によって決まっている。今日の回転で出た数字がマイナス一五なら、将来の株価には一五ドルの下げ幅がついてまわる。この数値はいつになっても変わらない。

ＩＢＭがグランディ先生のクラスの三年生を取締役に任命したら、ルーレットの数字がマイナス二〇になり、株価が二五ドルから五ドルに下落したとする。それでも、将来の株価「変動」は、その下落に影響されることなくランダム・ウォークに従う。ルーレット盤の数字の四分の一がプラス〇・二五になっていれば、株価は将来四分の一の確率で二五セント上がる。八分の三がマイナス〇・二〇になっていれば、株価は八分の三の確率で二〇セント下がる。これらのルーレット盤の数字は変わらない。唯一の変化は、二〇ドル下がった株価がそのまま永久についてまわるということだ。

この二〇ドルの下落そのものが史上空前で、通常のルーレットの回転から生まれたものではないという反論が出るかもしれない。この反論に対して私は、ルーレット盤は大きく、たくさんのスポットがあって、そのうちの一つがマイナス二〇だったと答える。だからこそ、めったに起こらないのである。だが、その数字は常に存在する。なぜなら、IBMがとんでもない愚行を犯す可能性は同じく非常に低い確率で常に存在するからである。

ここでもう一つ、昔の私の誤解を思い起こそう。私は、ランダムという言葉を「世界の何ものとも無関係な」という意味だと誤解し、そのためにランダム・ウォーク理論はIBMの行動が株価に影響することを否定していると考えていた。だが、あるランダムな出来事は完璧に他の出来事に関連している。巨大企業の大失敗はランダムに生じ、それに応じて株価は変動する。

エコノミストは、株価はほとんどの場合、ランダム・ウォークに似た動きをすると信じている。つまり、株価の「変動」（株価そのものではなく）は通常、ルーレット盤で決まる一連の数字と同じ統計的性格を示すと思っている。昔、私が誤解していたように株価がランダムに動くとしたら、今日の株価は明日の株価を予想するのにまったく役立たない。

だが、株価「変動」がランダムなのだから、事実は逆になる。今日の株価は明日の株価を予測する最高の材料である。明日の株価は今日の株価にランダムな（通常は小幅な）調整を施したものなのである。

簡単な賭けのゲームを想像してみよう。元手一〇〇ドルから始めて、プラスとマイナスの数字が書いてあるルーレット盤を繰り返し回す。五が出れば五ドルもらえ、マイナス二が出れば二ドル胴元に払う。あなたの儲けはランダム・ウォークの動きに従う。すべてのランダム・ウォークと同じように、将来予測の最高の材料は現在である。一〇回、ルーレット盤を回した結果、残高が少なければ、一一回目以後もきっと少ないだろう。

だが、現在の残高がランダム・ウォークの将来予測の大きな手がかりになるとしても、過去の残高は追加的な情報をまったく提供してくれない。ルーレット盤とあなたの現在の残高さえ見れば、あなたの運命の可能性について人間にわかりうることはすべてわかる。五分前にあなたにはどれほどの資産があった（あるいはなかった）のかという感動的な話があるかもしれないが、それを聞いたからといって、将来予測の精度がいささかも高まるわけではない。

株価とはそういうものである。ＩＢＭの現在の株価は、将来の株価予測の最高の材料なのだ。だが、過去の株価の動きは、まったく無益なのである。

メディアの解説者は、特定の株価あるいは株価全体が最近下がっているから、近い将来

「調整」が行われて上がるだろうと言う。あるいは、最近下がっているから、近い将来も下がり続けるだろうと言う。または、最近は上がっているから、将来は上がるだろうとか下がるだろうとか言う。だが、エコノミストが信じているとおり、株価がランダム・ウォークの動きをするのなら、将来の株価変動は過去の動きとはまったく関係がない。将来の株価の予測に役立つのは現在の株価だけである。解説者が何と言おうと、過去の株価変動は将来の株価予測のためには、何の役にも立たない。

市場で勝負している人々は、カジノで遊んでいる人々よりも賢いと考えたがる。だが、ルーレットで遊んでいて、これで数回負け続けたから、そろそろ「調整」があって勝てるはずだと思うのは、よほどおめでたい人間だけである。経験あるギャンブラーは、ランダム・ウォークに従って何が予測できるかを知っている。

若いころの誤解はたくさんある（金融問題に限ったことではないが）。もう一つの誤解は、ランダム・ウォーク理論が正しければ、投資戦略の出る幕はないと思ったことだ。どうしてそう思ったのかわからないが、たぶん、ランダムなくじ引きには戦略の出る幕がないことを知っており、それにランダムという言葉の謎めいた響きに惑わされたせいもあったのだろう。結局、私は間違っていたのだ。

第一に、それぞれの銘柄はそれぞれ異なるルーレット盤と結びついている。ある銘柄は予測しやすい（ルーレット盤のどのスポットにも同じ数字が書いてある）し、ある銘柄は激しく変動する（ルーレット盤の数字がばらばらで、プラスにしろマイナスにしろ非常に大きな数字までが書いてある）。適切なルーレット盤を選ぶことは、趣味あるいは判断の問題である。

第二に、さらに面白いことに、同じルーレット盤が複数の株を動かしていることがある。毎日の天候はルーレット盤の回転のようなものだ。ときには球が「多雨」という場所に止まり、コンソリデーテッド・アンブレラ社の株価が五ポイント上がり、ゼネラル・ピクニック・バスケット社の株価が五ポイント下がる。「晴れ多し」という場所に球が止まれば、コンソリデーテッドは一〇ポイント下がり、ゼネラルが一〇ポイント上がる。コンソリデーテッド・アンブレラとゼネラル・ピクニック・バスケットの両方の株を買っている賢明な投資家は、一方の損失をもう一方の儲けで補えるから株価変動の被害をまぬかれる。投資を慎重に分散してロー・リスクのポートフォリオを組めば、ロー・リスクの単一投資よりも平均して大きな儲けをあげられる。

通常は、最善の投資分散といえども完璧ではない。盤には「地震」という場所があり、ここに球が止まれば、コンソリデーテッド・アンブレラもゼネラル・ピクニック・バスケットも株価が下がる。一方、アメリカン・ホーム・メンテナンス・サービス社の株価は確実に上がるだろうから、戦略的な投資家なら地震保険の一種としてアメリカンの株もポートフォリオに加えるかもしれない。

エコノミストが信じているように資産価格が動くなら、大半の投資家は適切な資産を選ぼうと努力するのではなく、適切なポートフォリオを組もうと努力すべきだ。「コンソリデーテッド・アンブレラは買いか」という問いは、どんなポートフォリオかがわからなければ無意味である。ゼネラル・ピクニック・バスケットと組み合わせるなら、コンソリデーテッドを入れると多様性のある優れたポートフォリオになりそうだ。だが、インターナショナル・レインコート社と組み合わせたのでは、ポートフォリオは不必要にリスクが高く、日照りが続けば悲惨な結果を招く。

大きな見返りを得るためには、リスクを受け入れなければならない（これは金融の世界に限らず、世間一般にも当てはまる原則である）。肝心なのは、必要以上のリスクを取らないことだ。そのためには逆方向に動きそうな資産を見分け、この情報を賢く利用して投資を分散することだ。これは、エコノミストがほとんどありえないことと考えている、伝統的な「勝ち馬にかけろ」という定石とは全然違う。だが、この定石にもまた負けず劣らず分別が必要だ。ランダム・ウォークであろうとなかろうと、金融市場は勤勉、天賦の才能に、そして時には幸運に対して報いるものなのだ。

戦略は重要だ。残念ながら、金融カウンセラーはしばしば戦略と迷信を混同する。たとえば、定額買い増し方式と称する奇妙な儀式に御執心だが、これをあなたの曾孫が聞いたら、今のあなたが、セーラムの魔女裁判と聞いて首をひねるのと同じくらいに当惑することだろう。

定額買い増し方式の「考え方」は、ある資産を一定期間ごとに一定額ずつ買うというものだ。たとえば、ゼネラル・モーターズ（GM）の株を毎月一〇〇〇ドルずつ一年間買い続ける。この方式だと、価格が高い時には少なく（株価が二〇ドルなら五〇株だけ）、株価が低い時には多く（株価が一〇ドルに下がれば一〇〇株）買うことになる。

「価格が低い時にはたくさん買え」というのは一見理にかなっているようだが、「何に比較して低いのか」を考える必要がある。価格が魅力的なのは、過去に比べて低い場合ではなく、将来の予想価格に比べて低い場合に限られる。残念ながら、ランダム・ウォークの下では、将来の予想価格に比べて現在価格が不当に低いということはありえない。価格が一〇ドルから始まろうが一〇〇ドルから始まろうが、一ドル下がる確率は同じだ。賢いルーレット・プレーヤーが、彼の手持ち資金が少ない時に多く賭ければ、運が向くなどと考えるだろうか。

現在、株価が安いのなら、将来の株価も安いと予想できる。今日の株価が安いなら、より多く（安いから）買う理由になると同時に、少なく（安いままだろうから）買う理由にもなる。二つの理由は相殺されて、「株価が安い時には多く買え」というのは「株価が高い時には多く買え」というのに類する誤りである。

定額買い増し方式は、ランダム・ウォークに対しては非常にまずい戦略である。カジノで同時に回転する同じルーレット盤が一〇台あるとする。あなたは賭けの元手を五万五〇〇〇ドル持っている。あなたがそうしたければ、最初のルーレットに一〇〇〇ドル、次に二〇〇〇ドル、三番目に三〇〇〇ドルというふうに賭けてもいい（総計すれば五万五〇〇〇ドルになる）。だが、この方法はルーレットで遊ぶには必要以上にリスクが高い。元手の三分の一以上を九番目と一〇番目のルーレットに集中して賭けることになる。ローリスクの戦略は、各盤に五五〇〇ドルずつ賭けることだ。そうすれば、どの台が特に重要だということにはならない。

株に一〇カ月続けて投資することは、一〇台のルーレットに賭けるのと同じことだ。定額買い増し方式で毎月一〇〇〇ドルずつ買い足していくのに、最初の台に一〇〇〇ドル、次に二〇〇〇ドル、三台目に三〇〇〇ドル賭けるというのと同じことだ。だが、これが大きな間違いだということは、さっき見たとおりである。賢いギャンブラーなら、それぞれの盤に五五〇〇ドルずつ賭ける。投資戦略としては、最初の月に五五〇〇ドル賭けるべきだ。それから必要なら持ち株を調整して、常に五五〇〇ドル分になるようにする（持ち株の額が五〇〇〇ドルに下がったら五〇〇ドル買い増し、六〇〇〇ドルに上がったら五〇〇ドル分を売り払う）。

どちらにしても、月の平均リスクは五五〇〇ドルだ。どちらの戦略でも期待収益は同じである。だが、定額買い増し方式だと、不必要なリスク要因が入ってくる。株価が一〇カ月のうち六カ月は上がり、残りの四カ月で同じ率だけ下がれば、毎月五五〇〇ドル分保有していた投資家は確実に勝利する。定額買い増し方式で、最初のうちは投資額が少なく、あとになるほど多くなる投資家は、どこの六カ月に上がり、どこで下がるのかを心配しなければならない。上がる月が初めに集中していれば、定額買い増し方式の投資家は損をする。

株価が上がるかどうかの心配は、投資にはつきものだ。対照的に、いつ上がるかという心配を避けることができる。定額買い増し方式だと、必要以上に眠れない夜が多くなるのは確かである。

これまでの定額買い増し方式批判は、ランダム・ウォーク仮説に基づいている。だが、たとえ株価がランダム・ウォークに従わないとしても、株価がどういう変動パターンに従えば、定額買い増し方式が正当化されるのかについて私はまったくわからない。たとえば、私が若いころ無邪気に信じていたように、株価（株価の変動ではない）が神秘的なルーレット盤の回転に従ってランダムに動くとする。この場合、株価が低い時に多くの株を買い、株価が高い時に少なく買うことを目標にすべきではない。株価が低い時に多くの株を買い、株価が高い時にはまったく買わないことを目標にすべきである。

この次に誰かに、定額買い増し方式を勧められたら、株価の動きについてどう思っているか、訊ねたほうがいい。「株価は変動します」などという無意味な答えに納得してはいけない。どう変動するのか、追及することだ。ランダム・ウォークで株価が日々ランダムに変動するのか。株価そのものが日々ランダムに決まるのか。株価には趨勢があり、その趨勢線からの離脱がランダムに起こるのか。当人は毎日異なるルーレット盤からランダムに選んでいるのか、そうだとすれば毎日どんな方法でルーレット盤を選んでいるのか。たぶん、相手はそんな質問をされるのは初めてだろう。その場合には、彼の投資アドバイスに従うのは愚の骨頂というものだ。もし相手が答えたとしても、たぶん定額買い増し方式のアドバイスとは一致しないだろう。

現在、最も有名な定額買い増し方式の旗振り役は、根拠のない決まり文句を大量生産しているラジオ番組「マネー・トーク」のボブ・ブリンカーのようだ。ブリンカーに電話してアドバイスを求めれば、定額買い増し方式をとりなさいと言われるだろう。彼のやり口は予言的で、西欧文明が回復不可能なほど堕落している証しではないか、と私は思っている。「マネー・トーク」で得られるアドバイスは、批判的な検討に五分と耐えられないものだが、毎週必ず神のお告げのようにばらまかれて、どこからも苦情が来ない。少しでも実際の数値と照らし合わせて検討してみれば、ブリンカーは自分が間違っていることがわかるはずだ。たぶん、彼は聴取者をなめていて、そんな必要はないと思っているのだろう。ランダム・ウォーク理論は、過去の株価変動を検討して戦略を立ててみても、収益見通しを改善しえないことを意味している。だが、他の変数を検討した場合に何が得られるかについては、何も語っていない。

理論的には、ある「ルーレット盤」は天候とコンソリデーテッド・アンブレラの株価の両方を決定することができ、両者の間にはタイム・ラグがある。まず、空が暗くなり、二四時間するとコンソリデーテッドの株価が反応する。このパターンに気づいた賢明な投資家は、金儲けできる。過去の株価変動以外の変数を観察することで、ランダム・ウォーク理論の鼻を明かすことができるかもしれない。

簡単な相関関係を観察すれば投資家は無制限の富を築けるという希望を持たせたとしたら、それは間違いで、お気の毒ながら、エコノミストはそうした可能性はありそうもないと考えている。天候とコンソリデーテッドの株価との関連に気づく投資家は一人ではないだろう。天候が変化したとたんに、これらの投資家は株を買いに走り、競って買おうとするために株価はほとんど瞬間的に上がってしまう。予想された将来株価は将来ではなく現在、実現してしまい、一般の投資家には利益の出る前に株を購入するなどということは不可能になる。

だからといって、すべての、あるいは大半の投資家が秘密を知っているということではない。ごく少数の投資家が収益機会に敏感で、機会を十分に活用しようとすればこうなるという話である。

市場がこのように動くという仮説は、「効率的市場仮説」と呼ばれる。この仮説によれば、誰でも入手できる情報に基づく投資戦略によって、市場で勝利することはできない。

効率的市場仮説とランダム・ウォーク仮説は密接に関連しており、ときには混同される。だが、この二つの仮説はまったく別物だ。ランダム・ウォーク仮説は、過去の株価変動を研究しても金持ちにはなれない、と言っているだけである。効率的市場仮説の方は、誰でも入手できる情報を利用して金持ちになることはできない、と言っている。

大半の株価の動きはランダム・ウォーク仮説で説明できるという豊富な経験的証拠がある。ここ二五年余りの経済雑誌や金融雑誌には、ランダム・ウォーク仮説を否定しようと試みて果たせなかったという記事が溢れている。エコノミストの大半は、これこそ圧倒的な証拠だと考えており、エコノミストの中には賢明で批判的で簡単には騙されない人々が含まれている。

対照的に、効率的市場仮説は誰でも入手できるすべての情報を対象としているために、検証がずっと困難である。しかし、種々の限定的な検証には成功している。たとえば、過去の貿易量に関する情報は将来の株価予測には何の価値もないという仮説を支持する文献は多数ある。別の例としては、ローレン・ファインストーン（エコノミストで、私の妻）が資産価格の変動の統計的パターンを検討し、（『ジャーナル・オブ・アプライド・エコノミクス』誌上で）資産に関する新しい情報のすべては三〇秒以内に完全に価格に織り込まれてしまうと推論した。

驚いたことに、こうした業績は新聞の金融面でほとんどニュースとして取り上げられなかった。上がっていた株価が下がり始めると、メディアの解説者は、株価の下落は「利食い」売りのためだと言う。ダウ－ジョーンズ平均株価が新高値に近づくと、「抵抗線」を突破しそうだとか、突破すれば「天井なし」の上昇を続けるだろう——もちろん、利食いがなければ、だろうが——と言う。

『ウォールストリート・ジャーナル』紙の「市場最新情報」というコラムは、この種の分析の源泉である。エコノミストは、多くの人々が星占い欄を見るのと同じ目で「市場最新情報」を眺めている。なかなか楽しいとは思うが、遊びにすぎない。だが、本気にしている読者がどれくらいいるのかとふと考えると、背筋が寒くなる。

第21章 アイオワで自動車を「栽培」する
——国際貿易が必要な理由

美しいものは常に喜びであり、簡潔で無疵の論理以上に美しいものはない。数行の論理で、世界の見方が一変する。

友人のデヴィッド・フリードマンが書いた教科書のページをめくっていて、私は最も美しい論理の一つを発見した。テーマは独創的ではないかもしれないが、フリードマン流の論理は非常に明晰でコンパクトで議論の余地がなく、嬉しいほど意外性があって、私は学生や親戚、カクテル・パーティで出会った人たちなどに、つい紹介したくなる誘惑に勝てなかった。これは国際貿易に関する論理だが、その魅力はテーマよりも抗し難い力強さにある。

デヴィッドの観察によると、アメリカには二種類の自動車生産方法がある。一つは、デトロイトで生産する方法、もう一つはアイオワで栽培する方法である。第一の方法は誰でも知っているので、ここでは第二の方法について説明しよう。

まず、自動車を作る原材料である種を蒔く。それから数カ月、小麦が実るのを待つ。それから小麦を収穫して船に積み込み、太平洋の西に向けて船出させる。数カ月後、船はトヨタの車を乗せて戻ってくる。

国際貿易は、技術の一形態にほかならない。人が住み、工場がある日本という名の国があることは、アメリカ人の福利とはまったく関係がない。貿易政策を分析するには、日本が小麦を自動車に変える神秘的な能力を持つ巨大な機械だと考えて差し支えない。

アメリカの第一の生産方法を第二の方法よりも優遇する政策は、デトロイトのアメリカ人自動車生産者をアイオワのアメリカ人自動車生産者よりも優遇することを意図している。税金や自動車「輸入」禁止措置とは、アイオワで栽培された自動車に対する課税や禁止措置である。デトロイトの自動車生産者を競争から守ることによって、アイオワの農民に損害を与えることになる。なぜなら、競争相手はアイオワの農民なのだから。

一定量の自動車を生産する仕事をデトロイトとアイオワに配分する方法は種々ある。競争価格システムは、総生産コストを最小にする配分を選択する。全部の車をデトロイトで生産することは必要以上に高くつき、すべてをアイオワで栽培するのも必要以上に高くつく。競争の結果として決まる自然な比率ではなく、政策的に比率を決めて生産する方法はそれが何であれ必要以上に高くつくだろう。

したがって、デトロイト保護は農民から自動車生産の労働者への所得移転という以上の意味がある。アメリカ人に一定の自動車を供給する総コストを引き上げることになるのだ。この効率の低下に見合う利益は存在しない。国全体を貧しくする。

アメリカの自動車生産の効率向上については多くの議論がある。自動車生産方法が二つある場合、最適な比率で両方を利用することが効率を実現する道である。いちばんいけないのは、一方の生産方法を政策的に妨害することだ。アイオワで栽培されたカムリが、デトロイトで生産されたトーラスよりも「アメリカ的」でないと考えるのは、まったく迷信にすぎない。迷信に根ざした政策が効率的な果実を生むことは少ない。

一八一七年に、デヴィッド・リカード――言葉ではなく数字を用いたが、この問題を厳密に考えた最初のエコノミスト――が、国際貿易に関する今日の議論すべての基礎を築いた。それから一五〇年、国際貿易に関する議論は発展して非常に精緻になったが、経済学の中では最も確立されたその基礎は少しも揺らいでいない。貿易理論はまず、ある産業のアメリカ人生産者を外国の競争者から守るとなると、他の産業のアメリカ人生産者が被害を受けることになると述べている。第二に、ある産業のアメリカ人生産者を外国の競争者から守るとすると、必ず経済効率が低下することを予言している。普通の経済学教科書は、グラフや等式、混み入った推論によってこの命題を証明している。だがデヴィッド・フリードマンから学んだ短い物語は、力強い比喩によって同じ命題を一点の曇りもなく明らかにした。これこそ最高の経済学である。

第5部

科学の落とし穴

第22章　アインシュタインは信頼できるか
――科学的研究の経済学

一九一五年、アルバート・アインシュタインが一般相対性理論と、その驚くべき含意をいくつか発表した。この理論は、昔から観察はされていたが説明のつかなかった水星軌道の光行差を「予言」するものだった。さらに、光が太陽の重力圏で屈折するという予想外の新しい事柄も予言した。一九一九年に、アーサー・エディントン卿率いる観測隊が光が屈折することを実証したことによって、アインシュタインは国際的な有名人になった。

水星軌道についての説明と光の屈折の予言は、いずれもアインシュタインの理論のめざましい業績だったのだが、光の屈折だけが――誰も予想していなかったために――ニュースの見出しを飾った。

エディントン卿が観測したのが一九一九年ではなく一九〇〇年だったと、ここで仮想してみよう。光の屈折は水星軌道と同じく、アインシュタインの理論の完成以前に――謎ではあるが――周知の事実になっていただろう。そうすれば、アインシュタインは予想外の事柄を予言したことにならないから世間を驚かせはしなかった。彼のイメージが大衆の心に焼きつき、後に続く物理学者がその髪型まで影響を受けることもなかったにちがいない。しかし、その場合、アインシュタインの個人的栄光の問題はさておくこととして、相対性理論そのものの運命はどうなっていただろう。科学界が受け入れて評価するまでに、もっと時間がかかっただろうか。そうだとしたら、その反応ははたして正当なのだろうか。

逆に、知られていなかった水星軌道の光行差をアインシュタインが予言し、その後の観察で予言が確認されたとする。誰も予想しなかった光の屈折に関する予言が与えた心理的衝撃によって、相対性理論はいっそう確固たるものとなったのだろうか。また、それは望ましいことなのだろうか。

少なくとも過去四〇〇年間、科学者と哲学者は、周知の事実（水星軌道のような）を証明することと、予想外の事柄（光の屈折のような）を予言することのいずれが「業績」として優れているのかを論じてきた。ルネ・デカルトとフランシス・ベーコンもこの問題に取り組んだし、今日の学術雑誌でも熱心な論争が行われている。

古い事実の新たな証明と新しい事実の予言的中は、確かにどちらも理論的価値を評価されて当然だ。心理的な衝撃がより大きいのは、未知の事象を予言して、その予言がのちに実証される場合、すなわち、理論が実証に先立つ場合だとされている。問題なのは、未知の事実を予言する理論と、既知の事実を説明する理論のいずれが、より高い評価に浴すべきなのかである。もっと割り切った言い方をすれば、未知の事実の予言は、そんなに高く評価されてしかるべきなのかである「理論の予言が未知か既知かはどうでもよい」とする人たちは、理論はそれがどう発見されたかとは関わりなく、理論自体の価値で判断すべきだと主張する。Aという理論があって、X、Y、Zという事実に適合したとする。そこで彼らがどう判定を下すかを考えてみよう。研究者がAという理論を作り上げる前に、X、Y、Zという事実を知っていたことが、なぜ問題とされるのか。研究者の頭脳はその髪型と同じくらい、理論の発見とは無関係なのだろうか。

単純なたとえで考えてみよう。左側の引き出しに入っている靴下は、半分が黒である。右側の引き出しには、黒い靴下は一足もない。左側の引き出しから靴下を選んだ場合、黒である確率はどれくらいか。もちろん二分の一だ。次に目隠しをして適当に引き出しを選び、靴下を取り出す。見ていた奥さんが、あなたが選んだのは左側の引き出しだったと教えてくれる。さて、靴下が黒である確率はどれくらいか。やはり二分の一である。肝心なのは靴下がどちらの引き出しに入っていたかであって、あなたが引き出しを選んだ時に何を知っていたかではない。

科学者がいくつかの目ぼしい理論の中から選択することは、靴下を選ぶのに似ている。

左側の引き出しには、いくつかの事実に適合する理論が入っており、その半数は正しい。右側の引き出しには事実によって反証される理論が入っていて、どれも正しくない。スミス教授は事実をすべて検討し、次に事実に適合する理論を作り上げる。スミス教授は慎重に左側の引き出しから理論を選ぶわけだ。正しい理論である確率は二分の一だ。ジョーンズ教授は自分で理論を作り上げ、未知の事実を予言する。彼は目隠しをして、任意に片方の引き出しを開ける。彼の理論が事実に適合していれば、左側の引き出しだったことがわかる。彼の理論が正しいものである確率は、やはりスミス教授の場合と同じく二分の一である。

もちろん、靴下と理論はまったく別ものだが、どちらもごくありきたりの確率法則に従う。科学理論の選択が、靴下の選択とそう違わないのだとすれば、未知の事実を予言するか否かは、さほど重要な判断基準ではなくなる。

未知の事実の予言は重要ではないという理屈がいかに単純明快であろうと、研究の現場にいる多くの科学者からは大いなる懐疑の声があがる。彼らは、誰でも既知の事実を取り上げて、それを「証明」する理論を作り上げることができる、したがって未知の事実の予言こそ優れた科学的業績の必要条件だと言う。彼らは直観的に未知の事実の予言こそが有意味だと信じている。彼らがなぜそう信じているのかを解明することは、取り組むだけの価値のある知的課題である。

未知の事実の予言が本当に重要ならば、科学的理論の構築は目隠しして靴下を選ぶのと肝心な点で違っているはずだ。もちろん、誰でもこの二つの行動が明らかに違っている点を数え上げることができる。一方は研究室で行われ、他方は寝室で行われる、一方には政府が補助金を出すが、他方には出さない、というように。だが、未知の事実の予言が重要であることを説明するに足る重要な相違点を発見するのは驚くほど困難である。

近年、科学理論の評価に関する論争の場は、ほとんど哲学誌に限られるようになった。しかし、いちばん明白な論点は、不完全な情報からどのようにして推論を引き出すか、である。この点についてであれば、エコノミストにも多少の知識があるから、ものが言える。

ごく素朴に考えても、未知の事実の予言は情報開示のメカニズムと見なすことができる。一部の科学者は他の科学者よりも生来の才能に恵まれており、才能ある科学者であるかないかを事前に見分けることは不可能だとしよう。才能ある科学者は正しい理論を構築する可能性も、未知の事実の予言を的中させる可能性もともに大きい。ジョーンズ教授が未知の事実の予言をした場合、彼は——少なくとも可能性として——自らの才能について何らかの情報を開示していると見ることができる。未知の事実の予言をする科学者は才能がある可能性が高く、したがって正しい理論を構築できる可能性も高い。ジョーンズの理論がスミスの理論よりも信頼されるのはなぜかといえば、未知の事実の予言そのものの効果ではなく、未知の事実の予言をしたことがジョーンズ教授について何ごとかを物語っているからである。

これだけでは、まだ完璧な説明にはほど遠い。なぜジョーンズ教授が未知の事実の予言をしようと考え、スミス教授はそう考えなかったのかについて、十分には説明し切れていない。ジョーンズ教授は自らの能力への自信を明らかにし、スミス教授は自信のなさを暴露してしまったのだろうか。そうであれば、これもスミス教授よりもジョーンズ教授を信頼する根拠になるかもしれない。言い換えれば、ジョーンズ教授の未知の事実の予言には、予言を成し遂げたことに加えて、予言というリスクを冒す意思が教授にあったことが、ジョーンズ教授の成功のゆえんなのである。

一つの具体例について考えてみよう。未知の事実の予言を的中させる科学者は通常年間一〇万ドルの所得があり、未知の事実の予言が的中しない科学者は二万ドル、予言をしようとしない科学者は五万ドルの所得があるとする。未知の事実の予言者は喜んで一〇万ドルの所得に賭けるだろう。科学者に自らの才能に賭ける意思があるのなら、他者も彼の理論を信じるという賭けをするのが合理的だということになる。一方、五万ドルを懐にして引っ込んでしまう科学者の場合、本人すらが信じていない才能を他人が信じるだろうか。

ここから先の推論は、正確にはジョーンズとスミスがインセンティヴにどう反応するかによって決まる。いよいよエコノミストの出番だ。私たちが追求するのは、科学者への給与体系と、この給与体系に対する個々の科学者の反応、そしてこの反応から何を推論できるかに関する理論である。

インセンティヴに関する十分に満足できる理論では、科学者同士の競争、科学研究機関相互の競争、研究費の拠出者間の競争、そして科学がもたらす恩恵の受益者間の競争を考慮に入れているはずだ。こうした利害の衝突があって初めて、それぞれの研究戦略、それぞれのレベルの業績にふさわしい報酬を提供するような給与体系が生まれる。残念ながら、そうした理論の意味するところを理解するのは、並大抵の仕事ではなさそうである。

そこで、もっと簡単な問題に取り組むことにしよう。科学研究の効率化を図る役割を担う科学大臣がいるとする。大臣が考え出す制度改革は、競争下で生まれる制度とほぼ類似している。要するに、私たちは経済界で競争の力が効率的な成果を生む例をたくさん知っている。したがって、大臣が何をすべきかを考え、その検討結果が現実世界で観察される事象とほぼ同じであることを期待しよう。たとえ期待外れに終わっても、努力することはまったくの無駄ではない。未来の科学大臣の顧問役を志願することぐらいはできるのだから。

大臣は科学者に対して、「まず観察する」ことから始めて理論化する前にすべてのデータを検討せよと命じることも、「まず理論を創造して」未知の事実の予言を試み、予言が間違っていたら理論を放棄せよと命じることもできる。

「まず理論化」するという方針は無駄が多い。科学者が能力を傾注して理論を創り上げても、結局は——少なくともときどきは——事実によって否定されるからである。事前に事実を集めれば、そのような過ちは避けられるし、正しい理論の創造に多くの時間を費やすことができる。したがって、倹約家の大臣なら全員に「まず観察せよ」と命じるだろう。ところが、「まず観察」という方針にも短所がある。多くの（相互に矛盾した）理論が創られるだろうし、どれが有望な理論かを見分ける手立てがない。橋を架けたいと考えた場合、大臣は相互に折り合わない多数の架橋理論を前にして、どれを採用すべきか途方に暮れることになる。

科学者がまず理論の創造から始めるなら、多くの理論は結局は事実によって反証されるから、検証を経て生き残った理論は平均よりも優れているはずだ。大臣は生き残った理論に格別の信頼を置くことができるし、完成した橋は崩壊しないことにも格別の信頼を置くことができる。

したがって、次のようなトレードオフが存在する。科学者がまず理論を創ることから始めれば、その作業は高くつくし、ごく少数の理論しか生き残らず、架けた橋の多くは崩壊するだろう。科学者がまず観察することから始めれば、正しい理論と誤った理論を見分けることができず、いずれ崩壊する欠陥のある橋が数多く架けられることになるだろう。

賢明な大臣なら、まず理論化という浪費的な方法と、まず観察というもう一つの浪費的な方法との折衷案を探すだろう。一部の科学者には理論化を、他の科学者には観察を命じるのが最適かもしれない。しかし、誰をどちらのグループに入れるかを決める合理的な根拠とは何だろうか。

科学者が自分の能力や研究態勢、目前のプロジェクトに対する動機など個人に関する情報を持っていると想定すれば、答えが出てくるかもしれない。一部の科学者は特に理論化に自信を持ち、その自信は的確な判断に基づいている場合が少なくない。

できるだけ単純化して、優れた科学者と劣った科学者の二種類しかいないとする。「優れた」科学者とは「平均よりも正しい理論を作り上げる可能性が高い」科学者で、劣った科学者とはその逆を意味する。さらに（これも単純化のために）すべての科学者は自分がどちらのタイプに属するかを知っていると想定する（これは、一部の科学者は自分のタイプについてある程度の情報を持っているという、劣った現実的な想定の一次近似である）。

こうした前提を設けた上で、大臣の主要目的の一つは、優れた科学者と劣った科学者を区別することだ。二つのまったく別の理由から、ここで得られる情報は貴重である。第一に、誰が優れた科学者なのかがわかれば、架橋に誰の理論を応用すればいいのかがわかる。第二に、誰が優れた科学者なのかがわかれば、劣った科学者よりも平均して高い報酬を支払うことができる。すると、才能ある若者が科学者になろうとするし、才能のない者は別の道へ進むだろう。

大臣はどのようにして優れた科学者と劣った科学者を見分けるか。いちばん簡単な方法は、当人に訊ねることだ。残念ながら、大臣は優れた科学者には劣った科学者よりも高い報酬を支払おうとしているから、そんなまともな質問に誰も正直に答えるとは思えない。そこで、大臣は真実を話した人々に報奨を与える方法を見つけなければならない。

その解答は、すでにヒントが示してあるから推測がつくだろう。大臣は、二つの研究機関を設置すればいい。「まず観察」研究所と「まず理論創造」研究所である。「まず観察」研究所では、全科学者が常にまず観察し、全員が五万ドルの年俸を受け取る。「まず理論創造」研究所では、全科学者がまず理論を創造する。最終的に理論が実証された科学者には一〇万ドルの年俸を支払うが、理論が実証されなかった科学者には二万ドルしか支払わない。

この報酬額を適切に決めれば、優れた科学者は――未知の事実の予言を的中させる能力に自信を持っているから――、高給を期待して「まず理論創造」研究所に入るだろう。未知の事実の予言がしばしば外れるのを知っている劣った科学者は、五万ドルが保証されている「まず観察」研究所に入るはずだ。この解決策の素晴らしいところは、科学者が最初は提供する気のなかった有用な情報を自発的に提供することである。

もちろん、この制度だと、優れた科学者の中でも不運な者は年間二万ドルしかもらえない。だが、優れた科学者は平均すれば劣った科学者よりも稼げるし、相対的に見て多くの若者が科学者を目指すだろう。しかも、橋を架ける際に、どこに助言を求めればいいのかが大臣にわかる。「まず観察」研究所の科学者の進言は丁重に扱われるだろうが、まず採用されることはないだろう。

したがって、この制度は非常に望ましい面を持っている。しかし、不安な面もある。一つは、優れた科学者が理論創造に特化する結果、時間と労力を浪費することだ。彼らが最初に観察しておれば、袋小路に迷い込まなくてすむかもしれない。残念ながら、まず観察というやり方は、研究者としてのリスクを軽減するが、劣った科学者にとっては好都合である。理論は実証されないかもしれないという脅威だけで、劣った科学者は「まず理論創造」研究所を敬遠する。大臣は優れた科学者に浪費を強いることで、劣った科学者の化けの皮を剥がすことができる。この情報は浪費を補って余りある。

もう一つのおかしな面は、劣った科学者の理論は何の社会的価値もないことが最初からわかっているのに、年俸五万ドルが支払われることだ。しかし、これも劣った科学者が「まず理論創造」研究所に入り込むのを防ぐのに必要な費用である。劣った科学者が快適な環境に恵まれないとなると、彼らは優れた科学者のふりをするようになり、大臣の手に負えなくなるだろう。

科学研究が民間部門に任されていれば、無用な理論を作り出す劣った科学者を雇おうという企業がありえないことは指摘しておかねばなるまい。だが、劣った科学者に優秀なふりをさせないようにするには、「まず観察」研究所のような組織も社会的に見れば重要だろう。理論的には、政府が科学活動に重要な役割を果たすべきだということになる。社会的に無価値な研究にも進んで資金を出すのは政府だけだからだ。

さて、この理論モデルにはどの程度、現実性があるだろう。現実の科学界に見られる種々の性格を備えていることは確かである。現実の世界には、研究成果によって報酬が大きく左右される「厳格な」研究機関もあるし、誰もがほぼ平等に扱われる「ぬるま湯」的研究機関もある。科学者はだいたい自らの能力への期待に応じて、どのような研究機関に入るかを決める。劣った科学者はまったく無用の研究をしながら相当な高給をとっており、劣った科学者の数は寛大な大臣が考えるよりも多いことを、理論モデルは示唆する。現代科学界の状況に詳しい人間から見れば、これもまたもっともなことだと思える。

未知の事実の予言を重視する立場を正当化する理論として考えられるのは、優れた科学者と劣った科学者という二分類モデルだけではない。しかし、これほど詳細なモデルは他にないであろう。同じように詳細な別のモデルができれば、その利点を真剣に検討することができる。どういうわけか、過去四〇〇年間、未知の事実を予言する理論と既知の事実を説明する理論のいずれが優れているか、という論争が行われてきたのに、論者たちは科学研究の行動モデルを明らかにしなければならないとは思わなかったらしい。仮定を明らかにせずに結論だけを言い立てる思想家には気をつけたほうがいい。私が経済学が好きなのは、経済学者は仮定を明らかにしてものを言うからである。

第23章 フットボールのルール改正

――エコノミストも間違いを起こす

フットボールをよく知りたいと考えるエコノミストがいた。彼はルールは知っているのに、試合の面白さはまったくわからなかった。そこで、優れた監督の戦略を分析して、フットボールを学ぼうと決意した。

試合を観戦するたびに、このエコノミストは、判定されたプレーと、プレーに関係がありそうな周囲の状況をすべて丹念に記録した。そして夜になると、高度に統計的な仮説検定を行い、そのデータに隠されているパターンを割り出そうとした。やがて、彼の研究は成果をあげ始めた。彼は、クォーターバックはしばしば受け手の方向へボールを投げること、ボールを持った選手は通常相手チームのゴール・ポストの方向へ走ること、そして、終了間際にフィールド・ゴールを試みるのは、ほとんどが一ポイントか二ポイント負けているチームであることなどを発見した。

ある日、NFL（ナショナル・フットボール・リーグ）のコミッショナーがパント（ボールを手から落とし、まだ地につかないうちにボールを蹴ること）の多用について心配し始めた。彼は、最近各チームがやたらにパントするが、これが試合に有害であると考えたのだ（彼がこう思った理由はわからないが、彼はそう思い込んでいた）。コミッショナーは何が何でもパントを減らそうと思いつめ、それにはどうすればよいのかを部下に相談した。

するとMBA（経営管理学修士号）を取ったばかりの部下が、息をはずませて報告してきた。彼の話では、フットボールに関してあらゆる面で偉大な権威であるエコノミストの講義を受講したことがあり、そのエコノミストがチームの動きを予測する詳細な統計的モデルを開発しているというのだ。彼はそのエコノミストに、なぜチームがパントするかを研究委託したらどうかと、提案した。

コミッショナーはエコノミストを招き、エコノミストは着手金として高額の小切手を手に、パントの原因を究明する研究委託を請け負って帰った。何時間か作業した後に、彼は解答を手にした（彼は研究報酬を時間単位で請求することにした）。コンピュータの大量のプリント・アウトは、疑いの余地なく、パントはほとんど常にフォース・ダウンで行われることを示していた。

このエコノミストは科学的方法論を身につけていたが、過去の事実の記述は将来の予測に比べると印象が薄いことも知っていた。そこでコミッショナーに報告する前に、自分のモデルをデータにより検証することにした。何度かフットボールの試合の観戦に出かけ、試合前にパントはすべてフォース・ダウンで行われると予測した。予測がそのとおり実証された時、彼は真の科学的発見をしたと考えた。

しかし、コミッショナーは科学的発見に金を払っているわけではない。知識は哲学者を喜ばせるかもしれないが、コミッショナーにとって解決すべきは現実の問題である。彼の目的はパントを理解することではなく、追放することなのだ。

そこでコミッショナーは具体的な解決策を考えてくれと言い、エコノミストはコンピュータのある研究所に戻った。試行錯誤を重ねるうちに、エコノミストの頭に思いがけないアイディアが浮かんだ。各チームにスリー・ダウンしか認めないとすれば、どうなるか。

このアイディアをテストするために、エコノミストはスリー・ダウンしか認めない場合のチームの動きをシミュレーションするプログラムを組んだ。このプログラムには、チームがどこでパントするかについてエコノミストが知っているすべての情報が組み込まれた。シミュレーションを繰り返した結果、彼の予測は検証できた。パントはフォース・ダウンでのみ行われるから、フォース・ダウンがなければどのチームもパントしないのだ。

コミッショナーはエコノミストの検証結果の重みに感銘を受け、記者会見を開いてフットボールのルール改正を発表した。今後はスリー・ダウンまでしか許されない、と。コミッショナーは、これでパントの多用はなくなるだろうと自信満々に宣言した。しかし、現実はそうはいかなかった。チームはサード・ダウンでパントするようになり、コミッショナーはエコノミストの話にはいっさい耳を貸さなくなった。

このエコノミストは、二十世紀の政策分析の主流に位した実在の人物である。第二次世界大戦後、エコノミストは統計学を学んだ。計量経済学の新しい分野で、経済データに秘められたパターンを検出し、このパターンが繰り返される可能性があるかどうかを検定することができるようになった。彼は、消費行動、投資の意思決定、農業生産、労働供給、金融資産の売買、その他考えつくデータすべてを調べ尽くした。この調査研究は想像した以上の成果をあげた。データは驚くべき一貫性を示し、これを利用して驚くべき精度で将来予測ができるようになった。

現代のアメリカ人は、マクロ経済の予測が精確だった時代があったなどとは信じ難いと思うにちがいない。だが、その短い黄金時代は存在したのだ。そこで、経済予測が当たらなくなったのはなぜかという疑問が湧いて当然だ。

政府がエコノミストの言葉を真面目に取り上げ始めたことが、その原因なのである。かつてNFLの助言者であった、くだんのエコノミストの足跡をたどってみよう。当時、彼は連邦政府に頼まれて経済政策立案への助言にあたっていた。

助言の目的は、農業生産を刺激することであった。わがエコノミストは、シリアル食品のマーケットを分析して、平均的アメリカ人の朝食にもっと多くのコーン・フレークが消費されるような政策を立案するという仕事を担当した。

最初の仕事は、コーン・フレークの消費に関する事実を確認することだった。何カ月もデータに取り組んだ後、エコノミストは求めていた統計的法則性を発見した。平均的アメリカ人は毎月二箱のコーン・フレークを買っている。この行動は驚くほど安定していた。たとえば、可処分所得が多少変動しても、コーン・フレークの売り上げはほとんど影響されない。

懐疑的な科学者であるエコノミストは、過去のデータのみに依存するつもりはなかった。彼はこの理論を予測という厳しいテストにかけてみた。その後の七カ月間、所得の多少の変動に関わらず、アメリカの家庭は一カ月に二箱のコーン・フレークを買い続けると予測したのである。予測は繰り返し的中した。勝利の美酒を味わった彼は、フォース・ダウンとパントの関連を発見した若き日の栄光を思い出した。

エコノミストの上司はこの発見に喜び、さらにこれを基礎にした政策提案を受けてなおのこと喜んだ。政府から全米の家庭に毎月二箱のコーン・フレークを給付しようという提案である。政策資金捻出のためにわずかながら増税しなければならないが、わずかな増税がコーン・フレークの売り上げに影響しないことはわかっている。したがって、各家庭は食料雑貨店で一カ月に二箱ずつコーン・フレークを買い続けるだろう。消費量は政府から給付される二箱と合わせて四箱となり、これまでの二倍になる。

しかし、奇妙なことが起こった。政府がコーン・フレークの給付を始めると、買い物客は一〇ヤード進むのにスリー・ダウンしか許されなくなったフットボール選手と同じような反応を示したのである。彼らは戦略を変更した。政府がコーン・フレークを給付してくれることになったとたん、食料雑貨店でコーン・フレークを買うのをやめてしまったのだ。

このエコノミストの物語は決して誇張ではなく、彼の世代の現実を象徴している。一九五〇年代から一九六〇年代にかけて、彼のたどった道は名声と栄光につながっていた。わずか二〇年前、ロバート・E・ルーカス・ジュニア（現在はシカゴ大学にいる）が、人は政府の政策変化に反応するという広く知れわたった最初の警鐘となる論文を発表し、この単純な観察のおかげで、伝統的な政策分析はまったく無意味になってしまった。現在でも、初めて経済学を勉強する大学生は、政府がコーン・フレークを給付しても、人々は従前どおりコーン・フレークを買い続けるものと仮定せよと教えられる（もちろん、教科書ではこの仮定をコーン・フレークにかえて代数を使って説明するから、学生はそれが何を意味するのか、理解できないようだが）。

政策分析にとっては残念なことに、人間は単純な自動機械ではない。彼らは、政府が政策によってルールを決めるという複雑なゲームの戦略的プレーヤーである。エコノミストが観察する——車や住宅を買うか、転職する、労働者の雇用を増やす、新しい工場を建設するなどの——経済行動は小さな戦略である。ルールが変わらないかぎり、戦略はそう変わらないものと予測して差し支えないから、過去の観察結果をそのまま将来に適用できる。ところが、ルールが変わると、すべての予測が狂ってくる。

わが栄光のエコノミストは、統計的分析ではなく純粋な経済理論の研究にもっと努力を傾けろと助言されてしかるべきだった。フットボールの正しい理論——各チームは相手チームよりも多く得点をあげようと試みる——を指針とすれば、新しいルールに選手がどう反応するか、正確に予測できたはずである。コーン・フレークに関する正しい理論——各家庭は好みや便利さ、価格、代替食品などを考慮してコーン・フレークの消費量を決定する——を指針とすれば、政府が各家庭に代わって買い物をしても、食欲が増すわけではないことが正確に予測できたはずである。

もちろん、間違った理論もあり、間違った理論を信じるエコノミストは正確な予測ができない。しかし、何らかの理論をわきまえているエコノミストなら、少なくともその理論が正鵠を射るチャンスはありうる。統計学的外挿法にのみ頼るエコノミストにはまったく見込みはない。

マクロ経済学者が最も派手な失敗をしたのは、雇用とインフレの関係についてであった。長年、強力な関連性を示唆する事実が観察されていた。インフレ率が高い時には、雇用率も高く、逆もまた真であった。一九六〇年代末ごろには、この観察は厳しい統計的検証を経て、一般に、科学的真実として認知されていた。この真実を政策の基本として受け入れた政治家は、失業率をコントロールする手段としてインフレ率を操作しようと試みた。その結果は、期待をまったく裏切るものだった。一〇年に及ぶスタグフレーションの時代、すなわちインフレ率が高く雇用率が低い時代が招来されたのである。一九八〇年代に入り、インフレ率は劇的に低下し、最初の深刻な不況の後、雇用機会はかつてない割合で拡大した。古い統計的法則は神通力を失ったのである。

何が変わったのか。インフレ率が雇用に対する個人の決定にどう影響するかという理論抜きには、この問いに答えることはできない。一九七一年、ロバート・ルーカスは、そうした理論の一つを初めて提示した。

ウィリー・ワーカーという失業者がいるとしよう。彼が就職しないのは就職の機会がまったくないからではなく、いい就職口がないために、失業している方がましだと考えているからである。最高でも年収一万ドルの仕事しかなかったが、これでは就職活動のコストもろくに回収できない。賃金が一万五〇〇〇ドルなら、ウィリーは就職する。

ある晩、ウィリーが眠っている間に、急激なインフレが襲来し、すべての物価、すべての賃金が二倍になった。昨日、一万ドル払うと言った雇用者が、今日は二万ドル払うと言う。だが、それでもウィリーには十分ではない。物価が二倍になった世界では、三万ドル以下ではウィリーは働かない。彼は依然として失業したままである。

さて、話を少し変えてみよう。大インフレの翌朝、ウィリーは二万ドルで働かないかという雇用者からの電話で起こされる。この時点では、ウィリーはまだ朝刊を読んでいないから、物価が変動したことに気づいていない。彼は喜んで仕事に出向く。その日の帰宅途中に最初の給料の小切手で買い物をしようと立ち寄ったスーパー・マーケットで、彼はようやく冷酷な真実を知り、退職届を書こうと考え始める。

この非常に図式化された寓話は、重要だと思われる現実の一面を表わしている。インフレは人々を騙すことで雇用を増大させうる。雇用機会を実際以上に魅力的に見せ、経済環境をもっとよく知っていたら断るような就職口を、労働者に受け入れる気にさせるのだ。

雇用者の立場からも、同じような物語がいくつでも作れる。あなたがアイスクリーム店を経営し、アイスクリームを一個一ドルで売っているとしよう。一個二ドルで売れれば事業を拡大できるが、自らの経験をとおして二ドルでは客が逃げてしまうことを知っている。すべての物価とすべての賃金が――あなたのすべての費用も――二倍になれば、アイスクリームを一個二ドルで売れるが、その二ドルは昨日の一ドルと同じ価値しかない。だとすれば、あなたの事業は旧態依然である。

しかし、物価と賃金が二倍になったことに、あなたが気づかなかったらどうなるか。客が突然、アイスクリームはもっと高いはずだと考えるようになったらしいことを、あなたは知る（おそらく、最初に気づくのは客が増えるからで、賃金が二倍になった客には一ドルのアイスクリームがまるで安売りのように映っているらしいことがわかる）。あなたはそこで事業を拡大し、新しい従業員を大勢雇い入れる。自分の間違いに気づいた後では、もはや拡大した事業のある部分は縮小するわけにいかない。新しい冷凍装置が設置され、駐車場も拡張中である。新規従業員の中には解雇するのがもったいない者もいる。

ルーカスの物語は、「インフレ」が人々を働かせるのではなく、「予想しなかった」インフレが人々を働かせることを意味している。彼の物語では、完全に予想されたインフレの下では、失業者は仕事に就こうとしない。完全に予想されたインフレは誰の行動にも影響を及ぼさない。現代マクロ経済学の（高度に図式化された）物語では、次のようになる。インフレは人々を騙して大勢の失業者に職を受け入れさせ、雇用者には大勢の労働者を雇わせる。政府はインフレが続けばそれに伴って一貫して高い雇用が続くことに気づき、この関係を利用してインフレ率を自動的に操作しようと決める。労働者と使用者はすぐに政府の意図に気づき、騙されなくなる。インフレと失業との相関関係が切れたのは、政府がそれを利用しようと試みたからなのだ。

このたとえをここでより明確にしよう。フットボールの物語では、フォース・ダウンとラスト・ダウンの区別がなかった。エコノミストAが「チームはフォース・ダウンでのみパントする」と主張し、エコノミストBが「チームはラスト・ダウンでのみパントする」

と主張したとしても、過去のデータからは両者の仮説は区別できない。エコノミストAの主張を裏づけるデータはすべて、エコノミストBの主張を裏づけるし、逆もまた成り立つ。両者の仮説による予測は、「ルールが変更されるまで」は等しく的中する。しかし、ルール変更後、ラスト・ダウンがフォース・ダウンではなくサード・ダウンになると、一方の仮説はここでも正しいが、もう一方はまったくの誤りになる。

コーン・フレークの物語では、「購入される」コーン・フレークと「消費される」コーン・フレークの区別がなかった。エコノミストAが「一家族あたり毎月二箱のコーン・フレークを消費する」と主張し、エコノミストBが「一家族あたり毎月二箱のコーン・フレークを購入する」と主張したとしても、過去のデータからは両者の仮説は区別できない。エコノミストAの主張を裏づけるデータはすべて、エコノミストBの主張を裏づけるし、逆もまた成り立つ。両者の仮説による予測は、「ルールが変更されるまで」は等しく的中する。しかし、ルール変更後、各家族が購入するコーン・フレーク二箱に加えて、政府が二箱給付するようになると、一方の仮説はここでも正しいが、もう一方はまったくの誤りになる。

第二次世界大戦後の二〇年間、インフレ率の変動は概ね予想外だった。「インフレ」と「予想外」のインフレの区別がなかった。エコノミストAが「インフレは失業者を仕事に就かせる」と主張し、エコノミストBが「予想外のインフレは失業者を仕事に就かせる」

と主張したとしても、過去のデータから両者の仮説は区別できない。エコノミストAの主張を裏づけるデータはすべて、エコノミストBの主張を裏づけるし、逆もまた成り立つ。両者の仮説による予測は、「ルールが変更されるまで」は等しく的中する。しかし、ルール変更後、政府がインフレ率をシステマティックに操作するようになり、インフレ率が予測できるようになった結果、一方の仮説は正しいが、もう一方はまったくの誤りであることがわかった。

過去の経験だけを指針として、固定された環境の下で人間行動を予測するのは容易だ。だが、変化する環境の下で人間行動を予測するのは不可能である。夏のニューヨークで、朝、空が曇っていると、私は傘を持って出勤する。もしあなたが私をしばらく観察していれば、このパターンに気づき、いつ私が傘を持って出るかを簡単に予測できるだろう。だが夏のコロラドでは、私は絶対に傘を持って出ない。午後のにわか雨は私が五時にオフィスを出る前に必ずあがっているからである。私がコロラドに引っ越した場合、あなたの予測は完全に外れるだろう。

なぜチームがパントするかを理解しているエコノミストは、ルール変更後に何が起こるかを知っている。なぜ人々がシリアル食品を買うかを理解しているエコノミストは、無料のコーン・フレークを給付したらどうなるかを知っている。なぜ人々が就職するかを理解しているエコノミストは、インフレ率を操作したらどうなるかを知っている。そして、なぜ私が傘を持って出るかを理解しているエコノミストは、私が乾燥地帯に引っ越したらどうなるかを知っている。人間行動を理解するには、エコノミストは、失業者の物語やアイスクリーム店の物語のような物語を創作し、長い時間をかけて、自分の物語がもっともらしいかどうか悩み続け、もっといい物語がないかを考えなければならない。

多くのエコノミストは、ルーカスの物語に強い不快感を催し、「アイスクリーム店はなぜ事業を大々的に拡大する前に『ウォールストリート・ジャーナル』紙を読んでインフレ率を知ることができないのか」といった厄介な質問をしたりする。これに対してルーカスやその学派のエコノミストは元の物語をさらに精緻にしたり、反論に対抗できるようなさまざまな物語を創作したりしてきた。

しかし、個々の物語の運命がどうであろうと、ルーカスは、マクロ経済学は語るべき物語を持ち、その欠点がすぐに明らかになるほど十分詳細に物語らなければならないと主張して、マクロ経済学を決定的に変えてしまったのである。一九七一年、ルーカスは「期待と貨幣の中立性」(*Expectation and the Neutrality of Money*)と題する論文の冒頭で、人工的な世界を、市民の寿命、引退年齢、さらに他人の私事をどこまで知りうるのかまでを、詳細にわたり描いて見せた。こうして具体的な前提を明らかにした上で、彼はマネー・サプライの増加がどんな影響を及ぼすかをつぶさに追跡したのである。ルーカスの世界では、マネー・サプライのランダムな変動はインフレ率と雇用率の両者をともに上昇させる。そして、変動がランダムではなく、政府の政策の一環として生じた場合には、インフレ率は上昇するが雇用は変動しない。

伝え聞くところによると、ルーカスがある一流の経済学の専門誌に論文を投稿したところ、「論文は面白いがマクロ経済学とは何の関係もない」という掲載お断りの手紙を受け取ったそうである。今日、この論文はマクロ経済学とはどんな学問かを定義する手本となっている。エコノミストには彼の物語を好む者も嫌う者もいるが、われわれエコノミストにとって、明晰な物語を十分理解できるぐらいに単純で、現実世界を想像させるぐらいに複雑な世界についての明示的かつ詳細な物語を創作できれば最高だという点では広く一致している。これは古いマクロ経済学との劇的であると同時に不可避的な訣別であった。

現代マクロ経済学はまだ予測力のある科学にはなりえていない。だが、現代マクロ経済学が誕生したのはわずか二〇年前のことであり、私たちは旧い学派の過ちを繰り返すまいと決意し、若者への忍耐強い信頼を抱きつつ未来を眺めているのである。

第6部

宗教の落とし穴

第24章 私は環境保護主義者と対決する
——経済学対エコロジー教

私の娘は四歳で二つ目の学位を得た。二歳の時に、コロラドにある幼児教室でそこの最高学位を得ている。一年後、今度は家族がニューヨーク州に戻った時に入学したJCC（ユダヤ人コミュニティ・センター）付属幼稚園を卒業した。

娘の卒園式で私は、安全なエネルギー源、大量輸送交通、リサイクル運動の重要性を説く四歳と五歳の子供たちによる「地球の友達」と題した講義を聞かされた。そこで繰り返される決まり文句は「この地球という星に住む恵みには、地球を守る責任が伴います」という調子の「恵みには責任が伴う」というものだった。トーマス・ジェファーソンは、地球に住むことはむしろ奪われることのない権利だと考えていたが、彼がそう考えたのは幼稚園に通ったことがなかったせいかもしれない。

その一部は以前から娘に聞かされていて、私はときどき、娘を再教育する必要があると考えていた。しかし、文字を読むこともできない幼い子供たちが耳で覚えた政治綱領を繰り返し暗唱するのを聞いた時、いよいよ教師とこの問題を話さなければならないと考えた。教師は、私にまずこの教義問答のどの点に反対なのか、と尋ねた。環境保護主義がますます押しつけがましい国家的教義もどきになりつつある現在、われわれ異教徒はある種の逸脱した言動にますます神経を尖らせざるをえない。

娘の幼稚園の無邪気な環境保護主義は、最も評判の良くない各種の宗教的原理主義に通じる、神話と迷信と儀式の寄せ集めを強制している。悪い宗教の解毒剤は、善い科学である。占星術の解毒剤は科学的方法であり、幼稚な天地創造説の解毒剤は進化論であり、幼稚な環境保護主義の解毒剤は経済学である。

経済学は対立する二つの選好に関する科学である。環境保護主義はこの選好の問題をモラルの問題に祀り上げる時、科学の枠を超える。自然を切り拓いて駐車場を作るという提案では、自然を好む者と便利な駐車場を好む者が対立する。その後の争いで、両者とも政治的、経済的制度を駆使して自分の好みを通そうとする。勝敗がかかっているから争いは激しく、ときには熾烈になる。それはすべて、予想されることだ。

しかし、最初の「アース・デー」から二五年経って、一方の側が自分の好みは正義で相手は悪であると信じるようになり、そこに新たに醜悪な要素が混ざり込んできた。経済学は、環境保護主義者が奉る道徳そのものを排除する。

経済学は基本的な対称性に焦点を当てる。対立は両者が同じ資源を別の使途に配分したいと考えることから生じる。ジャックはジルの駐車スペースを犠牲にして森林を残したいと考え、ジルはジャックの森林を犠牲にして駐車スペースを確保したいと考える。そこで、この両者の関係は倫理的に中立で、ジャックあるいはジルのいずれかの立場が倫理的に勝っているという扱いをしてはならない。

対称性の分析をさらに進めよう。環境保護主義者は、自然を切り拓くという決定は「取り返しがつかない」から、駐車場より自然を優先するべきであると主張する。もちろん、彼らの主張は正しいが、自然を切り拓かないという決定も同じく取り返しがつかないという事実を忘れている。今日、自然を切り拓かないかぎり、明日、駐車する機会は、明日という日が失われるのと同様に失われ、取り返しがつかない。さらに遠い将来に駐車できたとしても、この失われた機会に相当する代替にはならないだろう。

環境保護主義者の主張のもう一つは、自然という選択肢をわれわれ自身のためでなく、将来世代のために残しておくべきだというものだ。だが、将来世代が、駐車場からあがる利益よりも自然が遺される方を選ぶと考える根拠があるのだろうか。誠実に科学的に究明しようとすれば、最初に浮かぶ疑問の一つがそれである。

もう一つの主張は、駐車場開発業者の目的はどちらを優先するかという選好の問題ではなく、利益の問題だというものである。これに対しては、二つの解答がある。第一に、開発業者の利益は顧客の選好から生じる。最終的な対立相手は開発業者ではなく、駐車したい人々である。第二に、この主張の奥底には、利益への選好は自然への選好よりも倫理的に劣っているという考えがあるが、この立場こそ、ここでの議論では排除しようと考えているものである。

「取り返しがつかない」という主張も、「将来世代」という主張も、「利益ではなく選好だ」という主張も、間違った認識を根拠とするもので、誠実な検討に耐えられるものではないと私は考える。では、一部の環境保護主義者はなぜこうした主張を繰り返すのか。おそらく、彼らには誠実に検証するという精神が欠如しているのだろう。多くの場合、彼らは最初から倫理的に高い立場にいるつもりで、したがって人を改宗させるという崇高な目的に役立つかぎり、知的誠実さに欠ける布教活動を広める権利があると思っている。

科学の特徴は、論理的に議論を進めてその結論に従うという姿勢にある。ある種の宗教の特徴は、都合のいい時だけ論理的で、議論が思わぬ方向に向かうと、すぐに撤退してしまうということだ。環境保護主義者は樹木の重要性に関する統計数字を大量に持ち出し、だから紙をリサイクルすべきだと一足飛びに結論する。だが、逆の結論も同じように成り立つ。もし再生牛が可能となれば、牛の飼育数は増加するのではなく減少するにちがいない。牧畜業者に多数の牛を飼育させたいと考えるなら、大量の牛肉を食べるべきだ。同じく、再生紙は植樹量を増やそうという製紙会社のインセンティヴを失わせ、森林縮小の原因になりうる。広い森林を望むなら、できるだけ紙を浪費するか、あるいは伐採会社を補助するよう働きかけるのが最善の戦略かもしれない。環境保護主義者にそう言ってみるといい。私の経験では、戸別訪問の福音主義者が思わぬ逆襲に出会った時のように、相手は一瞬うっとりとほほえむが、彼の信念はまったく揺るがない。

このことから考えて、環境保護主義者——少なくとも私が出会った——の真の関心は樹木の保存にはないにちがいない。もし樹木の保存に関心があるのなら、彼らは真剣に紙のリサイクル運動の長期的効果を検討するはずだ。彼らがそうしたがらないのは、真の関心がリサイクルという儀式にあって、その結果には関心がないからではないか。底流にある犠牲の必要性、そして他者への犠牲の押しつけは、宗教的情熱以外の何物でもあるまい。

環境保護主義者は発癌性農薬を禁止せよと言う。彼らは農薬禁止によって果物や野菜が高価になり、人々の摂取量が減って、癌発生率が上昇するかもしれないという、農薬禁止のもたらす結果を考えようとしない。彼らが本当に癌発生率を減少させたいのであれば、この影響をも考慮に入れないとおかしい。

環境保護主義者には予言者的なところがある。種が絶滅したらどうなるか、結果はまったく予想できないので、そのようなリスクを冒してはならないと彼らは言う。だが、結果が予測できないのなら、逆の結論も成り立つ。経済学が教えていることの一つは、わからなければわからないほど、実験が有用だということである。種の絶滅の影響がまったくわからないなら、いくつかの種を選んで絶滅させてみれば、貴重な知識がたくさん得られる。しかし、科学者がこの分野で本当に何もわかっていないのかというと、それは疑問だと思う。私の関心は、都合がいい時には何もわかっていないと主張し、予想外の結論を突きつけられると主張を引っ込める環境保護主義者の姿勢にある。

一九九二年一〇月に新種のサルがアマゾンの熱帯雨林で発見された時、マスメディアは、これこそが熱帯雨林を保護しなければならないことを示す好個の事例であると騒ぎたてた。しかし、私自身はむしろ逆のことを考えた。そんなサルが存在することを知らずに長い間すごしてきたのだから、別に残念なことだとは思わなかった。サルが発見されても私の人生が豊かになるわけではなく、発見されないまま絶滅しても、たいして残念だとは思わないだろう。

動物園や動物の絵本の楽しい記憶のせいだろうが、私がより多くの関心を注ぐのは別の動物である。たとえばライオンだ。ライオンが絶滅したら悲しいと思うだろうし、ライオンの保護のために年間五〇ドルぐらいなら寄付してもいいと思う。だが、それ以上のことは遠慮する。あなたにとっては、ライオンが私ほど重要でないのだとすれば、それはそれて仕方がないと思うだろうし、そのためにあなたを罪人呼ばわりはしない。あなたにとってライオンが私以上に大切なら、もっと多くの寄付をすればよい。

現在の政治風土では、連邦政府はアメリカ人の福祉を最優先すべきだというのが、ほぼ公理のようになっている。また、大気汚染は場所を問わず悪いことだというのも、ほぼ公理になっている。だから、世界銀行のチーフ・エコノミストは、汚染度の高い産業の生産拠点を発展途上諸国に移そうと提案すれば、大方の支持が得られると予想される。大半のエコノミストは、この提案どおりにすれば、アメリカ人だけでなく発展途上諸国の人々もすべて利益が得られるであろうことは自明だと考える。豊かな国の住民はきれいな大気のために多少の所得を犠牲にできる。他方、貧しい国の住民は大気の多少の汚染と引き換えに所得増のチャンスを獲得できれば喜ぶだろう。しかし、世界銀行のエコノミストの提案がマスメディアに漏れた時、環境保護主義者の一部はいきりたってこれを非難した。彼らから見れば、大気汚染は罪悪なのだ。彼らは私たちの福祉向上を求めているのではなく、魂を救いたいのだ。

このように考えを進めてくるとパターンが見えてくる。環境保護の問題に現実的な解決策を提案しても、その解決策が彼らの倫理的優越感をくすぐるものでないかぎり、環境保護主義者は共鳴しない。伐採事業への補助、農薬の使用、種の絶滅実験、メキシコへの公害輸出は、彼らの教義に反する。大量輸送交通手段への援助、自動車の排気ガス浄化装置の取り付け、燃費基準の設定、太平洋岸北西部の輸出産業への規制などは、彼らの絶対的教義の一部なのだ。解決策が教義に合うか合わないかは、実際的な有効性ではなく、環境保護主義のドグマの一貫性によって決まるらしい。

一九九二年の大統領選挙の最後の週に、それほど押しつけがましくない共和党政府の候補者ジョージ・ブッシュ副大統領（当時）が、誰もが使うシャワー用蛇口を特定の種類以外のものを禁じる法案に鳴り物入りで署名した。アメリカ市民自由連合（ＡＣＬＵ）はこの法案を問題視しなかった。この法案が誰でも使うシャワー用蛇口ではなく祈祷書を指定するものだったとしたら、いくら従順なブッシュ氏といえども反対しただろうし、彼が反対しなくてもＡＣＬＵが騒いだことだろう。しかし、経済学から見れば、英国国教会祈祷書の選好と強力なシャワー用蛇口の選好との間に優劣はない。それどころか、経済学的思考法にしたがえば、本質的な差異は存在しないということになる。

シャワー用蛇口法案の賛成者は、無駄なシャワーを禁じるこの法律は、ゴミの投げ捨て防止法と同じであって、少数派の宗教活動を禁じる法律とは異質であると言う。要するに、利己的な個人が他人に費用を押しつけるのを禁じた法律なのだと。ブッシュ氏が同様の考えの持ち主だとしたら――彼としては今に始まったことではないが――、彼は間違った経済学の餌食になったのだ。

ゴミの投げ捨てなどの迷惑防止法にはそれなりの経済学的根拠がある（これも行きすぎる場合がある。混雑するスーパー・マーケットにあなたが行くことは他の客に迷惑だから、これを禁止すべきだとは誰も考えない）。しかし、アメリカの大半の地域では、水を使用することは、水道料金を支払っているという単純な理由で、迷惑行為ではない。無駄なシャワーを使えば、水道料金が値上がりし、他の使用者に迷惑を及ぼすことは事実だが、他の使用者が受ける被害とちょうど同じ分だけ、水の供給者を助けていることも事実である。水の使用量を制限したいというのは、売り手よりも買い手を優先する——これは、すべての消費財について同じことが言える——ことを意味する。

環境保護主義者は、その他の威圧的なイデオロギーと同様に、特に子供を標的にする。娘が幼稚園に入園した時、教師は資源を大切にするために紙コップを捨てずに洗って使いなさいと教えた。私は娘に、時間もまた貴重な資源であること、時間を節約するために紙コップを犠牲にしてもいいことを説明した。教師はまた、エネルギー節約になるからマイカーよりバスなどの大量輸送交通手段のほうがよいと教えた。私はマイカーの快適さと引き換えにエネルギーを多少犠牲にしてもいいのだと説明した。教師は、自然がゴミ捨て場にされるのはよくないことだから紙のリサイクルをしなさいと教えた。私は、古紙収集という手間が省ければ、自然を多少は犠牲にしてもいいのだと説明した。いずれの場合も、五歳の娘はやすやすと問題の要点を理解した。しかし、あと何年か、娘が洗脳され続ければ、教師と同じく頑迷になってしまうのではないかと心配している。

子供の心を攻撃する過激派環境保護主義者の最も卑劣な戦術は、彼らの正統性への異議申立てを、すべて神に対する悪魔の挑戦にすり替えることである。土曜日の朝の訓話に使われる漫画には、有用な活動から不可避的に生じる副産物としての汚染ではなく、汚染のために汚染する邪悪な汚染者が登場する。これはとんでもない嘘を子供たちに教えていることになる。アメリカの政治的伝統の下では、対立相手を誹謗して自分の主義主張を通そうとする者は快く思われない。この伝統は、受け手が子供である場合には特に守られなければならない。いやはや、環境保護主義者には良識というものがないのだろうか。

狭義の経済学は価値判断とは無縁な科学である。だが、経済学もまた一つの思想であり、形式論理の枠組みを超える影響を実務者に対して及ぼす。人間の多様な利害関係を対象とする経済学は、寛容と多元主義といった価値観を育む肥沃な土壌なのである。

私の経験では、エコノミストは個人の選好、ライフ・スタイル、主義主張の差異に対してきわめて寛容である。「勤勉」や「節約」といった押しつけがましい決まり文句は、経済学の常識とはまったく無縁である。われわれの仕事は人間行動を理解することであり、人間行動を理解することは人間の尊重に通じるものである。

卒園式で言い争った後、私は娘の教師に、なぜ神学論争を私が断ったのかを説明する手紙を書いた。この手紙で述べた意見には、職業的というよりは個人的な考えも含まれている。しかしこの手紙から、エコノミストの許容範囲と、逆に、エコノミストが一般の人々に許容してもらいたいと願う範囲について、言い換えれば、エコノミストの寛容の程度がおわかりいただけると思う。そこで、エコノミストの思想が経済学的な思考法によりいかにして形成されてきたのかを示す実例として、私の手紙をここにご披露しよう。

親愛なるレベッカへ

私たち一家がコロラドに住んでいたころ、ケイリーのクラスではユダヤ人の子供は彼女一人だけで、他にイスラム教徒の子供が何人かいました。特にクリスマスのころ、先生が多様な子供たちがいることを忘れ、キリスト教徒の子供にしかふさわしくない言葉を口にすることがありました。これは頻繁に起こることではなかったので、人はそれぞれ別のことを信じているのだと家庭で子供に説明してやればすみましたから、私たちは初めは何も苦情を言いませんでした。しかし、ある先生が子供たちに、サンタクロースが来てくれない子供はとても悪い子供ですと言ったと聞いた時、これは黙っていられないと思いました。子供たちの中にサンタクロースが来るはずのないイスラム教徒の子供たちがいたからです。そこで、先生方に私たちの懸念を説明することにしました。先生方は心から謝罪し、以後そうしたことはなくなりました。先生方は善良で正直で、子供たちを洗脳するつもりは毛頭なかったようです。ただ、狭い地域で暮らしているために、ある意味で、無邪気だっただけなのです。

今年、JCCで私たちが経験した問題も、この正直な無邪気さが原因だったと思われます。コロラド在住時代の幼児教室の先生が宗教的な多様性という事実に本当に気づかなかったように、JCCの先生は多様な政治的見解があるという事実に本当に気づいていなかったのかもしれません。

そこで、その多様性についてはっきりさせたいと思います。私たちは環境保護主義者ではありません。熱心な反環境保護主義者です。環境保護主義はイスラム原理主義や麻薬撲滅運動に似た集団ヒステリーの一種だと考えています。私たちは資源のリサイクルをしません。娘にもリサイクルしないように教えています。リサイクルせよと説得する人やリサイクルを強制する人は、彼女の権利を侵害しているのだと私たちは教えています。

以上のことは、コロラドの先生に私たちがキリスト教徒ではないことを話したのと同じ意味で申しあげているのです。コロラドの先生の中には、キリスト教徒でない人間がいることにまったく気づいていない人もいましたが、すぐにそのことを理解してくれました。

コロラドの先生は、自分たちが布教しようとする信仰とは別の信仰を持つ私たちのような家族がいることを理解すると、すぐに謝罪し、私たちへの布教をやめました。先生方の誰一人として、私がキリスト教のどの部分に賛成できないのかを訊ねたりはしませんでした。私たちの信仰を変えられるはずはなく、また変えようとする立場でもなく、子供たちに対立する見解を教え込む立場でもないことを、彼らは率直に認めてくれたのです。

私はコロラドの先生の姿勢と、卒園式の時にお話した時のあなたの姿勢を対比させています。あなたは、娘に教えたことのどの部分に反対なのかを聞きたいと言われました。あなたにはそう問い質す権利はない、と私は考えます。環境保護主義のプログラムのすべてが、私たちにはキリスト教の教義と同じくらい無縁なのです。コロラドの先生方とは細かな神学論争をする気はありませんでしたし、先生方もそのような傲慢なことを要求しませんでした。私は、そのような問題を議論する必要がないと言い、先生方も私の求めをもっともだと考え、それで話はすんだのです。

いくつかの理由から、今回の問題はコロラドの場合よりもはるかに深刻だと考えます。第一に、コロラドではたまに口にされる言葉に限られていましたが、JCCでは組織的に教義を植えつけ、何を言うべきかを子供たちに教え込もうとしています。第二に、あなたには自分とは意見が違う人間もいるのだという認識がまったくないように思われます。第三に、率直に言って、娘がキリスト教徒になるよりも環境保護主義者になる方がずっと心配です。第四に、現在のところ、キリスト教を押しつけようという愚かな暴君はいませんが、環境保護主義についてはそうではなさそうです。郡当局から新約聖書が送られてきたことは一度もありませんが、リサイクル用の箱は送られてきます。

この問題で議論はしたくないと私は言いましたが、一つだけあなたが重要だと思っておられたにちがいない質問にお答えしましょう。恵みには責任が伴うということに同意するか、と聞かれました。答えはノーです。私は、責任は自発的な行動に伴うものと信じています。また私は、明白な契約関係にない相手に「責任」について説教する人たちは、ほとんどの場合、感心しない人だと考えています。娘には、そうした人々には用心するように教えています。たとえ、他の面では幼稚園の素晴らしい先生だとしても。

敬具

スティーヴン・ランズバーグ

追記

本書では、多くの人たちから数々のアイディアや議論を拝借している。私にはその出所のすべてを明記できる自信はない。しかし、ここにできるかぎり、明記することにしたい。

インセンティヴの力（第1章）　自動車の安全についてのサム・ペルツマンの研究は、一九七五年の『ジャーナル・オブ・ポリティカル・エコノミー』誌に発表されている。死刑に関するアイザック・エールリクの研究も同年、『アメリカン・エコノミック・レヴュー』誌に発表された。エド・リーマーの計量経済学から「詐欺師」を締め出そうという記事は、一九八三年の『アメリカン・エコノミック・レヴュー』誌に掲載されている。ネズミの実験は、一九八一年の『アメリカン・エコノミック・レヴュー』誌をはじめ、いくつかの雑誌で報告されている。

合理性の謎（第2章）　ビジネスに成功するためのおしゃれの説明は、アラン・ストックマンから聞いたものである。スポーツの賭けに関する謎を提出したのは、ケン・マクローリンである。ドン・マッククロスキーは、一九八九年にケンブリッジ・ユニヴァーシティ・プレスから出版した著書の中に散見される「歴史の中の市場」について語っている。

情報の経済学（第3章）　喫煙についての観察は、一九九一年の『ジャーナル・オブ・ポリティカル・エコノミー』誌に掲載されたエリック・ボンドとキース・クロッカーの論文による。なぜ使用者は生産的な付加給付を提供するかという議論は、ポール・ヤコボスキーとケン・マクローリンの研究からヒントを得た。なぜ、われわれは企業の仕事を購入しないのか（そしてどのように利益を分配するか）という議論は、ケン・マクローリンの研究が基になっている。仲間同士の真実開示メカニズムについての説明に、ジョセフ・コンラッドの作品を使ったらどうかというアイディアは、ジーン・マミーが出したものである。

無差別原則（第4章）　政治家にとってセックス・スキャンダルが必ずしも悪いものではないことを指摘したのは、ハナン・ジェイコビーだった。どうして農民には補助金が出て、食料雑貨店には補助金が出ないのかと訊ねたとき、マーク・ビルズは、それではなぜ客が来なくて部屋が空いているモーテルの所有者に補助金が出ないのかと聞き返した。その回答を示唆したのはデヴィッド・フリードマンである。

税金はなぜ悪か（第7章）　風に飛ばされた一ドル紙幣の話はフィクションだが、現実にあってもおかしくはない。章の終わりに提示した航空券についての謎のことをデヴィッド・フリードマンに話したところ、彼は即座に、個人的な行動にも効率基準を適用するのなら、「今度、きみが一ドル紙幣を落としたときには拾うべきではない」と答えた。

法廷の経済学（第9章）　この章全体のヒントになったのは、一九六〇年の『ジャーナル・オブ・ロー・アンド・エコノミクス』誌に掲載された社会的コストに関するロナルド・コースの論文である。

新聞記事の間違いを指摘する（第12章）　アル・ゴアの発言のタイミングの皮肉さを指摘したのは、ジム・カーンだった。

統計で嘘をつく法（第13章）　スター・マーケットの広告が誤解を与えると指摘したのは、ウォルター・オイである。

自動車の品質を高めるべきか（第14章）　発明家が「出し抜かれる」可能性があるために、課税か補助金によって発明家のやる気の問題を調整できるというアイディアは、マーヴィン・グッドフレンドが出したものである。発泡スチロールの細片について思いわずらっている同僚とは、ブルース・ハンセンである。

政治家に約束を守らせよう（第15章）　「処罰権」の売買というアイディアはアラン・ストックマンとの会話の中で生まれたのだと思うが、確信はない。

どうして映画館のポップコーンは高いのか（第16章）　この章のアイディアのほとんどは、一九七一年の『クォータリー・ジャーナル・オブ・エコノミクス』誌に掲載されたウォルター・オイの記事から拝借した。

共謀と求愛の共通点（第17章）　複数婚についての分析は、ゲアリー・ベッカーの研究による。中国の孵チームの話はウォルター・オイから聞いた。

この本はあなたの期待通りですか？（第18章）　人生についての失望の理論はジャック・ヒルシュライファーによる。この理論を教えてくれたのはアラン・ストックマンである。競売についての理論では、一九八七年の『ジャーナル・オブ・エコノミック・リテラチャー』誌にR・P・マッカフィとJ・マクミランの見事な見解が発表されている。

アインシュタインは信頼できるか（第22章）　この章全体は、ジム・カーン、アラン・ストックマンと私が共同で行った研究を基にしている。

フットボールのルール改正（第23章）　フットボールのたとえは、チャック・ホワイトマンに教えられた。たぶん、トム・サージェントのアイディアだと思う（が、定かではない）。インフレが人々に賃金の実質価値を誤解させることで失業に影響するというミルトン・フリードマンの洞察は、一九六八年の『アメリカン・エコノミック・レヴュー』誌に掲載された金融政策の役割に関する論文による。ロバート・ルーカス・ジュニアの研究は一九七二年の『ジャーナル・オブ・エコノミック・セオリー』誌に発表された。

文庫版あとがき

本書は、経済学的思考とは何かを、懇切丁寧に、そして当意即妙に教えてくれる見事な読み物である。日本では、経済学的に考えれば「不合理」または「非効率」な制度・慣行がいまもって数多くまかり通っており、私自身の経験でいえば、たとえば政府の審議会などでも、経済学者の発言は煙たがられがちである。会社や官庁でも、「法科万能」という言葉に象徴されるように、与えられた結論を正当化するという法学部的思考のほうが重んじられており、合理性、効率性、公正さなどを規範にすえた経済学的思考は疎んじられるのである。

それに対して、私の暮らしたことのあるアメリカでは、経済学的な思考法をキチンと身につけておくことが、必要不可欠である。生活のしきたりのようなものが、そして、法律をはじめとする社会制度のありようが、経済学的な思考法に基づいて形づくられているからである。

今から二三〇年ほど前に建国されたアメリカ合衆国は、人種、言語、文化的バックグラウンドなどを異にする人々が世界中から集まってつくりあげた国である。「人種のるつぼ」

とさえ言われるアメリカ合衆国の「社会文法」は、市民の誰もが納得するような、簡素で合理的なものでなければならない。経済学的な思考法が、合衆国のそうした制度づくりに大いに役立ったのである。だからこそ、アメリカの大学では、経済学の初級コースは、ほとんど必須科目のようなものであり、初級経済学の教科書は、年間一〇〇万部も売れるそうである。

だからといって、経済学的思考が導く結論が「正しい」というわけではない。著者のランズバーグ自身が認めているように、経済学的思考法は、特有の前提に基づいて構成されている。そのため、導かれる結論自体が、あなた自身の倫理的価値規範に照らして許容できないという場合も少なくあるまい。つまり、経済学的思考法は、倫理的価値規範を意識して排除しているのである。そうしなければ、論理的な思考は一歩も前に進まないからである。

もともと経済学には、市場を「完全」と見るか「不完全」とみるか、「効率性」と「公正」のいずれをどれだけ重んじるのか、政府のするべきこととするべきでないことの「線引き」をどうするのかなど、見解の異なるいくつかの学派が共存している。市場を万能視する新古典派経済学が、今日の主流派であろう。ランズバーグもまた一〇〇％の新古典派経済学者である。経済学的思考法は、新古典派の編み出したものだと言ってさしつかえあるまい。それゆえ、本書の各章で導かれる結論に対して、ランズバーグは全面的に肯定するはずである。しかし、別の立場の人は、導かれる結論を容認しがたいと考えるケースが少なくあるまい。その根拠の一つは、市場はランズバーグが考えているほど「完全」ではないこと。もう一つの根拠は、公正という価値規範からは受け容れがたいということである。市場のもたらす帰結が倫理的に容認されないとなると、その帰結を修正する役割を担うのは政府である。

すでに述べたとおり、日本人の多くは、経済学的思考法に違和感を覚えるかのようである。中国人や韓国人のほうが、経済学的思考法にはるかに馴染みやすいように、私には思われる。私の偏見かも知れないが、経済学的思考法にもっとも馴染みにくいのは、イスラム原理主義が支配するアラブ諸国の人々と日本人ではないだろうか。日本古来の制度・慣行も、徐々にではあるが着実に、合理的かつ効率的なものへと、その姿かたちを変容しつつある。とはいえ、普通の日本人の頭の中に、経済学的思考法が簡単に植えつけられるとは思えない。私自身は、そのこと自体、必ずしも悪いことだとは思わない。要するに、経済学的思考により導かれた結論の是非を決めるのは、一人ひとりの価値規範なのだから。とはいえ、企業や官庁でお仕事をなさっている方々には、国際交渉の場における「敵の手の内」を知るためにも、本書を通じて経済学的思考法を学んでおくことは、実に意義深いことだと思う。

かつては、フリードマン夫妻の著した『選択の自由』(一九八〇年に日本経済新聞社より発売、その後二〇〇二年に日経ビジネス人文庫に収録）が、経済学的思考法を学ぶための最適のテキストだとされてきた。フリードマンとランズバーグを比べれば、両者ともレトリックの達人である点では甲乙をつけがたい。けれども、後者のほうが、より深遠な経済理論を前提にすえた思考法を教えてくれるという意味で、数段、前者に勝っている。また、読者の「笑い」を誘う具体例が随所に散りばめられているという点をも評価して、私はランズバーグに軍配をあげたい。

本書は、一九九五年にダイヤモンド社から単行本として刊行された。このたび、日経ビジネス人文庫に収められることになったのは、日本人が、批判的であれ、肯定的であれ、経済学的思考法をもっと身につけるべきだと願っていた私にとって、きわめて喜ばしいことである。文庫本の刊行に当たり、私は、もとの日本語訳に、できるだけわかりやすくなるよう入念な書き直しを施した。そのため、私自身の校正に膨大な時間を費やし、日経ビジネス人文庫編集グループには大いに迷惑をかけた。にもかかわらず、校了ギリギリまで、粘り強く私の無理をよく聞き入れていただき、また章の見出しを適切に改訂していただいた日本経済新聞社出版局編集部の細谷和彦氏には、心からの謝意を表する次第である。

二〇〇四年八月

佐和隆光

本書は、一九九五年四月にダイヤモンド社から刊行されたものを、文庫化にあたって新たに編集したものです。

日経ビジネス人文庫

ランチタイムの経済学《けいざいがく》

日常生活《にちじょうせいかつ》の謎《なぞ》をやさしく解《と》き明《あ》かす

2004年9月1日 第1刷発行

著者

スティーヴン・ランズバーグ

佐和隆光《さわ・たかみつ》=監訳

吉田利子《よしだ・としこ》=訳

発行者

小林俊太

発行所

日本経済新聞社

東京都千代田区大手町1-9-5 〒100-8066

電話(03)3270-0251 振替00130-7-555

http://www.nikkei.co.jp/

ブックデザイン

鈴木成一デザイン室

印刷・製本

凸版印刷

定価はカバーに表示してあります。落丁本・乱丁本はお取り替えいたします。

Printed in Japan ISBN4-532-19248-X

読後のご感想をホームページにお寄せください。

http://www.nikkei-bookdirect.com/kansou.html

“売る力”を2倍にする「戦略ガイド」

水口健次

「新製品を増やす会社は弱くなる」「安売りの魅力を超えろ」——。慣習と思いこみを捨て、“売れる会社”に生まれ変わる法を説く。

経営パワーの危機

三枝 匡

若き戦略型リーダーが倒産寸前の会社を成長企業に蘇らせる！　実話に基づく迫真のケースで復活のマネジメントの真髄を実践解説。

社長になる人のための決算書の読み方

岩田康成

決算書はもとより、人や技術、ブランドなど非数値情報から分析する会社の実力。できるトップの「経営判断手法」が身に付きます。

できる社員は「やり過ごす」

高橋伸夫

「やり過ごし」「尻ぬぐい」の驚くべき効果を発見！　独自の視点で日本型組織本来の強さを検証し、元気のない日本企業に声援を贈る。

社長になる人のための経理の本

岩田康成

会計がわからないトップに経営はできない！——財務諸表の基礎から経営分析の勘どころまでを、研修会方式でやさしく解説する。

経営革命大全

ジョセフ・ボイエット&
ジミー・ボイエット
金井壽宏=監訳

ドラッカー、ポーター、ハメルら79人の経営の「権威」の考えが、この1冊でわかる！　経営学のエッセンスを凝縮した画期的ガイド。

ビジネス文書術

坂井 尚

挨拶状や交渉文書、詫び状、報告書、始末書、eメール作法まで、豊富な事例と間違いやすい点をあげながら、プロが手ほどき。

あなたの会社が壊れるとき

箭内 昇

企業が衰退する時は必ず中から腐敗する。長銀破綻の経験から、社員一人ひとりの普段の行動に潜む危機の予兆を指摘、警鐘を鳴らす。

ビジネスプロフェッショナル講座 MBAのマーケティング

ダラス・マーフィー
嶋口充輝=監訳

製品戦略から価格設定、流通チャネル構築、販売促進まで、多くの事例を交えマーケティングのエッセンスを解説する格好の入門書。

現場発 ニッポン空洞化を超えて

関 満博

日本のモノづくりが生き残るためには、地域ごとの技術集積とアジアとの連携が欠かせない。徹底した現場視点からの産業再生論。

ナンバーワン企業の法則

M・トレーシー＆
F・ウィアセーマ
大原 進=訳

マーケット・リーダーに共通する戦略は、3つの価値法則から1つを選びそれを強化すること。全米で話題の経営テキスト。

ビジネスプロフェッショナル講座 MBAの経営

バージニア・オブライエン
奥村昭博=監訳

リーダーシップ、人材マネジメント、会計・財務など、ビジネスに必要な知識をケーススタディで解説。忙しい人のための実践的テキスト。

いやでもわかる 日本経済

日本経済新聞社=編

日本経済が回復しないのはなぜ？ 企業は何に悩んでいるの？ 大学では教えてくれない日本経済の素顔を、小説スタイルで描く。

エコノ探偵団がゆく! 路地裏 ニッポン経済

日本経済新聞社=編

日常ふと感じる小さな疑問を、ご存じエコノ探偵団が調査、意外な真実を明らかに。友達を「へぇ」と唸らす「経済ネタ」が満載！

人はなぜお金で 失敗するのか

G・ベルスキー& T・ギロヴィッチ
鬼澤 忍=訳

知らず知らずにお金で損する人間の思考様式を、ジャーナリストと心理学者が解き明かす。お金の罠にはまらない心得が楽しく学べる。

ビジネスエキスパート 時間3倍活用術

増田剛己

1分1秒はまさしくビジネスの分かれ目! 眠っていた時間を3倍に活かすヒント満載で、ビジネスエキスパートへの道を指南する。

ソニーの遺伝子

勝見 明

常識を破り、法則を崩し、テレビの歴史を変えた平面ブラウン管テレビ「ベガ」。「創造」の遺伝子が凝縮された奇跡の開発物語に迫る。

人気MBA講師が教える グローバルマネジャー 読本

船川淳志

いまや上司も部下も取引先も――。仕事で外国人とつきあう人に不可欠な、多文化コミュニケーションの思考とヒューマンスキル。

日本をダメにする税金のカラクリ

平野拓也

所得税も法人税も相続税も、日本の税は世界最高水準だ。元大蔵省相談官の著者が、納税者の立場から我が国税制のまやかしを斬る。

タイヤキのしっぽはマーケットにくれてやる!

藤巻健史

世界にその名を轟かせたカリスマディーラーが明かす、「血と冷や汗と涙」の日々。ミスター・フジマキの本当の凄さがわかる。

ゲーム理論で勝つ経営

A・ブランデンバーガー&
B・ネイルバフ
嶋津祐一・東田啓作=訳

ゲーム理論の企業経営への応用の仕方をわかりやすく解説。ケーススタディをふんだんに入れ、実践に役立つ戦略を伝授する。

クルーグマン教授の経済入門

ポール・クルーグマン
山形浩生=訳

「経済のよしあしを決めるのは生産性、所得分配、失業」。米国経済を例に問題の根元を明快に解説。正しい政策を見抜く力を養う。

なんとか会社を変えてやろう

柴田昌治

問題を見えやすくする。感度の悪い上司をなんとかする。情報の流れ方と質を変える。——現場体験から成功の秘訣を説いた第2弾。

なぜ会社は変われないのか

柴田昌治

残業を重ねて社員は必死に働くのに、会社は赤字。上からは改革の掛け声ばかり。こんな会社を蘇らせた手法を迫真のドラマで描く。

キヤノン式

日本経済新聞社=編

欧米流の実力主義を徹底する一方、終身雇用を維持するなど異彩を放つキヤノン。その高収益の原動力を徹底取材したノンフィクション。

企画がスラスラ湧いてくるアイデアマラソン発想法

樋口健夫

思いついたことをすぐに記録することにより、発想力の足腰を鍛えるアイデアマラソン。優れた企画を生み出すための実践法を紹介。

マンガでわかる良い店悪い店の法則

馬渕 哲・南條 恵

店員がさぼると客は来ないが、やる気を出すともっと来ない。店員と客の動きと心理から、繁盛店、衰退店の分かれ目が見えてくる。

ここから会社は変わり始めた

柴田昌治=編著

組織の変革は何から仕掛け、どうキーマンを動かせばいいのか。事例から処方箋を提供する風土改革シリーズの実践ノウハウ編。

奥田イズムがトヨタを変えた

日本経済新聞社=編

あの時奥田氏が社長にならなかったら、今のトヨタはなかった。奥田社長時代を中心に最強企業として君臨し続ける秘密に迫る。

冒険投資家 ジム・ロジャーズ 世界バイク紀行

ジム・ロジャーズ
林 康史・林 則行=訳

ウォール街の伝説の投資家が、バイクで世界六大陸を旅する大冒険! 投資のチャンスはどこにあるのか。鋭い視点と洞察力で分析する。